目标与控制

研究型大学战略管理研究

陈新忠◎著

科学出版社

北京

内 容 简 介

研究型大学是科技强国的重要力量，在国际竞争激烈背景下对于国家发展尤为重要。研究型大学能否从本国乃至世界众多同类大学中脱颖而出，战略管理和战略控制至为关键。本书提出研究型大学战略控制具有目标上突出研究性、方法上突出学术性、方式上突出沟通性、主体上突出人本性等特征，应遵循研究领先、学术立校、目标认同、特色兴校等原则，将统计性标准和准则性标准结合起来，建立起研究型大学战略控制的基本理论体系。针对我国研究型大学战略控制在目标、理念、制度、组织等方面存在的问题，借鉴美国高校经验，本书构建了包含理念系统、目标系统、组织系统、文本系统、信息系统、评估系统和纠偏系统的研究型大学战略控制体系，并提出了该体系运行的风险防范策略。

本书可供高等教育领域的研究人员和管理人员、普通高校教师、研究生、本科生等参考使用。

图书在版编目（CIP）数据

目标与控制：研究型大学战略管理研究 / 陈新忠著. —北京：科学出版社，2023.8

ISBN 978-7-03-076187-3

Ⅰ. ①目… Ⅱ. ①陈… Ⅲ. ①高等学校-战略管理-研究-中国 Ⅳ. ①G647

中国国家版本馆 CIP 数据核字（2023）第 152964 号

责任编辑：郝　悦 / 责任校对：姜丽策
责任印制：张　伟 / 封面设计：有道设计

科学出版社 出版
北京东黄城根北街 16 号
邮政编码：100717
http://www.sciencep.com
北京盛通数码印刷有限公司 印刷
科学出版社发行　各地新华书店经销

*

2023 年 8 月第 一 版　开本：720 × 1000　1/16
2024 年 1 月第二次印刷　印张：14 1/2
字数：300 000

定价：152.00 元

（如有印装质量问题，我社负责调换）

本书系国家社会科学基金重大项目“以教育发展促进收入代际流动性的机制与政策研究”（19ZDA066）研究成果。

序

世界的竞争归根结底是科技和人才的竞争，研究型大学作为科技和人才的复合体备受国家与世界青睐。研究型大学能否从本国乃至世界众多同类大学中脱颖而出，战略管理和战略控制至为关键。近年来，我国经济发展和科技进步取得了举世瞩目的成就，但还存在着一些“卡脖子”技术瓶颈，制约了科学技术进一步创新和突破，限制了现代产业的更新换代和升级。目前，我国正在建设高等教育强国和创新型国家，急需研究型大学发力引领。战略管理是研究型大学提升综合实力和国际竞争力的重要手段与方法，自 20 世纪 90 年代以来，被我国高校借鉴运用。研究型大学战略管理能否取得成功，战略控制至关重要。目前我国尚未有高校战略管理完整且完美的成功案例，研究型大学战略控制仍然处于探索阶段。面向知识经济社会和国际或明或暗的激烈竞争，开展研究型大学战略控制研究以促进研究型大学实现学校发展战略目标必要而迫切，对于我国建设高等教育强国和创新型国家具有重要理论价值与重大实践意义。

鉴于国内外学者对研究型大学战略控制的专门研究很少，还未形成研究型大学战略控制的成熟理论，本书以研究型大学战略控制的基本理论探讨为起点，初步构建起研究型大学战略控制的基本理论体系。本书认为，研究型大学战略控制包括监控主体、监控对象、监控活动和监控目标四大基本要素，这些要素相互作用造就了研究型大学战略控制的独特性。研究型大学战略控制集研究型大学和战略控制于一体，呈现出在战略控制目标上突出研究性、在战略控制方法上突出学术性、在战略控制方式上突出沟通性、在战略控制主体上突出人本性、在战略控制过程上突出长远性、在战略控制结果上突出领先性等特征。依据组织活动的时间顺序，本书将研究型大学战略控制分为前提控制、进程控制和结果控制三种。研究型大学战略控制需要遵循研究领先原则、学术立校原则、目标认同原则、特色兴校原则、师生为本原则、权变创新原则和反馈修正原则，才能促使战略控制取得显著成效，达到预期控制效果，推动研究型大学可持续发展。研究型大学战略控制的基本过程包括确定控制目标、制定控制标准、比较衡量偏差、分析纠正偏差四个基本环节。研究型大学要认真研究这四个基本环节的具体实施举措，在操作中处理好精确性与灵活性、具体性与抽象性的关系，并与非正规控制相结合，体现学校特色。研究型大学战略控制的基本标准包括统计性标准和准则性标准，两者各有所长、各有所短。在战略控制实践中，研究型大学要将两者有机结合起来，以便更好地为学校战略控制服务。科学开展战略管理与控制，必须明确研究型大学战略控制评价的导向性，分类构建和调整战略控制评价指标体系，动态改进战略控制评价方法及结果应用，适度培育战略控制评价的社会组织主体，以弥补研究型大学战略控制自我评价不足。

为揭示我国研究型大学战略控制的问题及原因，本书选取国内乃至世界上都拥有较高声望的五所知名研究型大学——北京大学、清华大学、上海交通大学、武汉大学和华中科技大学进行调研，结合五所研究型大学最新战略规划官方文本进行综合分析。透过五所研究型大学战略管理及控制发展脉络发现，研究型大学发展历程中战略控制是促使学校快速发展的助推器。研究型大学战略目标难以实现或实现程度不高，与缺少有力的战略控制直接相关。调研显示，我国研究型大学战略控制普遍存在着战略控制目标不够确切鲜明、战略控制理念还未深入人心、战略控制制度依然欠完善、战略控制组织仍不健全、信息建设尚未形成系统、战略评估较多流于形式等方面的问题，阻碍了研究型大学可持续发展。当前我国研究型大学战略控制出现的问题，既有内部原因，也有外部原因，是内外因共同影响的结果。其中，原有战略规划科学论证不足、战略管理思想文化建设薄弱、战略控制理论研究滞后、战略控制实践探索较少、战略控制实施能力不足和传统高校管理体制影响深远是引发研究型大学战略控制现存问题的主要原因。

为借鉴发达国家研究型大学战略控制经验，本书选取美国具有代表性的四所世界一流研究型大学——耶鲁大学（Yale University）、哈佛大学（Harvard University）、宾夕法尼亚州立大学（The Pennsylvania State University）和威斯康星-麦迪逊大学（University of Wisconsin-Madison）进行案例分析。分析发现，美国四所研究型大学在与内外部环境的抗争中实施战略管理与控制，在与同类大学争取发展资源的博弈中推进战略规划实施与改进，都成功地建设成为世界公认度较高的一流研究型大学。其中，耶鲁大学面向国际化实施战略管理，在战略管理与控制中呈现出明确具体的战略发展目标、优质第一的规模控制原则、广泛参与的整合治理架构、科学多元的战略决策机制、互利共赢的区域协作模式、分工协作的战略规划实施和专门配套的特色机构设置等特点，其经验包括确立顺应历史潮流的发展战略目标，制定具体而易操作的大学战略规划，谋求师生员工及校外人员战略认同，推动学校战略规划与实施连续有效，动员校内外力量合力推进战略实施等。哈佛大学为全面卓越实施战略管理，在战略管理与控制中呈现出注重学校对社会的引领、重视学校课程体系改革、发挥校长战略推进作用和打造世界一流教师队伍等特点，其经验包括在战略管理中坚定求是崇真的研究型大学办学理念，强调学术自由、创造、环境、条件支持，以追求卓越作为学校战略发展的质量保障；在战略控制中具有明确的发展使命与方向、强大的制度执行力度和充裕的后备资源支持等。宾夕法尼亚州立大学为增强环境适应性实施战略管理，在战略管理与控制中呈现出通过群体参与式的意见征集收集信息、自上而下和自下而上的规划相互结合、学校战略规划和财政供给状况相联系、战略管理与控制根据变化弹性地开展、学校战略管理与控制有别于私立院校等特点，其经验包括强调自上而下和自下而上的双向沟通，注重战略管理校园文化与软实力建设，在战略管理中根据财力突出优先事项，实施战略管理与控制的责任分层模式，促使战略管理实施与控制持续性进行等。威斯康星-麦迪逊大学为解决经费困难和管理低效问题实施战略管理，在战略管理与控制中呈现出以研究领先、以质量取胜、放大学校理念和加速国际化进程等特点，其经验包括建设与战略管理相适应的理念系统，设立具体的战略控制目标指标系统，健全战略控制组织系统，完善战略控制文本系统，建立多维的战略评价系统，设置战略监控的信息反馈系统等。

在理论研究、现状分析和经验借鉴基础上，本书根据战略控制的要素、进程及其相互作用关系，将战略控制划分为七个因序而生、彼此相连、依次开展、循环共进的子系统，构建起包含理念系统、目标系统、组织系统、文本系统、信息系统、评估系统和纠偏系统的研究型大学战略控制体系。其中，研究型大学战略控制理念是人们对研究型大学新的办学思想——战略管理与控制的理性认识、理想追求及其所形成的教育观念和教育哲学观点，是大学运行与管理的哲学基础。研究型大学战略控制理念包括思想观念控制理念、科学研究控制理念、教育教学控制理念、社会服务控制理念和学校文化控制理念，五方面理念相互连接，目标一致，共同形成了研究型大学战略控制的理念系统。研究型大学战略控制目标是依据学校战略目标对战略控制活动预期结果的具体设计，是检查和衡量学校战略实施进展的标准和参照。研究型大学战略控制目标包括战略控制总目标、科学研究目标、教育教学目标、社会服务认可目标，四类目标相互印证、方向一致，共同构成了研究型大学战略控制的目标系统。研究型大学战略控制组织即研究型大学战略控制的各层级组织，是研究型大学战略控制的机构及其人员依托，是研究型大学战略控制的实施主体。研究型大学战略控制组织包括校战略管理委员会（一级组织）、校战略规划委员会与校战略控制委员会（二级组织）和各院系、研究组织与相关组织的委员会（三级组织），三级组织从上至下、由下而上，既隶属又沟通、既发令又行动，一起构成了研究型大学战略控制的组织系统。研究型大学战略控制文本是研究型大学战略控制思想制度及行动过程的传统记载文书和固化载体，是研究型大学战略控制中所有制度性文件、评价报告、总结、鉴定和各种记录的统称。研究型大学战略控制文本包括纲领指导性文件、规范通用性文件、计划措施性文件和记录鉴定性文件，四类文本从大到小、由粗至细，目标与行动相联系，宏观与微观相结合，共同形成了研究型大学战略控制的文本系统。研究型大学战略控制信息是有效实施战略控制的基础，是战略控制开展的通路，其工作包括收集和储存资料、跟踪关键指标、识别与诊断问题、报告战略进展信息等，涵盖从战略控制信息形成、发布、执行、反馈到再形成的循环往复过程。研究型大学战略控制信息体系包括战略控制信息决策、控制信息发布与咨询、控制信息执行、进程信息收集、信息分析与反馈，五个环节相互联系、循序渐进，一起形成了研究型大学战略控制的信息系统。研究型大学战略控制评估是针对控制目标和控制内容的评估，主要衡量在学校战略实施过程中各项活动进展是否符合学校战略目标。研究型大学战略控制评估包括科学研究评估、教育教学评估及在此基础上的学校战略控制总目标评估和社会认可程度评估，四类评估相互独立、彼此补充，组合形成了研究型大学战略控制的评估系统。研究型大学战略控制纠偏是指研究型大学在战略控制进程中，对学校内外环境变化和实施能力变化导致的战略偏差进行的战略调整与纠正，是研究型大学保证发展战略目标如期实现的关键环节。研究型大学战略控制纠偏包括零度纠偏、微型纠偏、轻度纠偏和重订目标，四种类型纠偏由轻到重、环环相扣，共同构成了研究型大学战略控制的纠偏系统。七个子系统围绕战略控制活动层层递进、循序开展、彼此联系、相互制约，按照学校战略方向前进，共同实现学校战略目标。

本书构建的研究型大学战略控制体系是研究型大学战略控制理论和实践结合的一次系统化探索，为研究型大学战略目标达成提供了理论借鉴和实践参考。由于研究型大学内外部环境始终处于变化之中，研究型大学战略控制各项工作存在很多不确定因素，本书所构建的研究型大学战略控制体系在运行时不可避免地存在一些潜在的问题。研究型大学二元权力结构的复杂性、产品与非营利的特殊性、战略控制目标的模糊性、理论和实践探索的有限性、资金与资源的短缺性、高教与高校管理体制的传统性、国内外环境的变化性、控制体系构建的理想性等都会不同程度地影响控制体系运行，是研究型大学战略控制体系运行的主要风险。面对风险社会中的战略控制风险，研究型大学要基于个体对风险防范的认知过程逐步建设战略控制运行风险防范认知体系，重视风险防范信息获得与整合，注重风险防范信息理解与评估，加强风险防范信息决策与行动，促成风险防范认知“从被动到主动”的理念革新。为持续引领科技创新，研究型大学应在政府支持和指导下，建设学校、院系、教研室、个体和外部四个层面的风险防范主体稳定结构；以风险源和参与者为切入点，通过强化信息管理、素质管理、控制管理和绩效管理，构建相应的风险领导制度、预判机制、协同机制、教育机制和制度修订机制，落实好相关实践节点。面向战略管理及其控制活动，我国政府要指导创建研究型大学战略管理与控制的理论体系，确立以研究领先的研究型大学战略控制目标，完善研究型大学战略控制的组织与制度建设，优化研究型大学发展战略实施中的资源配置，推进研究型大学战略控制的特色实践与探索，塑造有利于研究型大学战略控制的校园文化，制定有助于战略控制实施的国家法律法规政策，开展研究型大学战略控制的国际交流与合作。

本书构建的研究型大学战略控制体系沿着理念系统→目标系统→组织系统→文本系统→信息系统→评估系统→纠偏系统，再重新回到新一轮理念系统的顺序展开，形成了一个既封闭又开放的螺旋式渐进战略控制环路，有效规避战略控制体系运行可能产生的风险。本书所构建的研究型大学战略控制理论将发挥对研究型大学战略控制实践的有力指导作用，促进世界一流大学和高等教育强国建设，推动我国科技突破和创新发展。

陈新忠

2022 年 7 月 5 日

目　录

第1章 绪 论

研究型大学（research university）是现代科学技术的重要发源地，是现代科研人才的主要培育场。作为科学家成长的摇篮和科研突破的引擎，研究型大学在科学技术进步、国家现代化建设和人类命运共同体发展中发挥着愈益突出的作用。充分认识科学技术趋势和人才培养规律，为研究型大学确立与国家及人类命运相一致的战略目标，控制保障每一阶段战略目标逐步达成，是研究型大学战略管理研究的历史使命，也是当前我国高等教育管理者和研究者必须正视且亟须解决的重大课题。

1.1 研究背景及缘起

随着科学技术快速发展，政府和社会对研究型大学的期望比以往任何时候都激烈而迫切。人们希望研究型大学及其培养的人才能使我们的生活设施更加便捷，使我们的生活环境愈发清洁，使我们的生活威胁日益减少，使我们的国家科技更加先进。近年来，“卡脖子”技术问题在我国凸显，政府和社会对研究型大学提出了更高的要求。实施战略管理是研究型大学发展的加速器，而研究型大学真正地实施科学战略管理仍需进行内外突围。

1.1.1 中国强国建设对研究型大学的期待

2017 年 10 月 18 日，习近平总书记在中国共产党第十九次全国代表大会上明确提出，“在本世纪中叶建成富强民主文明和谐美丽的社会主义现代化强国”（习近平，2017），这取代了原来长期使用的“中等发达国家水平”表述；我们建设的社会主义现代化强国包括制造强国、科技强国、质量强国、航天强国、网络强国、交通强国、海洋强国、贸易强国、文化强国、体育强国、教育强国和人才强国。这些强国目标是整个社会主义现代化强国的组成部分，也是社会主义现代化强国在各个领域的体现。2021 年 7 月 1 日，习近平总书记在庆祝中国共产党成立 100 周年大会上庄严宣告，“我们实现了第一个百年奋斗目标，在中华大地上全面建成了小康社会，历史性地解决了绝对贫困问题，正在意气风发向着全面建成社会主义现代化强国的第二个百年奋斗目标迈进”①。这一庄严宣告意味着千百年来困扰中华民族的绝对贫困问题历史性地画上了句号，我们比以往任何时候都更有信心和更有能力实现中华民族的伟大复兴。

我国现今进入全面建设社会主义现代化国家、向第二个百年奋斗目标进军的新征程，强国建设工作不断规划和落实。2021 年 9 月 27 日至 28 日，习近平总书记在中央人才工作会议上提出，“我们比历史上任何时期都更加接近实现中华民族伟大复兴的宏伟目标，也比历史上任何时期都更加渴求人才。实现我们的奋斗目标，高水平科技自立自强是关键。综合国力竞争说到底是人才竞争。人才是衡量一个国家综合国力的重要指标。人才是自主创新的关键，顶尖人才具有不可替代性。国家发展靠人才，民族振兴靠人才。我们必须增强忧患意识，更加重视人才自主培养，加快建立人才资源竞争优势”②。2020 年 10 月 26 日，中国共产党第十九届五中全会明确提出，2035 年我国进入创新型国家前列、建成人才强国的战略目标③。做好新时代人才工作必须坚持面向世界科技前沿、面向经济主战场、面向国家重大需求、面向人民生命健康，深入实施人才强国战略，全方位培养、引进、用好人才，加快建设世界重要人才中心和创新高地，为 2035 年基本实现社会主义现代化提供人才支撑，为 2050 年全面建成社会主义现代化强国打好人才基础。

中国共产党第十八次全国代表大会以来，习近平总书记高度重视教育工作，就教育改革发展提出一系列新理念、新思想和新战略，形成了其关于教育的重要论述，为新时代教育发展提供了根本遵循，推动我国教育取得了历史性成就，发生了历史性变革。中国共产党对教育工作的领导体制机制不断健全，教育事业中国特色更加鲜明，教育现代化加速推进，教育总体发展水平跃居世界中上行列，教育的国际影响力加快提升，教育面貌正在发生格局性变化。“要坚持教育为人民服务、为中国共产党治国理政服务、为巩固和发展中国特色社会主义制度服

① 习近平. 2021-07-01. 在庆祝中国共产党成立 100 周年大会上的讲话. http://www.gov.cn/xinwen/2021-07/01/content_5621847.htm.

② 习近平. 2021-12-15. 深入实施新时代人才强国战略　加快建设世界重要人才中心和创新高地. https://www.gov.cn/xinwen/2021-12/15/content_5660938.htm.

③ 中共中央关于制定国民经济和社会发展第十四个五年规划和二〇三五年远景目标的建议. https://www.12371.cn/2020/11/03/ARTI1604398127413120.shtml.

务、为改革开放和社会主义现代化建设服务”[①]。职业教育体系逐步健全，高等教育内涵式发展，科研能力不断提升，为经济社会发展培养输送了大批高素质人才。

教育强国是社会主义现代化强国的重要内容，建设教育强国是一项全新事业。在实现第二个百年奋斗目标、全面建设社会主义现代化国家的新征程中，教育的先导性、基础性、全局性地位和作用更加凸显，肩负的使命更为重大。实现人才强国和教育强国，研究型大学扮演着重要角色。在世界一流大学和世界一流学科（以下简称“双一流”）首轮建设完成之际，教育部、财政部、国家发展改革委联合印发《“双一流”建设成效评价办法（试行）》，这是全面落实《深化新时代教育评价改革总体方案》要求的一个重要文件。该评价办法明确“以中国特色、世界一流为核心，突出培养一流人才、产出一流成果，主动服务国家需求，克服‘五唯’顽瘴痼疾”，把中国特色与世界一流目标融合在一起，走出了建立具有中国特色成效评价体系的重要一步，为高校争创世界一流指明了方向。目前，我们正处于“两个一百年”奋斗目标（即1997年9月12日，中国共产党第十五次全国代表大会报告提出的“到建党一百年时，使国民经济更加发展，各项制度更加完善；到世纪中叶建国一百年时，基本实现现代化，建成富强民主文明的社会主义国家”[②]）的历史交汇点上，全面建设社会主义现代化国家的伟大事业对高校提出了新的更高的要求。高校的核心任务，一是坚持社会主义办学方向，把立德树人作为教育的根本任务，培养担当民族复兴大任的时代新人；二是勇挑重担，提升科研创新能力，大力加强基础研究，聚焦国家战略，加快科研攻关。“双一流”建设高校是我国高等教育的排头兵，要主动深化教育评价改革，引导广大科学家和科技工作者坚持“四个面向”（即习近平总书记于2020年9月11日在科学家座谈会上提出的希望广大科学家和科技工作者肩负起历史责任，坚持面向世界科技前沿、面向经济主战场、面向国家重大需求、面向人民生命健康[③]），以产出一流人才、一流学术成果和以社会贡献为目标，科教融合，创新发展，建设世界一流学科和学科领域，建设全球育人和科研高峰，加快建设新型研究型大学，为全面建成社会主义现代化强国做出重大贡献。

随着高等教育发展，人们越来越多地了解和认识到研究型大学在国家与社会中的特殊地位及巨大作用。近年来，我国研究型大学科研水平不断提升，科教融

① 孙春兰. 2018-09-30. 深入学习贯彻习近平总书记关于教育的重要论述　奋力开创新时代教育工作新局面. https://www.gov.cn/guowuyuan/2018-09/30/content_5327177.htm?cid=303.

② 江泽民. 1997-09-12. 高举邓小平理论伟大旗帜，把建设有中国特色社会主义事业全面推向二十一世纪——江泽民在中国共产党第十五次全国代表大会上的报告. https://fuwu.12371.cn/2012/09/27/ARTI1348726215537612.shtml.

③ 习近平. 2020-09-11. 在科学家座谈会上的讲话. http://www.qstheory.cn/yaowen/2020-09/11/c_1126484063.htm.

合、创新发展成为新时代研究型大学建设的突出特征。2017 年“双一流”建设以来，我国研究型大学围绕国家战略和学术前沿，科研能级和科技创新能力有了长足发展。中国强国建设期望研究型大学适应社会发展步伐，尤其是现代市场经济发展步伐，引进和借鉴企业经营方略，科学制定、实施发展战略，真正做好战略控制，持续提升大学水平，为经济社会发展和创新型国家强国建设做出更多更大的贡献，为提高国家综合国力和核心竞争力发挥特殊功能（陈新忠和李忠云，2006a）。有效的战略控制能保障研究型大学沿着自己制定的战略发展方向前进，在系统思考、超前思考的基础上，“有所为，有所不为”，整合校内外力量，不断取得阶段性成果，完成战略目标和使命，实现跨越式发展。

1.1.2　办学体制转变对研究型大学的冲击

20 世纪 80 年代，我国经济体制改革的逐步深化引发了高等教育管理体制的深度变革。在计划经济体制下，高校各项事业由政府统一管理、经费由政府统一提供、招生由政府统一计划、毕业生由政府统一分配，对于未来长期发展的问题不需要主动考虑（陈新忠和李忠云，2005a）。在市场经济条件下，情况发生了根本性变化。1985 年《中共中央关于教育体制改革的决定》明确指出，“当前高等教育体制改革的关键，就是改变政府对高等学校统得过多的管理体制。在国家统一的教育方针和计划的指导下，扩大高等学校的办学自主权，加强高等学校同生产、科研和社会其他各方面的联系，使高等学校具有主动适应经济和社会发展需要的积极性和能力”。于是开始实行三级办学的体制（中央、省、中心城市）。在三级办学体制下，“条块分割”的格局得到不断强化，中央各个主管部门之间（“条条”）、地方各级政府之间（“块块”）、中央主管部门与地方政府之间（“条块”）的办学互不相通，培养人才都强调优先满足各自的需求。在实践中，只有中心城市办学真正将高等教育的两级办学转向了三级办学的新格局。然而，中心城市办学即使在投资来源上有了一些变化，仍未能在管理体制与运行机制方面发生巨大变革，依旧摆脱不了国家办学的“影子”。这一时期，除了地方政府办学积极性得到提高之外，社会力量举办高等教育的尝试也取得了进展。1978 年之后，我国开始出现民办高校，但这些民办高校暂时没有获得合法性地位。直到 1984 年，我国才诞生了首批国家承认学历的民办高校——海淀走读大学、浙江树人大学、四川天一学院和黄河科技学院（蒋华林，2016）。之后，兴办民办高等学校的浪潮席卷全国。然而，各校办学质量良莠不齐，以至 1987~1991 年国家教育委员会先后督促地方教育行政部门对达不到基本办学条件的民办高校进行清理。这一时期，国家尚未出台鼓励社会力量举办高等教育的相关政策，民办高等教育一直缓慢发展（皇甫林晓和梁茜，2020）。总体而言，20世纪80年代我国对于高等教育办学体制改革的力度不大，中心城市办学与民办高等教育的萌芽对原有办学体制发起了最早冲击，但是波及范围和冲击效果非常有限。

1992年10月，中国共产党第十四次全国代表大会确立了建立社会主义市场经济体制的目标。为了适应经济发展和产业结构调整，国家需要加快高等教育发展。1993年2月，《中国教育改革和发展纲要》明确提出，我国要进行办学体制改革，逐步建立以政府办学为主、社会各界共同办学的体制，扩大省（自治区、直辖市）的教育决策权和包括对中央部门所属学校的统筹权。1995年3月，《中华人民共和国教育法》从法律上保障了地方政府获得区域高等教育的主导权、决策权和统筹权。1997年中国共产党第十五次全国代表大会之后，中央主管部门集中下放了所属高校，地方政府开始掌握日渐丰富的高等教育资源及地方高等教育的统筹权与管理权，逐渐成为真正独立的利益主体，“块块分割”的格局最终形成并不断得以强化（阙明坤等，2018）。这一时期，民办高等教育获得了较快发展。《中华人民共和国高等教育法》和《中华人民共和国民办教育促进法》分别于1999年和2002年先后出台，我国以法律形式对社会力量举办高等学校予以肯定与鼓励。在实践中，伴随1999年高等教育扩招，国内相对发达地区的一些公办高校开始利用非国家财政性经费自下而上举办国有民办二级学院。针对这种办学模式，国家进行规范管理并将其改名为独立学院。在政策支持下，独立学院迅速发展到300多所，成为民办机制下高等教育资源的重要增长点（阙明坤，2016）。1999年1月1日开始实施的《中华人民共和国高等教育法》第十一条规定，“高等学校应当面向社会，依法自主办学，实行民主管理”。该法第四章第三十条规定，“高等学校自批准设立之日起取得法人资格。高等学校的校长为高等学校的法定代表人。高等学校在民事活动中依法享有民事权利，承担民事责任”。随着市场经济体制的完善和法制的健全，政府对高校从直接管理变为以间接调控为主，形成了以市场机制为导向、政府宏观调控为主导、学校自主办学为主体的高校运作机制。在新的办学体制下，高校的命运和前途由原来完全掌握在政府手中变为一定程度上由自己把握，独立决策的功能得到强化，促使高校更多地思考自身的未来，实施战略管理，战略控制问题凸显。

中国共产党第十八次全国代表大会以来，我国经济发展呈现新常态，经济领域的供给侧结构性改革要求教育领域做出更为深入的变革。在此背景下，高等教育办学体制改革致力于使政府、高校和社会等相关利益群体紧密合作，通过简政放权，更大限度释放市场力量，激发高校办学活力，促进高等教育办学供给侧与社会需求侧平衡（张万朋和程钰琳，2017）。这一时期，努力构建政府、市场和高校之间的新型关系，改变高校与政府之间的隶属关系，成为改革主线。其中，高等教育领域“管办评分离”的目的在于彻底改变政府部门越位全包全管、学校失位无权举办、社会缺位无从参与的传统办学局面，突出学校与社会在国家教育系统中的主体性与自觉性，实现政府、学校和社会多主体的共存共治与共享善治（龚成，2018）。然而，在实践中高等教育领域“管办评分离”不够深入，效果欠佳。为了进一步破除高等教育办学的体制障碍，扩大学校办学自主权，促进高等教育内涵式发展，2017 年教育部等五部门出台的《关于深化高等教育领域简政放权放管结合优化服务改革的若干意见》提出，深化高等教育领域简政放权放管结合优化服务改革。随后，不少省市开展了“放管服”改革的探索，如出台政策文件、实施分类管理和合同管理，对办学行为及办学质量进行监管等。但是，当前“放管服”改革的效果并不理想，主要是因为地方政府、高校及相关部门对“放管服”的内涵与逻辑理解不深入，“管办评分离”改革不到位，省级统筹能力不足，高校内部治理效能偏低等（刘永林和周海涛，2017）。高等教育领域的“管办评分离”改革、“放管服”改革等都是高等教育领域供给侧结构性改革的重要举措，旨在为高等教育的多元化办学营造良好制度环境，构建良好的高等教育生态，以改善高等教育供给，更好地满足多样化需求。在此过程中，改革对各利益主体间的权责划分、省级政府的教育统筹能力、高校内部治理能力等提出了新挑战（皇甫林晓和梁茜，2020）。作为高层次人才培养的重要基地和国家知识创新与技术创新的中心，研究型大学更需要不断地自觉审视自己的位置与功能，谋虑自身的未来发展，制订和实施发展规划，研究并做好战略控制，以促进大学宏伟目标实现。

1.1.3 激烈竞争环境对研究型大学的促进

作为国计民生的重要组成，高等教育在培育强大人力资本和建立有效国家创新体系方面发挥着至关重要的作用。21 世纪以来，随着知识经济和创新产业的发展，国家对高等教育寄予了更多期待。以优质教育培养高素质紧缺人才，推动科技创新成果产出和转化，成为提升国家经济实力和国际竞争力的“撒手锏”。基于上述原因，加之高等教育市场化与全球化快速推进，知识已成为具有巨大地缘政治意义的商品（Amsler and Bolsmann，2012）。大学被动员起来相互竞争，以期能够挤入全球 1%~2%精英大学的行列。当下，世界级“一流大学”已成为国家生产力、权力、地位和声望的象征（Hazelkorn，2011）。因此，诸多国家相继出台“卓越计划”之类的政策方案，试图通过对少数精英大学额外拨款，助力其步入世界一流大学行列。据不完全统计，从 2005 年到 2015 年，世界范围内一流大学重点建设项目有 37 个，以欧洲和亚洲国家及地区为主（Salmi，2016）。随着竞争日益制度化，高等教育竞争不再仅仅发生在个人和国家之间，而更多体现于从个体到国际的各个层次中，大学尤其是研究型大学成为竞争主体。在内容上，高等教育竞争被描述为以质量为核心的较量；在手段上，高等教育竞争依赖于客观评判工具，程序也更加规范。并且，高等教育竞争的影响范围甚广，已经成为推动其变革的重要引擎。

目前，研究型大学逐渐成为高等教育竞争主体，竞争在“个人-团体-机构-国家-国际”多层次间同时展开。其实，早在 19 世纪，教育便已作为国家赢得战争和经济地位的重要手段而存在。当时高等教育的竞争具有地缘性政治意义，附属于国家间的较量之中。法国将 1871 年普法战争的失败归咎于高等教育及其研究质量劣势，于是于战后设立奖学金，派出最好的科学家到德国学习。无独有偶，与我国鸦片战争时期所提出的“师夷长技以制夷”相类似，1856 年克里米亚战争失败激发了俄罗斯科学家（包括门捷列夫）赴德国学习以振兴俄罗斯民族化学的热情。在美苏冷战背景下，1957 年苏联第一颗人造卫星成功发射给美国带来了危机感，美国将国力的较量归因到教育和科研体制上，于 1958 年颁布了《国防教育法》，提升对基础科学研究和研究生教育的支持力度。高等教育机构成为主要竞争对象，源自美国高等教育。不同于欧洲，美国高等教育机构大多由私人倡议并拨款创建，机构声誉一定程度上决定着其所获资源多寡。19 世纪末，出于对高等教育质量状况的衡量及为学生、家长和投资者提供决策参考的需要，在教育委员会委托下，美国首次尝试了高等教育机构排名（Salmi and Saroyan，2007）。20 世纪初，心理学家詹姆斯·卡特尔（James Cattell）与《芝加哥论坛报》（*The Chicago Tribune*）联手进行高等教育机构排名，排名结果于 1983 年被《美国新闻与世界报道》（*US News and World Report*）发表。此后，该报道机构每年进行排名并将排名结果予以公示（Abel，2017），大学排名由此逐步蔓延到欧洲及世界各地。2003 年，上海交通大学世界大学学术排名出现，意味着国际层面上的竞争愈发明显，从国家内部竞争中脱颖而出的高等教育机构也加入国际竞争之中。为应对来自全球的挑战，高等教育机构在教学、科研等诸多方面做了重大调整，其教学不再仅仅为了培养国民，而是旨在培养“世界公民”；涉及国际问题的研究逐步常态化；经费也不再单纯依赖国家政府，国际学生支付的学费成为重要办学经费来源。此时，地理位置和国别对于高等教育竞争的影响减小，机构间竞争也较少为了国家利益，更多是为了自身目的。各国出台的一流大学建设“卓越计划”，一方面使得教育机构之间尤其研究型大学之间的竞争更为激烈，另一方面给竞争抹上了一层“政治色彩”，机构间的较量与国家声望更紧密地联系到了一起。由此，以研究型大学为主要对象，竞争在“个人-团体-机构-国家-国际”各个层面铺展开来（刘信阳和苌光锤，2020）。

通过额外拨款和“项目制”模式增加高等教育机构间的竞争，推动一流大学、研究型大学建设，不仅是政府对高等教育资源配置方式的变革，而且是政府执政理念的调整，一流大学、研究型大学建设标志着政府由管理向治理的执政理念转变。“治理”一词是对新公共管理运动的回应，其将市场规则确立为经济社会发展的基本原则并引入政府行政管理之中，以追求效率作为政府行政和政策实施的首要目标（荀渊，2014）。政府退出直接管制，权力下放与分权，以市场机制配置资源，更加注重资源使用效率等，是政府治理变革的主要特征。一流大学、研究型大学建设及其竞争既是政府管理方式由重视投入向重视效益和产出转变的体现，也是以分权、竞争、激励为特点的治理理念的实践。政府运用“项目制”的手段，通过选择性和竞争性拨款并对资金使用情况进行考核与监督，以提升资源的使用效率，具有鲜明的市场化特征。政府通过一流大学、研究型大学建设将高等教育发展的权力、责任及竞争的压力转移给高校组织，体现着权力下放和高校自主自治地位的回归。第三方机构对于竞争规则的制定和结果的评判起着重要作用，项目过程公开透明有益于社会监督，也有利于形成多主体共同参与治理的新局面（刘信阳和苌光锤，2020）。

竞争日益增长，驱动着高等教育机构内部变革。其一，高等教育机构变得更加具有独立性和整体性。新的竞争形式冲击了高等教育机构松散联结的特性，高等教育机构不得不以联系更加紧密的整体参与竞争。由此，其管理者加强了对各要素的管制和动员，以期能够集中组织目标，提高向心力，提升研究型大学建设的效率。调查发现，不仅是管理者，教师和学生也同样关注所在机构的排名与地位，并表示愿意为提高组织绩效而努力（Musselin，2018）。可以说，争创世界一流已成为机构组织内部发展的一致目标。其二，领导者对于机构竞争和排名负有更加重大的责任。自 20 世纪 80 年代起，大多数欧洲国家就开始进行增强大学管理者权力的改革。大学领导者的角色在竞争中变得尤为重要，甚至可以将机构之间的竞争等同为管理者领导能力的较量。于是，大学领导者更加注重整体规划和战略目标制定，对高校事务进行强而有力的干预；更乐于效仿世界一流大学建设的手段，利用激励措施动员和提高教师产出；甚至还会在外部大学排名公布前进行自我预先评估，以提早发现并解决问题（刘信阳和苌光锤，2020）。总之，竞争已经成为催动变革的手段，使大学由松散的场域逐步演化为具有战略目标、管理更加有力的组织。

进入新时代以来，我国大力实施科教兴国战略、人才强国战略、创新驱动发展战略，加快建设创新型国家。研究型大学作为学科和人才聚集地、育人高地及创新策源地，必须主动承担历史责任，担当攻关重任，全面提升科研原创能力，大力培养创新生力军。推动原始创新成果不断涌现需要在“双一流”建设成效评价中引导学科凝练发展特色，鼓励原创性研究布局，而不是在学科建设上一味求大求全。大学的优势就在于多学科协同推进科技创新，解决复杂问题。因此，研究型大学应引导和推动学科形成合力，构建融合创新的育人平台和科研平台，不断提升整体科研创新能力。研究型大学评价要相应地淡化学科边界，不被现有各类学科评价体系所左右，鼓励人才在学科交叉领域进行探索，形成创新性成果。面对新时代教育评价改革，研究型大学要探索符合各学科发展阶段和目标要求的建设成效评价体系；要全面提升原始创新能力，强调学术自主激励，学术自立、自信和自律，尊重人才培养规律，注重培养科学精神、创新意识、实践能力和社会责任，建立促进各类学术成果涌现和学位论文质量提升的育人成效评价导向；要突出学术贡献、社会贡献及人才培养贡献，鼓励师生勇挑重担，矢志科研创新和技术攻关，不盲目跟随学术热点和各种排名，着力在学科前沿开拓进取，建设世界一流学科和研究领域的育人与科研高峰。习近平总书记指出，我国经济社会发展和民生改善比过去任何时候都更加需要科学技术解决方案，都更加需要增强创新这个第一动力①。我国目前在一些领域面临“卡脖子”问题，面临着科学与技术的激烈竞争。创新链的断裂归根结底在于基础研究和基础学科人才培养的缺失。这就要求研究型大学下大力气做好基础研究和战略研究，同时重视基础研究解决实际问题、战略研究付诸实践的根本性作用，全面提高把基础研究成果转化为解决实际问题的能力。因此，我国研究型大学必须强调主动服务国家重大战略和行业发展及区域发展需求，培养与之匹配的具有专业能力和实践应用能力的创新型人才（许宁生，2021）。

目前我国大学之间，特别是研究型大学之间竞争激烈，其竞争主要表现在以下几个方面：一是人力资源的竞争，即对高水平师资的竞争；二是生源的竞争；三是办学资源的竞争；四是无形资源的竞争，如高校社会声誉的竞争（刘向兵和李立国，2004a）。随着我国加入 WTO（World Trade Organization，世界贸易组织）后教育市场逐渐开放，高等学校的国际竞争也将逐步加剧。大学竞争的结果虽不像企业那样惨烈，但同样存在着优胜劣汰，同样经受着不进则退，甚至生死存亡的巨大压力。大学不能对自身的生存、发展和未来高枕无忧，运用战略管理迫在眉睫。研究型大学只有制定并实施发展战略，开展有效的战略控制，才能变被动为主动，集中精力迎接环境变化带来的机遇和挑战，优化处境，减少风险，更好地把握大学未来的命运。

1.1.4　社会对研究型大学战略管理的质疑

我国研究型大学实施战略管理已成为一种潮流，但在实践过程中仍然存在着一些问题与障碍，一些学校的战略管理规划只是应景之作，没有发挥应有作用。随着国家和民众对高等教育的期望与要求不断提高，政府和社会各界对研究型大

① 习近平. 2020-09-11. 在科学家座谈会上的讲话. http://www.qstheory.cn/yaowen/2020-09/11/c_1126484063.htm.

学战略管理存在一些疑问：研究型大学真的在实施战略管理吗？研究型大学怎样实施战略管理？研究型大学实施战略管理真的有效吗？等等。

第一，研究型大学实施战略管理的制度条件完备吗？现行高等教育管理体制不健全，研究型大学战略管理难以真正展开。高等教育管理体制是研究型大学战略管理开展的重要凭借条件，管理体制的科学化程度影响着研究型大学战略管理的成效。我国现行管理体制中存在的问题主要表现在以下三个方面：首先，研究型大学办学自主权没有完全落实到位。我国大学虽然逐渐建立了面向市场的管理体制，但路径依赖的惯性还在一定程度上影响着我国高校的发展。鉴于政治需求和国家意志，教育主管部门仍然按照政府要求影响大学具体事务，这使得研究型大学不同于企业的特性逐渐显现，也使得原本隶属于企业战略管理的伴生条件发生异化。而且，我国研究型大学的战略管理缺乏主动性和自觉性，它们享受着国家的管理和给予，“自我求生存”的意识不强烈。研究型大学制定发展战略往往是上级主管部门的要求，因而缺乏内在的需求动力。在这种情况下，研究型大学所制定的发展战略往往流于形式。其次，研究型大学管理体制改革没有配套进行。作为一种新的运作方式，适用于大学战略管理运作的学校管理体制还未建立健全起来，高等学校亦未高度重视战略管理相关组织的设置及其职能的发挥。例如，清华大学1994年便制定了建设“世界一流大学”的战略规划，其他高校相继出炉类似的发展战略，但大学管理体制没有进行相应及时改革，战略管理机构迟迟没有健全起来。大学管理体制中存在的问题影响了战略管理正常实施，使得战略目标难以按计划实现（陈新忠，2007）。最后，战略决策过程中行政权力与学术权力的协调机制缺失。战略选择权在学校领导，按学科分列的学者团体由于获得的环境资源信息不对称或学科偏好，可能并不认同学校领导的战略选择，这种不认同反映了战略决策过程中学术权力的缺失。研究型大学难以通过行政权力来实现学术目标，难以通过学术权力来实现成本、效率和效益目标。在研究型大学实施战略管理过程中，行政权力与学术权力有时处于不合作和不平衡状态，这可能使战略过程与战略目标南辕北辙。目前，我国研究型大学由行政权力主导，虽有学术权力对其加以限制，但学术权力的弱势地位仍使其随意性较大。因此，学术权力伴随的大学战略决策模式亟须改变。

第二，在研究型大学实施战略管理中社会利益群体参与了吗？利益相关者本指某一组织或某一事物、某一活动的所有利益相关主体，包括该组织、事物和活动的内部与外部任何人。对于研究型大学战略管理而言，利益相关者既包括研究型大学战略的决策者、顾问和执行者，也包括研究型大学战略的所有被影响者。目前，我国研究型大学战略管理主要是由校内实施，社会利益群体尤其校外利益群体很少真正参与。一般而言，校外利益相关者的要求可以通过三种形式进入大学：一是以政府的政策法规形式，二是以市场的资源供求关系形式，三是参与学校决策机制的形式。目前，我国政府还没有形成对研究型大学进行分类管理的有效模式，还缺乏管理各类大学的法律依据和组织机构。教育的周期性与瞬息变化的市场，先付费后提供服务的教育方式，兼顾教育公平导致的低于成本的收费标准，高等教育质量市场评价的不确定性等，这些问题使得市场对大学的作用不可能像对企业那样直接、有效和合理。因此，第三种形式即由大学自主建立的、主要利益相关者参与的战略决策机制显得格外重要。在现行管理模式下，大学战略的形成和实施往往只是校内的事，与校外的利益相关群体如校友、用人单位、学生家长、社会赞助机构等没有什么关系，几乎听不到他们的声音。私立院校的发展或许可以在一定法律框架内体现投资者的战略意图，但公立大学面向社会提供准公共产品，如果没有社会各界的关注和积极参与，就很难满足服务区域产业、市场、文化、科技等多方面的需求（孙长青和张秋立，2008）。

第三，在研究型大学实施战略管理中学校领导及研究者重视吗？虽然目前国内几乎每所研究型大学都制定了学校的五年发展规划甚至更为长期的发展规划，但有研究者发现不少研究型大学的发展规划都仅仅停留在规划文本层面，研究型大学各项实际工作的开展与规划文本内容脱节，更不用说对于学校战略管理中所制订的战略规划定期进行动态管理和绩效评估（王鹏，2012）。究其原因，在于研究型大学领导者对战略管理的重视程度不够，相关学术研究也有待加强。研究型大学的领导身为学校管理的直接参与者，对大学战略管理与内部控制的动力尚且不足，加之相关学术研究深度不够，社会各方对研究型大学战略管理存在质疑。战略管理是研究型大学管理的重要组成部分，是研究型大学保持核心竞争力的关键所在，直接影响着研究型大学的未来发展，同时与研究型大学有利害关系的每一位利益相关者息息相关。研究型大学的学校领导在国家“双一流”战略背景下，为了更好地促进研究型大学发展，必须高度重视发展战略，加强战略领导，实施战略管理（黄倩蓉，2019）。顺应时代需求，我国高等教育研究者应时刻关注国内外研究型大学战略动向，加强战略理论和实践研究，有效解决研究型大学发展面临的实际问题。

1.1.5 研究型大学对自身效益挖掘的探索

我国高等教育经历了管理体制重大变革之后，在“巩固、深化、提高、发展”方针指导下，整体上保持了快速发展势头，实现了从精英化教育向大众化教育进而到普及化教育的过渡。作为办学实体，高等学校面对市场经济的挑战与机遇，大多在“十五”计划期间便制定了各自的发展战略规划。“十四五”规划期间，许多高等学校开始重新审视自己的发展战略以谋求更大发展，准确定位、寻找特色成为高等学校各个层面关注的话题。

目前，我国高等教育尽管迈入普及化阶段，但整体仍然彰显出精英化教育和大众化教育并行的特征，不仅办学理念、办学形式和评价标准存在多样性，而且投资来源和经营方式也呈现多元性。同时，高等学校办学主体与其他利益主体的关系日益复杂化，由原来的各种隶属关系甚至对立关系发展成为战略合作伙伴关系。在此背景下，研究型大学面临着与计划经济体制环境截然不同的发展模式。作为办学主体，研究型大学不得不重新确认自身价值，寻找优势，以适应新的时代需要，于是战略管理成为当代研究型大学发展的重要手段和工具（张婕和王保华，2007）。从20世纪90年代起，我国许多高校特别是一些研究型大学开始把制订战略规划作为促进学校发展的大事来抓，设立了主管研究和规划学校长远发展的政策研究室或发展规划办公室，制订了以“三大规划”（发展战略规划、学科建设和队伍建设规划、校园建设规划）为核心的“五年计划”或“十年纲要”，确立了学校发展定位、战略目标、战略重点及战略措施。尽管如此，研究型大学战略管理工作中还存在许多不尽如人意之处，突出问题是战略规划的权威性未能显现出来，稳定性和科学性还不够；尤其在实施和执行方面，既缺乏共同理念的引导、学校氛围的营造，又缺乏有效的评估、控制手段，使得战略规划的落实十分困难；在学校整体管理上，战略规划工作“只是规划部门的事”，各项工作缺乏协调协作，各种资源缺乏整体配置，各个部门各自为战，管理的有效性不高，有的最终使战略“流产”，规划成为一纸空文。

研究型大学是历史发展进程的产物，并非一成不变。迄今为止，研究型大学还没有标准模式，已有研究型大学以德国模式和美国模式为主。当然，即使在美国，研究型大学也存在不同模式。我们开展“双一流”建设，既要借鉴外国经验，但也不能照搬别国模式。当今我国研究型大学处于发展的新时期，必须探索出一条适合于新时代发展需要的新路子。事实上，近年来一批新兴研究型大学快速崛起，已为我国探索新型研究型大学的发展道路提供了参照。中国香港科技大学（The Hong Kong University of Science and Technology）和新加坡南洋理工大学（Nanyang Technological University）都是新近崛起的研究型大学，走的都是不同于传统研究型大学的发展路线，其经验值得借鉴。20世纪中叶以后，随着新兴科技的发展，诞生了一批与新兴科技创业密切互动的大学。它们把应用与开发研究作为大学发展的重点，把引领产业发展作为成功的标志，实现了与新兴产业一同成长的目标，构建了一种转型的研究型大学——创业型大学，其代表就是美国斯坦福大学（Stanford University）。进入20世纪90年代之后，随着互联网技术发展，经济全球化势头迅猛，逐渐催生了一种新型研究型大学。这种研究型大学发展速度惊人，科研业绩对于大学排名提升发挥了主导性作用。新型研究型大学排名一路飙升，有效地提升了教育竞争力和国家竞争力。这种大学的成功在于转变了传统的学院式管理模式，采用了企业化管理体制，这是大学进入全球化时代出现的一种新型大学办学模式。新型研究型大学是一批相对于传统研究型大学而言的新型高等教育组织，具有规模小而精、办学历史短而起点高等初显特点，我国的西湖大学、香港科技大学、南方科技大学、上海科技大学和中国科学院大学等都是如此。我国“十四五”规划纲要指出：“支持发展新型研究型大学、新型研发机构等新型创新主体，推动投入主体多元化、管理制度现代化、运行机制市场化、用人机制灵活化。”①新型研究型大学是国之重器，其创建关系到高等教育新发展格局的构建和国家创新体系的提升。当前国际竞争日益加剧，高新科技与相应高层次人才成为决定国家竞争力的关键因素。我国研究型大学建设与发展虽然取得了卓越成就，在各大高校排名榜上的优异表现佐证了我国研究型大学的群体性崛起，但受制于制度和文化等多重因素，在原创性知识技术生产及高层次技术人才培养上远未达到预期目标。在一些关键技术领域，我国还被主要发达国家“卡脖子”。研究型大学是大学发展到一定阶段的产物，知识生产方式变革和大学组织自我进化是新型研究型大学创生与发展的内部动因。大学本质上是一种知识生产组织，决定大学知识生产成效的是知识生产方式。与物质生产方式一样，知识生产方式既具有相对稳定的一面，也具有因环境条件和主体选择而不断进化的一面。传统知识生产方式是一套理念、价值、方法和规范的综合体，强调基于相对封闭环境的经典理论性知识生产。随着全球化深化和信息技术普遍运用，社会经济、科学与文化发展的实践内容已然发生深刻变迁，向着更加注重应用语境、更加注重跨学科的新型知识生产方式转型，这成为大学知识生产变革的催化条件。知识生产方式变革意味着大学工作方式变化，相应地必将带来大学组织形态变革（沈红等，2021）。因此，研究型大学在内部治理上更应积极调整工作方式，实施战略管理，进行战略控制，不断调整不同形势下的战略应对策略，对自身效益进行挖掘探索，努力转型为新型研究型大学。

对任何国家和高校来说，高等教育资源都是稀缺的。在资源有限的情况下，研究型大学若能有效进行战略管理，突出战略重点，及时进行战略控制，将有限资源运用到学校发展的关键领域，对于研究型大学自身发展必将十分有益。战略管理是超越不同职能的决策方案，通过战略规划的制定、战略规划的实施和战略规划实施的评价实现组织目标的艺术和科学。这里的科学是指战略管理包含一个完整的科学过程，即战略规划的科学制定、战略规划的科学实施和战略规划实施的科学评价。世界研究型大学的典范——美国耶鲁大学在莱文（Levin）校长的带

① 中华人民共和国国民经济和社会发展第十四个五年规划和2035年远景目标纲要. http://www.gov.cn/xinwen/2021-03/13/content_5592681.htm.

领下，于1998年制定了耶鲁大学的十年发展规划。耶鲁大学深入分析了学校的使命与价值，系统评价了学校的优势与不足，确立了战略选择的两个基本原则，即有选择地追求卓越和依托强势学科带动交叉学科发展的规划原则。尽管耶鲁大学是美国最富有的大学之一，但仍缺乏足够的资源支撑所有学科的发展，必须有选择地追求卓越。通过强势学科带动发展交叉学科，耶鲁大学不仅可以培育新的学科增长点，而且能够快速提升新兴、交叉学科水平。耶鲁大学制定战略规划之后，每两年对规划的执行情况进行评估检查，并根据形势变化对规划进行必要修改和完善。以学校战略规划中的国际化目标为例，耶鲁大学 1998 年制定规划时的目标是扩大对本科留学生的资助和建立未来领导人奖学金计划；2000 年检查评估后增加了建立全球化研究中心和设立国际化研究方面的交叉学科教席等目标；2002 年检查评估后又增加了设立国际事务办公室的目标。世界研究型大学的另一典范——美国密歇根大学（University of Michigan）在战略规划的执行过程中，全员上下紧紧围绕战略规划的目标和内容开展工作。由于生命科学和能源领域在战略规划中被确定为未来学校发展的重点，密歇根大学在战略实施中将学校控制的机动经费（占预算总额的 4%）基本全部投入这两个领域。据了解，新成立的生命科学学院由柯尔曼校长直接管理，委任了专门的校长助理负责该学院的具体联系，注重在能源等学科领域有效投入和调整，使得密歇根大学在这两个领域形成了学科有效交叉的良好发展态势，从而保证了密歇根大学在今后世界科技发展的关键领域始终处于领先地位（张婕和王保华，2007）。科学规划、实施和调整保证了战略目标达成与层层递升，实现了对战略管理效益的最大化挖潜。

研究型大学是特殊的高等教学学术机构，组织特性决定了研究型大学战略控制与企业战略控制不同。研究型大学的二元权力结构特征鲜明，价值观念、学术规范在大学的权力共同体中起着主导作用；院系相对独立，组织结构松散关联；垂直分化与不平等程度较低；权力关系模糊，但水平分化程度较高，教学、科研和后勤保障三大系统的角色、地位、工作模式与价值观有较大不同，是异质化程度很高的组织。研究型大学要想成为有效的竞争者，成功实施自己的战略控制，不但要发挥垂直体系的功能，还要发挥水平体系的作用；不但要发挥上层领导的指导性，还要发挥基层组织的主动性（刘向兵和李立国，2004b）。研究型大学的特点及其内在矛盾要求研究型大学的管理者和理论研究者认真研究独具特色的战略控制体系，提高运作效率与效益，提升办学水平。研究型大学实施战略控制，是改进现有战略管理工作、提高大学管理水平的必由之路，是运用经营理念建设大学、追求办学效益的具体体现（陈新忠和李忠云，2006a）。尽快改变研究型大学重规划、轻实施、淡控制的战略管理状况，对战略控制体系进行研究，形成有中国特色的研究型大学战略管理模式，是我国广大研究型大学管理者和理论研究者迫切需要研究的一项重要课题。

1.2 研究目的和意义

研究型大学战略管理是借鉴企业战略管理而实施的一项宏伟长远的计划管理，是高等学校的一种新型管理模式。尽管这项管理已实施多年，但很少有人对实施的效果进行专门研究。在研究型大学实施战略管理中，战略规划是否反映了全校教职员工的智慧与愿望？战略目标是否契合研究型大学的本质属性和内在追求？战略实施是否调动了广大师生的内在潜能和协作力量？战略控制是否真正发挥了引导功能和矫正作用？时至今日，这些问题都是研究型大学管理者和研究者理应反思与深究的重要课题。探究研究型大学的战略目标及其达成状况，对于研究型大学进一步实施战略管理具有重大借鉴价值。

1.2.1 研究的目的

关于研究型大学战略管理，值得研究的问题很多。自研究型大学实施战略管理以来，中外学者对于研究型大学如何运用企业战略管理方略开展战略管理进行了较为丰富的研究。其中，对于研究型大学如何制定战略规划和如何进行战略管理的预设式理想化研究最多，对于研究型大学在实施战略管理过程中存在的实然性问题的研究较少。与以往学者不同，本书聚焦于几乎没有学者问津或者说几乎没有学者专门问津的战略管理最后一个阶段——战略控制进行专门化研究，以期为我国研究型大学促进战略目标如期实现提供有价值的参考。

1. 揭示研究型大学战略控制问题及原因

20 世纪 90 年代中期以来，我国研究型大学在战略管理促进下取得了显著成效，科研产出总数跃居世界第一，研究型大学美誉度不断提高。然而，我国研究型大学战略管理的企业痕迹仍然存在，对于国外著名大学战略管理的仿效大多停留于表面，在实施战略管理进程中依然存在一些问题，尤其在战略控制方面开展工作比较有限。本书围绕“目标与控制”，将系统总结我国研究型大学实施战略管理特别是战略控制方面的成效，深入探究我国研究型大学战略控制存在的各方面问题，揭示我国研究型大学战略控制存在问题背后的深刻原因。本书针对我国研究型大学战略控制问题，解析当前研究型大学完善战略控制的必要性与迫切性，为研究型大学建构战略控制体系提供目标和任务的修正方向。

2. 探究研究型大学战略控制的基本理论

研究型大学战略管理既是高校借鉴现代企业和国外大学经验做法的一项尝试性实践，也是需要适切战略管理理论予以指导的一项探索性行动。为保障研究型大学战略管理顺利进行，研究型大学管理者和研究者必须找到或提供相应的系统理论加以指导。同样，研究型大学战略管理研究既需要对现状和问题展开实地调研与分析，更需要对相关理论进行探讨和建构，以保证研究科学开展。本书将对涉及的研究型大学、战略管理、战略控制等核心概念进行界定，对研究型大学战略管理和战略控制的主要理论依据进行阐述分析，并对研究型大学战略控制的基本要素、特点、类型、原则、过程、模型、标准和评价等进行深入剖析，以期初步建构研究型大学战略管理及其控制的理论体系，为研究型大学战略管理及其控制研究提供基本遵循。

3. 剖析美国研究型大学战略控制的经验

发达国家研究型大学较早运用企业战略管理方法进行经营，取得了较好的预期效益和社会声誉。我国研究型大学实施战略管理，需要借鉴发达国家研究型大学战略管理，尤其是战略控制的经验做法，汲取发达国家研究型大学战略管理中战略控制的失败教训，规避风险、健康发展。本书以目前世界上高等教育最发达的美国为例，选取耶鲁大学、哈佛大学、宾夕法尼亚州立大学和威斯康星-麦迪逊大学四所研究型大学，分析其战略管理与控制的背景和过程，提炼其战略管理与控制的特点和经验，获取美国研究型大学战略控制典型案例的经验启示。现代意义上的研究型大学起源于德国，形成于美国。美国最早提出了研究型大学的概念，并将研究型大学建设得令世界瞩目。本书剖析了美国研究型大学战略控制典型案例经验，旨在为我国构建研究型大学战略控制体系提供参考借鉴。

4. 构建科学的研究型大学战略控制体系

我国研究型大学尽管实施战略管理多年，也取得了一些可圈可点的数量化成就，但与国家和社会的期望仍然相差较远。为推动研究型大学实现对社会主义强国建设的科技和人才方面的有力支撑，我国亟须构建科学的研究型大学战略控制体系，促进战略管理有效发挥对研究型大学发展的引领作用。本书遵循书中初步探索的研究型大学战略控制的基本要素、特点、类型、原则、过程、模型、标准和评价等基本理论体系，针对我国研究型大学战略控制存在的各方面问题及其背后的深刻原因，借鉴美国典型研究型大学战略控制的案例经验，设计构建我国研究型大学战略控制的理念系统、目标系统、组织系统、文本系统、信息系统、评估系统和纠偏系统，形成我国研究型大学完整科学的战略控制体系。为保证研究型大学战略控制体系发挥积极有效作用，本书将对研究型大学战略控制体系运行的主要潜在风险进行识别、风险防范进行认知重构、风险防范主体进行建设、风险防范的制度予以修订，进而提出研究型大学战略控制体系运行风险防范的多元举措。

1.2.2　研究的意义

研究型大学实施战略管理不是简单地复制企业战略管理方法，而是需要结合研究型大学的本质属性和宗旨追求进行探索。对于研究型大学战略管理及其控制的研究不仅有利于指导研究型大学的战略管理实践，有助于研究型大学在我国社会主义强国建设中发挥更大作用，而且有助于丰富、发展和完善原有战略管理理论，还有助于推动研究型大学战略管理及战略控制理论体系的形成。

1. 理论意义

任何一项社会活动都是实践和理论兼具的活动，研究型大学战略管理也不例外。理论是行动的先导，研究型大学战略管理需要理论上的指导。对于研究型大学战略管理进行研究，我们也需要首先从理论上进行探讨和建构，以保证研究的科学性和实践的合理性。因此，本书对于研究型大学战略管理及其控制的理论研究具有重要价值。其一，本书将通过界定研究型大学、战略控制、控制体系等概念，提出对研究型大学、战略控制、控制体系等概念的操作性认知，丰富研究型大学战略管理及其控制的内涵。其二，本书将通过分析研究型大学战略控制的基本要素、特点、类型、原则、过程、模型、标准和评价等，初步建构起研究型大学战略控制的基本理论体系，发展和完善高校战略管理理论。其三，本书将运用书中初步探索的研究型大学战略控制基本理论体系，从学校宏观层面构建研究型大学战略控制体系，为高等学校特别是研究型大学成功实施发展战略提供理论指导。

2. 实践意义

研究型大学战略管理是一项面向长远的管理活动，对研究型大学的影响极其深远。不仅研究型大学自身要高度重视战略管理的科学性和战略控制的达成度，而且我国政府也要高度重视研究型大学实施和推进战略管理的落地情况与效益效果。对于研究型大学战略管理及其控制开展研究既是研究型大学实施战略管理达到一定时间和一定程度的必然要求，也是社会各界唤醒研究型大学战略管理实施主体、监控主体重新审视研究型大学战略管理实施效果及进一步改进和完善研究型大学战略管理的应然诉求。因此，本书对于研究型大学战略管理及其控制的实践研究具有重大意义。其一，本书将通过对研究型大学战略管理控制的现状、存在的问题及其原因的分析，呈现研究型大学构建战略控制体系的必要性与迫切性，增强研究型大学改善战略控制状况的紧迫感。其二，本书将通过分析耶鲁大学、哈佛大学、宾夕法尼亚州立大学、威斯康星-麦迪逊大学四所研究型大学战略管理与控制的背景和过程，提炼其战略管理与控制的特点和经验，获取发达国家研究型大学战略控制的先进做法，为我国研究型大学构建战略控制体系提供参考方案。其三，本书将通过理念系统、目标系统、组织系统、文本系统、信息系统、评估系统和纠偏系统构建研究型大学战略控制体系，为高等学校尤其是研究型大学完善战略控制提供思路和工作参照，促进高校整体水平提升，促使研究型大学在增强国家核心竞争力和综合国力中发挥更大作用。

1.3 国内外研究回溯

战略管理作为一门学科始于 20 世纪 60 年代，流行于商业领域。20 世纪 70 年代，学者开始运用管理学理论研究商业领域的战略管理，并将其应用于高等教育领域。尽管研究型大学兴起于 19 世纪初期的德国，但直到 20 世纪 70 年代才由美国卡耐基基金会在大学分类时提出该概念。对于研究型大学战略管理的研究，20 世纪 90 年代以来，国内外学者在研究型大学实施战略管理的实践中加强理论研究，以期运用理论研究成果改进和完善研究型大学实施战略管理实践，推动研究型大学发展。

1.3.1 国内研究回溯

我国学者从 20 世纪 80 年代后期开始研究高等学校发展战略问题，但主要集中于国家制定发展规划对高等学校进行宏观管理的层面。20 世纪 90 年代中后期，人们开始认识到战略管理不仅仅是政府主管部门宏观管理者的职责，更是高等教育机构自身的责任，陆续有学者对高校战略管理的必要性与重要性、内涵与特点、过程与内容，以及评价系统等进行有益探索，如项振乐和杜欢政（1998）的论文《高等学校需要建立战略管理》，王建学（2000）的论文《学校战略管理初探》，程振响（2000）的论文《学校管理新视野》，章明（2002）的论文《高等学校战略管理自我评估方案研究》，刘向兵和李立国（2004b）的论文《高等学校实施战略管理的理论探讨》，湖南大学张泽麟（2003）的硕士学位论文《高等学校战略管理研究》，武汉大学唐蓉（2004）的硕士学位论文《论高等学校战略管理》等。随着我国高等教育事业加速发展，战略管理在大学发展中的作用越来越突出。郭哲（2021）认为，战略管理过程包括战略制定、战略实施、战略监控与评估三个阶段。战略制定是指根据组织自身优势和劣势、外部环境的机会和威胁，科学设计发展思路的过程；战略实施是指通过行动计划、预算与规程开发，将组织战略推向行动之中，将战略构想转化为实现绩效的过程，这个过程可能涉及整个组织文化、结构和管理系统等所有领域的变革；战略监控与评估是指监测战略实施并对战略实施的绩效管理进行系统评估的过程，其目的是比较实际业绩与期望业绩。从整体看，战略管理着重于建立一种反馈机制，根据过程或效果评价信息的反馈情况，及时调整、补充原定战略规划方案，为修订甚至终止战略提供合理依据。大学战略管理过程大体亦可以分为三个部分：大学战略制定（强调根据内外部发展因素采用科学的技术方法为大学制定合理发展目标与计划）、大学战略实施（强调根据计划有序地对教师、学生、课程、教学、专业等大学基础要素进行改革）、大学战略评价（强调采用科学计量手段对大学的改革状态进行监控，并对出现的偏差予以及时修正）（郭哲，2021）。

对于研究型大学的含义，学者持有不同看法。学者的意见大致可分为三类：一是根据常识性判断或向往性设计进行观点阐述，如有学者提出始终把科学研究放在学校工作首位的大学就是研究型大学。二是采用定量列举或定性描述的方法通过归纳共性予以定义，如沈红（2000）认为具备“培养高层次人才、从事高水平科研、高层次人才培养和高水平科研同期同步相融合”的就是研究型大学；赵沁平（2002）提出“研发经费对学校运行的贡献与教育拨款相当、教师的教学和科研工作量（或折合人数）大体相当、在校研究生和本科生的数量比在 1 ∶ 2 左右、能够不断产出足够数量的有国际竞争力的科技创新成果”的就是研究型大学；黄达人（2002）认为研究型大学最重要的标志并不在于各种各样的比例和数字，只有“创新”才是研究型大学最为本质的特征，它不仅仅停留在传授知识方面，而是以创造知识为己任。三是借助国外研究型大学的定义、特点或评价指标得出演绎性的定义，如史万兵和娄成武（2003）提出研究型大学是以学术研究为主要任务、教学体现科研、侧重研究生教育、通过科技成果转化服务于社会来实现大学有用性并且占大学比重较少的国内名牌、国际知名大学。

对于研究型大学的评价标准，在中国有较大影响力的大学评价是网大（莱比格信息技术有限公司的母公司）的“中国大学排行榜”和广东管理科学研究院的“中国大学评价”。其中网大按学术声誉、学术地位、学术成果、学生情况、教师资源、物资资源 6 项指标对大学进行排名，类似《美国新闻与世界报道》的大学排名。2002 年“中国大学评价”课题组提出的中国研究型大学的分类标准如下：第一，将全国所有大学的科研成果得分按降序排列，并从大到小依次相加至得分超过全国大学科研成果总分的 70%为止，各被加大学就是研究型大学；第二，按上述方法确定的研究型大学的科研成果按理工农医文 5 个学科分别相加，若某一学科的科研得分未超过全国所有大学该学科科研成果得分的 50%，则在已确定的研究型大学之外依次补充该学科科研得分最高的大学，直到该学科科研成果得分超过 50%为止，各个补充的大学也是研究型大学；第三，各学科的第一名是研究型大学。

大学战略管理的研究主要分为两类：一是理论研究，二是工作研究（张婕和王保华，2007）。在理论研究方面，刘献君（2006a）专门撰文阐述大学校长重视战略的重要性及大学校长重视战略管理应关注的几个问题，提出要把战略实施作为战略管理的主体，将提高教育质量作为学校的核心战略，将经费的筹措、规划放在战略管理的突出地位，战略规划应该多样化，学校战略要体现校长的信仰、理念等。李培根（2006）以华中科技大学发展历程中的几位校长为例，分别论述大学校长对大学发展战略的把握和推进。在战略把握方面，大学的目标在某种程度上是校长理想的体现，办学理念是治校的大政方针；学校的文化是一所大学的魂，是出人头地的重要条件；学术生态的多样性、生态链和环境气候使得学校生态繁荣，并维系和谐；在大学战略进程中，贯穿始终的是学校具有前瞻性发展重点的选择。在战略推进方面，大学要超越现实、捕捉机遇、不断跟进、重构、善于协调。赵炬明和徐海涛（2008）以西安一所民办院校为例，介绍了高校战略管理中如何使用院校研究方法来制定大学战略。王祖林（2013）对 CNKI 数据库 2000~2010 年关于我国大学发展战略和规划的期刊文献进行梳理，得出 2000~2010 年我国学者对大学战略规划的研究基本情况。

从方法上来看，定性研究居多、学理探究不足；从内容上来看，关于战略规划的操作技术、规划效能评估方法、战略规划理论与典型案例研究不足，特别是规划与组织变革相结合的研究有待开拓。郑可春和王文帅（2010）对我国大学战略管理研究进行计量学分析，认为我国战略管理研究的现有成果主要集中在大学战略定位与规划、大学战略管理基本理论这两个主题上，一方面说明了这两个主题在大学战略管理研究中的重要地位得到了相关研究者的认可，另一方面表明同样作为大学战略管理的另外两个重要环节——大学战略实施和控制、大学战略实施评估没有受到应有重视。这两个主题在所有研究成果中的比例分别为 3.5%和 2.7%，远远低于大学战略定位与规划在所有研究成果中 32.4%的比重。同时，现有研究对战略管理过程中的常用分析模型，如 SWOT（strengths、weaknesses、opportunities、threats，优势、劣势、机会、威胁）模型、波特五力

（即迈克尔·波特提出的同行业内现有竞争者的竞争能力、潜在竞争者进入的能力、替代品的替代能力、供应商的讨价还价能力和购买者的议价能力）模型等在大学战略管理中如何有效运用也缺乏应有探讨。因此，大学战略管理研究有待开阔视野，借鉴企业战略管理中的成功经验和分析工具开展研究，尤其应当将大学战略定位与规划、大学战略实施和控制、大学战略实施评估三个方面结合起来进行系统研究，从而更好地体现研究的价值，提高大学战略管理实效。别敦荣（2015）研究指出，战略规划对高校发展具有引领、动员、凝聚与规范等作用，但在实际工作中，高校长期处于无目标办学状态，多是模糊地发展和办学，习惯于按指令办学，处于紊乱发展状态，使得高校发展战略规划的作用未能得到较好发挥；做好战略规划不仅应当把握高校发展的重大主题，而且应当掌握战略规划的理论基础与基本方法。侯俊行（2021）着重研究地方高校战略规划，认为战略规划对高校发展起着纲领性作用；地方高校具有鲜明的区域性特征，一般由地方行政部门给予财政支持，其目标是培养地方所需要的人才，在我国高等教育机构中占据主体地位；目前我国一些地方高校在战略规划工作中存在领导重视程度不够、对高校环境了解不够、高校定位不够精准、制定战略规划方式单一等问题；地方高校要想制定成功的战略规划，需要深入了解学校环境，突出高校特色，提高制定战略规划人员的专业性，针对高校与区域经济特点确定办学目标。

高校战略管理工作方面的研究集中体现于教育部2004年举办的中外大学校长论坛上，国内外大学校长专门围绕“大学发展战略规划”介绍了自己所在学校的情况，尤其是欧美国家著名大学校长分享了他们的战略管理工作经验和构想。英国牛津大学（University of Oxford）第一副校长威廉姆·麦克米伦（William Macmillan）介绍了牛津大学的《21 世纪大学的学术战略》，主要涉及以下问题：为谁制定学术战略？何时制定学术战略？为什么制定学术战略？学术战略包括哪些内容？学术战略是如何制定的？英国伦敦政治经济学院（The London School of Economics and Political Science）院长霍华德·戴维斯（Howard Davies）报告了《制定 21 世纪大学的发展战略规划》，主要内容包括以下方面：大学制定计划必须考虑高等教育参照环境的变化，以及当代大学中各相关利益群体期望的变化；制定战略规划要做好六个方面，即决策体系、在核心价值观上达成共识、必须实事求是地理解院校本身的优势和弱点、明确自由度、明确表述和沟通、实施和监督（教育部中外大学校长论坛领导小组，2004）。

1.3.2 国外研究回溯

研究型大学是对以研究为突出功能的大学的称呼，其标准在不同的国家、不同的评鉴机构中有很大差异。美国在1971年及之后对研究型大学分类标准进行了四次调整，调整时间分别是1971年、1987年、1994年和2000年。根据最新的卡内基高等教育机构分类（The Carnegie Classification of Institute of Higher Education），广博型研究型大学的标准如下：广泛地提供学士、硕士和博士学位课程，每年至少在15个学科领域授予50个以上的博士学位；每年接受联邦政府4 000万美元以上的研究经费资助（Shulman，2002）。按照这一界定，美国此类研究型大学有151所（张振刚，2003）。而在大学历史长于美国400多年的英国，20世纪90年代才开始出现研究主导型（research-dominated）大学和教学主导型（teaching-dominated）大学的分流，其研究型大学的界定以研究经费的增长速度大大高于教学经费的增长为标准（沈红，2000）。

"战略"一词在希腊语中原是一个军事术语，是指军事家们对战争全局的规划与指挥，后被广泛运用到其他领域。20世纪60年代，发达国家商业领域开始流行"战略"这个概念，其与达尔文的进化论共同成为战略管理学科的两大思想源流。美国哈佛大学学者波特（Poter）认为，"战略是公司为之奋斗的终点与公司为达到它们而寻求的途径的结合物"（郭哲，2021）。美国学者汤姆森（Tomson）指出，"战略就是管理者根据内外各种情况而不断规划和再规划资源的过程"（陈新忠，2007）。20世纪70年代以来，西方部分管理专家将企业战略规划尝试用于高等学校计划管理，拉开了战略管理应用于高等教育发展的研究帷幕。1972年，申德尔（Schendel）和哈顿（Hatten）最早将战略管理与高等教育相结合进行思考，合作发表了《战略规划与高等教育：概念、问题与机会》一文；1978年，哈佛大学霍斯默（Hosmer）在其所著的博士论文《学术战略》中完整地提出了战略规划用于高等教育的理论，形成了高等学校战略的学术构想（张万明等，2001）。不过，这一时期的战略管理研究仍以企业为主体。1976年，安索夫（H. Igor Ansoff）深入思考企业战略管理，出版了《从战略规划到战略管理》一书。1982年，斯坦纳（G. A. Steiner）出版了《企业政策与战略》一书，认为"战略管理就是实现根据企业外部环境和内部条件确定的企业目标，保障目标正确落实和使命得以实现的动态管理过程"（中国注册会计师协会，2019）。高等教育领域真正引入战略管理的标志是1983年美国学者乔治·凯勒（George Keller）出版的《学术战略：美国高等教育管理革命》（*Academic Strategy: The Management Revolution in America Higher Education*）一书，该书阐述了高等教育战略规划，由此掀起大学战略管理的研究热潮。

20世纪90年代之后，学术界形成了关于战略管理研究的热潮。顺应国际研究潮流和国内高校发展需求，我国加大了对国外战略管理论文论著的介绍力度，译介的对象国主要为美国、英国等发达国家，译介的内容多为战略规划。2003年，玛格丽特（Margaret）和普兰迪（Plandi）等编著的《战略领导与教育发展》一书阐述了外部环境对高校战略管理的影响及高校管理者战略观念的转变。同一时期，马文·彼得森研究提出战略制定应当根据外部环境做适时调整（Peterson，1997）；霍斯默（Hosmer）研究认为，高校发展战略应当结合大学本身的历史背景和周遭环境，把组织内部各个节点有机结合起来，形成系统性发展；牛津大学校长卢卡斯亦研究指出，“大学战略管理是领导者明确大学未来发展的可能性并使这种可能性变为现实的思考过程和行动过程”（张婕和王保华，2007）。刘念才在编译的《英国高等学校战略规划指南》中，对英国高校战略规划循环进行了总体描述，对英国高校战略规划循环中的规划、形成规划文件及规划的实施与监控做了详细介绍；在《美英高校规划工作概况及文献资料简介》中，对美英高等教育规划的发展阶段和规划程序及内容，如环境评估、战略规划、专项规划、操作性行动计划、规划的实施、规划的监控等过程分别加以阐述，提出了美英高校规划的经验借鉴。此外，湛毅青和彭省临（2007）以美国爱荷华州立大学（Iowa State University）为例，对其2005~2010年度规划编制工作的组织、规划文本形式、规划有效实施的措施等各环节进行介绍；张弛（2005）以威斯康星-麦迪逊大学为例，对美国研究型大学战略规划工作做了探析，介绍了威斯康星-麦迪逊大学战略规划工作的基础和背景，分析了威斯康星-麦迪逊大学战略规划的内容及特点、战略规划工作的组织体系及实施过程等。

在借鉴企业经营方略办学实践方面，美国是世界上最早将战略管理理念引入大学管理的国家。21世纪以来，美国大学和学院协会把发展战略管理、运行管理、资源和财政管理、人员管理、信息管理并列为大学校长培训的五大内容。20世纪70年代，美国高校面临着内外部环境的急剧变革：一方面高校教师对高校管理者不信任和对学校归属感降低直接导致高校内部管理混乱且低效，另一方面美国政府削减高等教育经费，公众对高校进行问责，以及信息技术发展给传统高校带来了各种挑战。在剧烈变化的内外部环境影响下，美国高校首先进入了管理变革时代，开始由仅仅关注高校内部向同时关注外部环境转变。于是，美国高校向企业学习，积极采取企业管理领域正在盛行的战略管理来应对组织面临的挑战和冲突，越来越强调考虑外部环境变化，强调高校要有一个全校统一的发展愿景（Shulman，2002）。美国许多管理专家尝试论证将企业战略规划和管理模式运用于高校之中，美国高校管理系统中心与州立大学协会等组织也为将战略规划应用到高校管理实践之中而加强了研究工作（程永波和李雪飞，2016）。20世纪80年代以来，美国大多数高校尝试制定了某种形式的战略方针与规划，不少院校通过一系列富有创意的决策使之接近于校园的主流文化、领导机构的管理风格和学校内部的管理过程，从而赢得了更有活力的教师队伍、更精明的管理团队、更好的声誉、更高的教学质量、更多的学生和更大的资金投入（江鹏九，1994）。威斯康星–麦迪逊大学1989~2001年连续制定了三个发展规划，通过健全组织、广泛宣传、定期评价等措施全程监督实施，圆满完成了战略目标，一跃跻身美国研究型大学前列（Amsler and Bolsmann，2012）。斯坦福大学和卡内基梅隆大学（Carnegie Mellon University）后来居上，关键也是把战略规划与控制运用到学校发展之中（Salmi，2016）。

除美国外，英国的高校战略管理实践也萌芽较早。英国高校战略管理大概始于20世纪80年代，同样跟当时英国高校所面临的外部环境发生巨变有关。英国政府于20世纪80年代对本国高等教育施行了一系列改革，一方面扩大高等教育入学规模，另一方面减少高等教育经费拨款，并且实行按质量拨款制度。英国高校为了应对环境变化，不得不开始主动实行战略管理（Salmi and Saroyan，2007）。除了高校层面，英国政府为了保障国家高等教育质量，专门出版了《英国高校战略规划指南》，用于指导英国高校更好地制定本校战略规划（黄倩蓉，2019）。负责对英格兰地区高等学校进行拨款的英格兰高等教育基金委员会（Higher Education Funding Council for England，HEFCE）把组织高校制定发展战略和对高校进行战略管理评估作为核心职能，长期以来致力于高校战略管理研究，包括战略目标、发展规划和对策研究，重点进行经费筹措与分配、使用效益和整体发展的预期分析。2000年，HEFCE通过对英国13所大学的个案研究，发表了《高等教育战略规划》报告，提出高校战略规划应包括规划、制定文本、实施与监控三个环节，详细探讨了高校实施战略管理的细节问题（Hazelkorn，2011）。英国的高校，无论是历史悠久的牛津大学和剑桥大学，或是19世纪末设立的红砖大学（Red Brick University），还是第一次世界大战之后兴建的多科性技术学院（polytechnic），都积极推行战略管理，把战略控制作为大学管理的基本手段，把发展战略与控制研究作为学校工作的重要基础（Abel，2017）。

仿效美国和英国，许多发展中国家与地区的高校也采取多种形式积极推行战略管理。韩国汉城大学建设世界一流大学的主要经验就是“大学发展是一个战略管理过程”，即大学在不同阶段总是及时制定与社会发展相适应的发展战略规划，做好战略控制，一以贯之（Salmi，2016）。

1.3.3 国内外研究评价

我国学者对于高等学校战略管理的研究比国外晚，研究大都把战略控制作为战略管理的一个重要环节看待，普遍认识到其关键作用，认为应当研究具有高校特色的战略控制体系。关于北京大学、清华大学等高校的案例研究显示，高校在战略管理中体现出了一定的战略控制思想，为高校进行战略管理提供了理论上的指导及实践上的参考。但总体来看，已有研究大都停留在简单复制企业战略管理模式的层次上，重视战略分析、战略选择、战略实施方面的研究，对于战略评价的研究也日渐增多，而战略控制方面的系统研究较少。谈及战略控制时，研究者大多模仿企业战略管理中的控制理论对控制过程和程序（如建立判断准则和标准、衡量偏差、采取纠正措施等）做简单描述。目前，国内学者对于高等学校战略管理现状进行全面深入的调查分析仍然不多。从研究内容和方法看，不同研究者研究重点和方向不同，有基本理论研究、院校研究和历史研究等，但总体上以定性研究居多，定量研究不足，缺少典型案例分析和案例数据库建立。此外，国内关于高校战略管理的研究视角比较狭窄，在综合高等教育内外部环境变化及发展趋势，协同经济学、社会学、管理学等其他学科进行研究方面做得不够，需要进一步扩大视野。总而言之，战略管理理念在我国大学尚无完美完整的实践案例，但已越来越成为高等学校的一种共识；已有研究关注高等学校整体，但分类别对研究型大学战略管理进行研究的较少；学者注重战略规划制定和战略实施推进研究，但详细论述研究型大学战略控制的很少。

美、英等国家和地区关于高等学校战略管理的实践历史长，研究成果多，并且有威斯康星-麦迪逊大学等成功案例值得借鉴。目前可以看到的材料中，国外研究大多只是在战略管理研究中论及战略控制，谈到了战略控制的通用方法和手段，极少有学者专门直接论述高校或研究型大学战略控制；国外实践中大多研究型大学只是在实施战略管理时强调了战略控制，有意无意地达到了战略控制的效果，极少有学校专门总结战略控制方面的经验做法。国外关于高等学校战略控制的直接研究较少，增大了本书的借鉴难度；国外高等学校战略管理中实施战略控制的完整资料较少，本书仍然需要收集和挖掘。

此外，目前国内外对于研究型大学概念及评价标准的研究从不同角度反映了研究型大学的内涵，有助于我们深化、丰富对研究型大学概念的探索与认识，但还没有对研究型大学的本质做出深刻揭示和适度抽象，不利于达成共识，不利于研究型大学建设和相关研究开展，有必要对研究型大学的定义、特征及相关概念之间关系做进一步探究。

1.4 研究方法与思路

研究型大学战略管理与控制是极其复杂的社会活动，需要运用科学的方法和思路进行研究。清晰的思路是科学研究得以展开的基础，严谨的研究方法有助于我们认识繁华掩盖下的问题和本质。本书以前人研究成果为借鉴，以笔者前期研究成果作基础，将理论探讨与实践探索密切结合，把国内研究与国外研究有机统一，为我国科学建构研究型大学战略控制体系做一次大胆而有益的研究尝试。

1.4.1 主要研究方法

任何一种研究方法都有其局限性，“没有一种研究方法能揭示一切”（克拉克，2003）。本书以马克思主义唯物辩证法为指导，坚持理论联系实际、洋为中用等原则，综合运用文献研究法、调查研究法、案例分析法和系统分析法等方法，以期在研究方法上有所进步和创新。

1. 文献研究法

文献研究法是指根据研究目的或课题需要，对记录相关知识的图书、报刊、文件、报告、学位论文、专利材料和各种音像视听资料等载体进行查阅与梳理，全面了解研究项目，从中发现问题、寻求借鉴的一种研究方法（陈新忠，2013）。战略管理伴随着企业扩张而出现，在现代社会发展过程中引起了众多学者的关注和研究，积累了大量文献资料；现代意义上的研究型大学在欧洲走过了200 多年的历程，在美国也有 140 多年的历史，对社会发展和人类进步发挥了重大作用，已有的相关研究形成了丰富的文献成果（黄倩蓉，2019）。本书将从图书馆、资料室、相关部门及互联网上查阅国内外关于企业、高校尤其是研究型大学战略管理及控制理论与实践的研究论文、专著与文件，整理和分析资料，获取所需信息。运用文献研究法，一方面，本书可以获知关于书中研究主题，目前学术界哪些方面做得比较成熟、哪些方面有待进一步深入研究，有助于明确本书的研究目的和研究内容；另一方面，已有研究成果可以在概念内涵辨析、研究方法、观点论证等方面为本书提供有效的借鉴或支持，便于本书开展基本理论探讨和国内大学案例解剖。

2. 调查研究法

调查研究法是指根据研究目的或课题需要，综合运用观察、谈话、问卷、测验、计算、实验等方式，有目的、有计划、系统地获取研究对象历史资料和现实状况，借以总结成效、发现问题、探究原因、寻求出路或规律的一种研究方法（陈新忠，2010）。美国学者亨特（1989）指出，社会科学是建立在系统考察取得的具体数据基础之上的科学，这些数据“必须被进一步的观察和实验所证实或修正”。研究型大学战略管理及控制研究是一项实践性课题，不可能脱离研究型大学战略管理及控制实际只进行单纯的理性思辨。本书将以北京大学、清华大学、上海交通大学、武汉大学和华中科技大学为例，通过浏览各高校网站，了解我国研究型大学战略控制的整体情况；通过问卷调查，了解研究型大学战略控制的具体现状和问题；通过访谈部分教师、研究生和管理干部，了解研究型大学战略控制存在问题的原因及其发展趋势。

3. 案例分析法

案例研究法是指根据研究目的或课题需要，选取具有典型意义的一个或多个案例为基本素材，概括其成长特点，提炼其发展经验，分析其本土化启示，以寻求对研究项目的问题解决有所借鉴的一种研究方法（陈新忠，2013）。国外现代高等教育历史悠久，研究型大学在社会进步和国家建设中发挥了重大作用，在战略管理及控制方面形成了自己特色，它们积累的经验值得我国研究型大学学习。本书将选取耶鲁大学、哈佛大学、宾夕法尼亚州立大学和威斯康星-麦迪逊大学，对四所研究型大学战略管理及控制的经验进行具体分析，对其战略管理及控制的特点进行归纳总结，以寻求研究借鉴。

4. 系统分析法

系统分析法是指以系统理论作为指导，把研究对象看作一个由若干相互联系、相互作用的要素组成的具有特定结构、性质和功能的有机整体，在强调系统的整体性、系统要素之间相互作用和相互依存的前提下，以边界开放的功能和有序化的原则探究对象事物最佳运行机理的研究方法（陈新忠，2014）。本书将研究型大学战略控制看作一个系统化的管理体系，从研究型大学战略控制的基本要素、特点、类型、原则、过程、模型、标准和评价等方面建设点面结合、环节完整的基本理论；从理念系统、目标系统、组织系统等学校宏观层面维度构建研究型大学战略控制体系，并从社会组织有机系统出发探究其运行风险及防范。

1.4.2　主要研究思路

基于国内外发展背景和研究现状，本书将聚焦研究型大学开展战略管理研究。研究型大学战略管理从属于高等学校战略管理，也是一项系统化的管理活动。为在有限时间和有限篇幅内取得研究成效，本书进一步锁定有限研究，集中对研究型大学战略管理中的战略控制体系进行探索。目前，国内外关于研究型大学战略控制体系的研究少且零散，本书拟通过分析中国研究型大学战略控制运行状况及问题，借鉴发达国家研究型大学战略控制经验，构建研究型大学战略控制的理论体系和中国方案。围绕“目标与控制”，本书将运用文献研究法，深入探讨研究型大学战略控制体系的基本因素、实施特点、控制类型、行动原则、防控过程、应然模型、标准尺度和效果评价等，建立研究型大学战略控制的理论体系；运用调查研究法，深刻剖析研究型大学战略控制的现状、问题及其原因，呈现研究型大学改进战略控制、建构战略控制体系的必要性和迫切性；运用案例研究法，选择分析耶鲁大学、哈佛大学、宾夕法尼亚州立大学和威斯康星-麦迪逊大学四所研究型大学实施战略控制做法和经验，从中获取改善我国研究型大学战略控制的启迪参考；运用系统分析法，从理念系统、目标系统、组织系统等学校宏观层面构建研究型大学的战略控制体系，探究研究型大学战略控制体系运行的风险防范，为我国研究型大学完善战略控制提供操作思路。

具体而言，本书紧紧围绕“研究型大学战略管理目标与控制”这一主题，沿着“文献研究—理论探讨—现状分析—经验借鉴—对策建议”的研究思路展开。首先，本书界定研究型大学战略控制的核心概念，分析研究型大学战略控制的基本要素和特点、基本类型和原则、基本过程及其模型、标准与评价构想。其次，在理论探索的基础上，本书对我国研究型大学战略控制现状展开调研，发现研究型大学战略控制存在的问题。再次，通过查阅资料，本书解析耶鲁大学、哈佛大学、宾夕法尼亚州立大学、威斯康星-麦迪逊大学四所研究型大学战略管理及控制的背景、过程和特点，获取其中国启示。最后，本书从理念系统、目标系统、组织系统、文本系统、信息系统、评估系统和纠偏系统七个方面对我国研究型大学战略控制体系进行设计与构建，提出研究型大学战略控制体系运行的风险防范策略。

研究型大学战略控制是一项理论和实践兼具的活动，其中很多问题都值得研究。关于研究型大学战略控制的研究，既有重点问题，也有难点问题。厘清我国研究型大学战略控制的现状、问题及其原因，揭示美国研究型大学战略控制的经验，是本书研究的重点。探析建构研究型大学战略控制的基本理论，设计提出研究型大学战略控制体系及其运行风险，是本书研究的难点。本书将运用科学研究方法，一一破解重难点问题，在理论探讨和实践策略上均有所突破。

研究型大学战略控制体系研究的技术路线如图 1-1 所示。

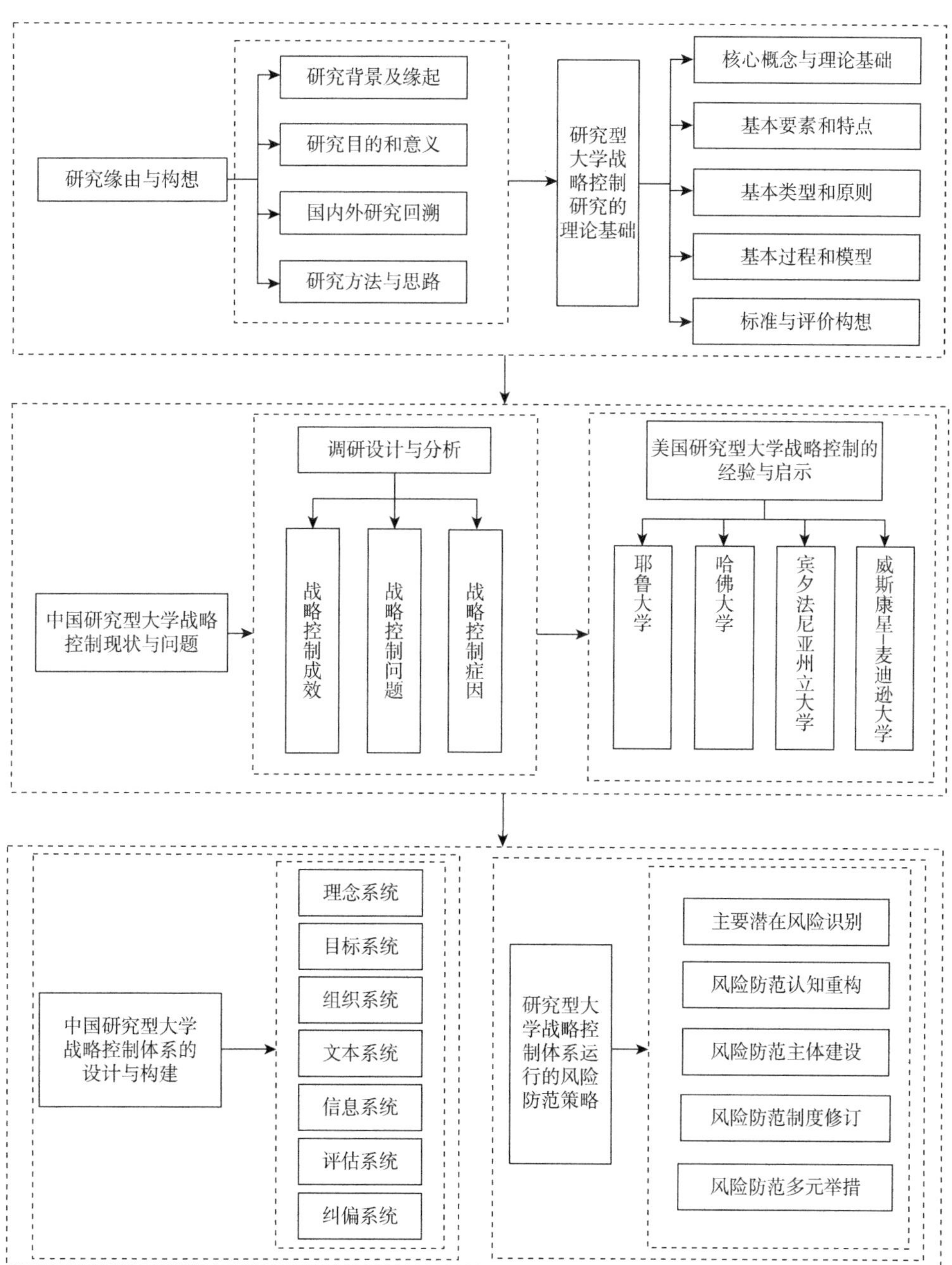

图 1-1 研究型大学战略控制体系研究的技术路线

1.5 本章小结

为提升高等教育核心竞争力和综合实力，建设世界一流大学，我国研究型大学从 20 世纪 90 年代中期相继实施战略管理。作为战略管理的关键环节，战略控制是发展战略得以实现的重要保障，事关大学兴衰成败。研究型大学是现代科学技术的发源地和现代科研人才的培育场，研究型大学战略控制状况引起政府、社会和学者广泛关注。战略控制过程是组织对发展战略进行跟踪、检查发现问题或变化及时做出必要调整，使战略更好地与内外环境、组织目标相协调并得以实现的活动。战略控制被视为“方向性控制”，其体系的优劣和实施的效度决定着大学发展战略能否最终取得成功。面对办学体制转变和竞争环境加剧，研究型大学在社会质疑和政府期待下，有着挖掘自身战略管理效益、做好战略控制的内在冲动和强烈需求。对研究型大学战略控制进行研究，既是理论的呼唤，又是现实的需要。正视理论共性和文化差异，探索有中国特色研究型大学战略控制体系是我国研究型大学当前面临的一项重大而紧迫的任务。

目前，国内外学者注重战略规划制定和战略实施推进研究，但详细论述研究型大学战略控制的却很少，战略管理理念在我国大学尚无完整的实践案例。本书将围绕“目标与控制”，探究研究型大学战略控制的基本理论，揭示研究型大学战略控制问题及原因，剖析美国研究型大学战略控制的经验，构建科学的研究型大学战略控制体系，以期丰富、发展和完善原有战略管理理论，推动我国研究型大学战略管理及战略控制理论体系形成，促进社会主义强国建设。本书聚焦“研究型大学战略管理目标与控制”这一主题，沿着“文献研究—理论探讨—现状分析—经验借鉴—对策建议”的研究思路展开；重点运用调查研究法调研分析中国研究型大学战略控制的现状、问题及其原因，运用案例分析法揭示美国研究型大学战略控制的经验，并将探析建构研究型大学战略控制基本理论体系和设计提出研究型大学战略控制体系及其风险防范系统作为攻克难点，努力实现理论探讨和实践策略上的较大程度突破与超越。

第 2 章　研究型大学战略控制研究的理论基础

与自然科学研究一样，社会科学研究也是一个提出问题、分析问题和解决问题的过程。在提出问题之后，社会科学研究中分析问题和解决问题的过程需要一定的理论支撑，这便是理论基础。理论基础是社会科学研究对所涉及的基本概念、理论依据和相关理论的探讨，是社会科学开展研究的起点和前提。马克思主义认识论认为，近代以来几乎人类的所有活动都有理论做指导，对于基本理论的深入思考是指导社会活动走向成功的关键环节（陈新忠，2014）。就本书开展的研究而言，基础理论研究是对研究型大学战略控制体系未来发展所涉及的基本因素、关键方面的归整、梳理和进一步认识。研究型大学战略控制体系是研究型大学内外部多种要素相互作用的复合体，具有与其他类型战略控制截然不同的性质和特点，有必要对其相关的基本要素、遵循原则、控制类型、控制标准等进行厘清和建构（陈新忠和李忠云，2007a）。

2.1　核心概念厘定与主要理论依据

研究型大学战略控制研究是一个有机整体，涉及从战略设计到战略实现的诸多概念，并与多个理论之间存在关联之处。对研究型大学、战略、战略管理、战略控制、控制体系等核心概念予以厘定与阐释，对企业战略管理理论、高等教育管理与控制理论、系统论、整体性治理理论和知识管理理论等主要相关理论进行分析和引用，可以为研究型大学战略控制及其研究提供理论上的基本遵循。

2.1.1 核心概念厘定

韦伯（1999）曾经说过，“对概念的入门性讨论尽管难免会显得抽象，因而给人以远离现实之感，但几乎是不能省略的”。对研究概念的梳理和厘定既可以回顾研究对象的演变发展历史，又能够进一步明确所要研究对象的具体范畴和操作尺度。本节将对研究型大学战略控制研究中的研究型大学、战略、战略管理、战略控制和控制体系等主要基本概念予以厘清，明确其价值指向，便于研究深入开展。

1. 研究型大学

研究型大学发端于 19 世纪初的德国，最早也是最杰出的代表是柏林大学（Humboldt-Universitat zu Berlin，现称柏林洪堡大学）。柏林大学建立于 1810 年，开创了“研究与教学相结合”的先河，确立了学术独立的“洪堡精神”，被誉为“现代大学之母”。1876 年，约翰·霍普金斯大学（Johns Hopkins University）的创建标志着现代意义上真正研究型大学的诞生，对美国乃至世界高等教育产生了根本性和永久性影响，不仅促进了耶鲁大学、哈佛大学、哥伦比亚大学等传统大学改造为现代研究型大学，还为芝加哥大学和斯坦福大学等新型研究型大学树立了典范。

1900 年，美国大学协会（Association of American Universities，AAU，又称北美大学协会）的成立被认为是研究型大学发展进程中的里程碑。美国大学协会是一个由美国和加拿大研究型大学组成的组织，是美国高等教育的核心协会之一。该协会成立初衷是为加强和统一博士学位标准。后来，该协会成为全世界规模最大、学术性研究范围最广的大学组织。美国大学协会现有 65 名成员，包括 36 所美国公立大学、27 所美国私立大学、2 所加拿大大学（多伦多大学和麦吉尔大学）。美国大学协会成员大学虽然在全美 3 638 所综合性大学及加拿大上百所高等教育机构中仅占极少数，但这些大学每年授予全美约半数的博士学位，以及约 22%的硕士学位和约 16%的学士学位，其研究经费是全美所有大学总和的 55%，协会成员大学在研究生教育水平上被公认为世界顶级。美国常春藤联盟（Ivy League）成员，除了规模较小的达特茅斯学院和布朗大学，其他都是该协会的创始成员。在美国，耶鲁大学、哈佛大学等美国大学协会成员大学都是世界最著名顶尖研究型大学。

研究型大学是从对人类知识宝库贡献大小的角度、从办学层次上对大学归属划分的一种类型，是指以创造知识为突出特征，以传播和应用创新性知识为中心，以培养高层次精英人才（尤其是硕士、博士）和产出高水平的科学研究成果（特别是原创性科研成果）为目标，教学与科研互相促进，在经济社会发展、人类进步、世界和谐中发挥重要作用的大学。对于研究型大学的概念，国内外学者尚没有统一的论述与划分标准。研究型大学是一个不断发展的概念，随着大学整体研究水平提高必将有所丰富完善。代表性的研究型大学概念国内外均有一些，如表 2-1 所示。美国卡内基教学促进基金会认为，研究型大学是指以研究为重点、开展高层次研究教育并以拥有可观的研究经费来体现其核心素质和竞争力的大学（Graham and Diamond，1997）。有学术机构认为，研究型大学更关注科学研究、新知识的增长、不同学科领域的新突破和研究成果的应用（中国教科文组织秘书处，2001）。有学者认为，研究型大学注重知识的生产、传播和应用，目标是产出高水平科研成果和培养高层次人才，为社会发展、经济建设、科教进步做出重要贡献（王战军，2003）。阿尔特巴赫（Altbach，2009）认为，研究型大学是致力于在一系列学科和领域中创造与传播知识的学术机构，并以适当的实验室、图书馆和其他基础设施为特色，进行最高水平的教学和研究。

表 2-1　国内外代表性研究型大学概念提出人、提出时间和定义

概念提出人	提出时间	定义
美国卡内基教学促进基金会	1973 年	研究型大学是指以研究为重点、开展高层次研究教育并以拥有可观的研究经费来体现其核心素质和竞争力的大学
中国教科文组织秘书处	2001 年	研究型大学更关注科学研究、新知识的增长、不同学科领域的新突破和研究成果的应用
王战军	2003 年	研究型大学注重知识的生产、传播和应用，目标是产出高水平科研成果和培养高层次人才，为社会发展、经济建设、科教进步做出重要贡献
Altbach	2009 年	研究型大学是致力于在一系列学科和领域中创造与传播知识的学术机构，并以适当的实验室、图书馆和其他基础设施为特色，进行最高水平的教学和研究

本书认为，研究型大学是指以科学研究和生产知识为主、培养创新型科研人才的大学，学生以研究生尤其以博士研究生为主体，教学与科研融合共进。研究型大学的主要特征如下：科研与教学相互促进；博士生教育彰显科学研究和生产知识功能；研究生人数多于本科生人数；大批著名学者聚集；科研经费充裕；拥有多个国家平台和顶尖学科。为增强共识，便于开展研究，本书选取多种排名榜靠前、社会公认度较高的国内外研究型大学进行研究。其中，国内主要选取北京大学、清华大学、上海交通大学、武汉大学和华中科技大学，国外主要选取耶鲁大学、哈佛大学、宾夕法尼亚州立大学和威斯康星-麦迪逊大学。

2. 战略

战略（strategy）源于希腊语“strategos”，由“stratos”（军队）和“ago”（领导）两个词组合而成，意为“将道”或“统帅艺术”，是指“将军指挥军队的艺术”（2011 年版《中国大百科全书》）。《简明不列颠百科全书》（1991 年版）定义，“战略是在战争中利用军事手段达到战争目的的科学和艺术”。《汉语大辞典》（1990 年版）定义，“战略即作战的谋略，是指导战争全局的计划和策略”。《辞海》（2020 年版）定义，“战略，泛指对全局性、高层次重大问题的筹划与指导”。美国学者乔治·凯勒认为，战略不仅意味着在某些目标上达成了共识，而且制定了一个有效地利用资源、击败对手或实现某种目的的计划（别敦荣，1993）。随着人类社会实践活动内容逐步丰富，战略一词广泛地应用于政治、经济、科技、教育、管理等社会各个领域，并不断赋予战略以新的含义。

本书研究的战略是指组织针对环境和自身条件所选择的长远发展对策，以及为实现这些目标所采取的行动方案，通常以谋划组织的中长期（5 年、10 年、15 年甚至更长）发展目标为主要目的。其特点是全局性、系统性、长期性、纲要性、未来性和相对稳定性。其中，全局性是指战略着眼于一个组织的整体布局和发展而制定，并非聚焦于某一具体问题而制订的计划方案；系统性是指战略既有组织的总体战略，又有组织各方面和各部门的分项战略，形式上由一系列子战略构成，内容上呈现体系化设计；长期性是指战略不体现为眼前计划，而是 3 年以上的计划，通常表现为 5 年及其以上时间段的规划；纲要性是指战略的内容相对为粗线条描述，时间跨度越长的战略其内容及其表达的纲要性越强；未来性是指战略均是面向未来的长远设计，是对未来发展目标、发展步骤和发展资源的谋划；相对稳定性是指战略一旦制定出来，就要持久推进，不能朝令夕改，使组织及其成员丧失信念。本书研究的战略主要是指研究型大学发展战略，旨在探究研究型大学战略的管理与控制，构建科学的研究型大学战略控制体系。

3. 战略管理

战略管理（strategic management）是组织为了长期生存和发展，在充分分析组织外部环境和内部条件的基础上，确定和选择组织战略目标，并针对目标的落实和实现进行谋划，进而依靠组织机构和组织人员将这种谋划与决策付诸实施，以及在实施过程中进行评价与控制的一个动态管理过程。1972 年，安索夫在论文《战略管理思想》中正式提出“战略管理”的概念，之后战略管理开始出现在美国高等教育管理的文献中。查菲（Chaffee，1985）把高校战略管理分为线性战略、适应性战略和解释性战略，认为线性战略强调从战略制定、战略实施到战略评价的进展，适应性战略聚焦于高校与外部环境的相互关系，解释性战略强调细致的高校内部特征分析，是战略管理过程的出发点；雪莉（Shirley，1997）等阐述了高等教育战略规划有别于其他组织的主要特色和制定要点，构建了系统的高等学校战略管理综合模型；马丁（Martin，1992）进一步将战略管理分解为环境扫描、内部评估、使命陈述、目的和目标、战略实施等部分，认为成功的战略管理因素包括院校自治、自主性、内部治理和控制、学校的领导、信息、参与和所有权。国外学者大都认为，战略管理包括三个基本环节：开发和制定规划、实施规划、监督和评估规划（Zaribaf and Hamid，2010）；我国学者普遍认同，战略管理是一个组织寻求成长和发展机会、识别威胁的动态过程，包括战略规划、战略实施和战略评估等环节，具有复杂性、灵活性、差异性等特征（刘献君，2008）。

党的十八大报告指出，我国未来将重点“推动高等教育内涵式发展”（胡锦涛，2012）。《国家中长期教育改革和发展规划纲要（2010- 2020 年）》明确提出，我国高等教育的战略任务是到 2020 年，“若干所大学达到或接近世界一流大学水平”[①]。2022 年 1 月，教育部、财政部、国家发展改革委发布《关于深入推进世界一流大学和一流学科建设的若干意见》强调，为着力解决“双一流”建设中仍然存在的高层次创新人才供给能力不足、服务国家战略需求不够精准、资源配置亟待优化等问题，我国要立足中华民族伟大复兴战略全局和世界百年未有之大变局，立足新发展阶段、贯彻新发展理念、服务构建新发展格局，全面贯彻党的教育方针，落实立德树人根本任务，对标 2030 年更多的大学和学科进入世界一流行列以及 2035 年建成教育强国、人才强国的目标，更加突出“双一流”建设培养一流人才、服务国家战略需求、争创世界一流的导向，深化体制机制改革，统筹推进、分类建设一流大学和一流学科，在关键核心领域加快培养战略科技人才、一流科技领军人才和创新团队，为全面建成社会主义现代化强国提供有力支撑[②]。

世界一流大学大多是研究型大学，在全球知识经济背景下，研究型大学是提高国家竞争力必不可少的部分（王琪等，2013）。战略管理是高校管理模式变革的趋势，制定战略规划并组织实施是战略管理的核心。运用战略管理可以使学校所有教学、研究及社会经济服务得到充分实现，但要求学校上下必须全面理解学校目前的优势和劣势并对未来做出抉择。本书主要探讨研究型大学战略管理，包括战略规划、战略实施和战略控制三个部分，尤其重点探究研究型大学的战略控制及其体系建构。

4. 战略控制

战略控制（strategic controlling）是指在战略实施过程中，组织为达到战略目标，对战略进行跟踪，检查组织所进行的各项活动进展情况，发现问题或变化并及时做出必要的调整，使组织战略的实施更好地与组织当前所处的内外环境、组织目标协调一致，使组织战略得以实现的活动与过程。战略控制是过程控制，可

---

① 国家中长期教育改革和发展规划纲要（2010-2020 年）. 2010-07-29. http://www.scio.gov.cn/xwfbh/xwbfbh/wqfbh/2014/20140904/xgzc31480/Document/1379953/1379953_1.htm.

② 教育部 财政部 国家发展改革委关于深入推进世界一流大学和一流学科建设的若干意见. https://www.gov.cn/zhengce/zhengceku/2022-02/14/content_5673489.htm.

被视为“方向性控制”的一种形式。战略控制是在管理控制的基础上发展而来的，经历了从重视控制工具到全方位控制，从反馈控制到前馈控制、三阶段控制、四维度控制等过程，从封闭的单循环控制转向开放的双循环控制，从管理层面发展到治理层面战略控制（程新生，2014）。一般组织的战略控制虽然大部分内容仍然是反馈式的，但是已经开始注重通过对标准的修订进行事前控制。

Pearce 和 Robinson（2003）指出，企业管理人员普遍遇到的重要问题是如何对战略效果追踪和评估，缺乏有效的战略信息会导致企业判断错误。随着战略管理研究深入和管理实践经验反馈，学者逐渐认识到了战略控制对于一个组织的重要性。Schreyogg 和 Steinmann（1987）认为，战略控制首先关注指导下属或系统以确保恰当的行动得到执行，其次重视监控和评估计划、活动和结果，以此来不断调整系统，成为一种“掌舵型”控制。程新生（2014）研究认为，战略控制是对战略规划、战略实施过程及结果进行的监控，通过建立与战略目标相匹配的激励约束机制，确保战略目标实现。

本书探讨的研究型大学战略控制是战略控制的一种特殊形式，是基于研究型大学中长期发展目标开展的纠偏、调整、动员和聚力活动，是研究型大学战略调控中相互作用的各种要素所组成的有机系统。其中，监控主体、监控对象、监控活动和监控目标共同构成了研究型大学战略控制的基本要素，决定和影响着研究型大学战略控制系统的结构和功能。

5. 控制体系

体系是一个相对于单独事物或组织的联合体，是指若干有关事物或某些意识互相联系、互相制约而构成的一个整体（辞海编辑委员会，2020）。控制体系（system of controlling）是各种控制因素的整体，是指由一系列保障组织按照一定方向前进、有效实现组织目标的方法、措施、手段、程序及其系统等组成的相互联系、相互制约的有意义集合。针对行政事业单位，我国已经制定了相关的内部控制规范。在这些规范中，内部控制是指行政事业单位通过设计管理程序、采取管理措施和建立相应的制度体系，应对和防范各类经济业务当中存在的风险，从而帮助行政事业单位完成管理目标。与企业不同，行政事业单位不以获取利润为目标。高等院校是我国行政事业单位中必不可少的重要成员，履行着培育高级专门人才的社会职责。根据行政事业单位内部控制的含义，高校内部控制是指高校为了顺利开展教学工作和科学研究，实现教学、科研的发展目标，采取的一系列管理规范和措施（郝铭，2020）。高校内部控制的主要任务是通过对管理程序的设计、制度的制定和各种规范的实施，引导高校内部所有教职员工参与高校内部控制活动，在内部控制管理活动中制定和执行规定、防范风险、完善机制，确保高校顺利完成所制定的各项目标。

战略是学校发展的行动指南，内部控制体系的建立应服从于学校战略管理总体思路。战略规划是学校未来一段时期的发展目标和行动方案，学校的一切内部管理都应遵从战略的行为导向、资源分配和决策协调。高校内部控制有别于企业内部控制，主要是为了推动教学活动开展、推进科研活动完成，以此维护教学和科研成果。完善的高校内部控制体系可以保证各类经济活动符合相关法律法规，各项财务活动满足相关规范，从而确保高校社会效益达到最大（张朔，2021）。为实现高校培养教育人才的办学目标，高校内部控制强调通过制定相关规范，明确业务流程，防范业务风险。2016 年教育部颁布的《教育部直属高校经济活动内部控制指南（试行）》（教财厅〔2016〕2 号）规定，高校应当按照内部控制的要求，在内部控制建设领导小组的领导下通过全面梳理预决算、收支、采购、资产、建设项目、合同等各项经济业务流程，明确业务环节，分析风险隐患，完善风险评估机制，制定风险应对策略；有效运用不相容岗位相互分离、内部授权审批控制、归口管理、预算控制、财产保护控制、会计控制、单据控制、信息内部公开等内部控制基本方法，加强对学校层面和业务层面的内部控制，实现内部控制体系全面、有效实施（第十条）。高校应当根据内部控制的总体要求，合理划分校内各部门的职能，厘清各部门在组织层面和业务层面内部控制中的角色和分工，确定具体岗位、职责和工作要求等，明确各个岗位的权限和相互制衡关系（第十七条）。

本书探讨的研究型大学战略控制体系既属于高校内部控制范畴，又高于高校一般意义上内部控制具体事务的追求层面。本书建构的研究型大学战略控制体系是面向研究型大学长远发展战略，基于内外部环境变化，整合可以调动的内外部力量，在资源输入输出通畅的开放状态下设计的目标促进、监督、调控和达成系统。为保证体系的完整性和系统性，本书建立研究型大学战略控制体系模型，从理念系统、目标系统、组织系统、文本系统、信息系统、评估系统和纠偏系统对研究型大学战略控制体系进行分析和构造。

2.1.2　主要理论依据

研究型大学战略控制研究深入进行需要借助于坚实的理论支撑，已有的相关理论可以为研究型大学战略控制提供理论与实践上的指导。本书以企业战略管理理论、高等教育管理与控制理论、系统论、整体性治理理论和知识管理理论为基础，分析其与研究型大学战略控制的关联之处，为高质高效开展研究寻求借鉴和依据。

1. 企业战略管理理论

现代组织战略管理思想源于企业战略管理，兴起于 20 世纪 60 年代。戴维（2004）认为，战略管理是一门“制定、实施和评价战略，使组织能够达到其目标的、跨功能决策的艺术与科学”。20世纪70年代，企业战略管理在学术研究和实际运用领域获得长足发展，至今长盛不衰。企业战略管理理论认为，战略管理涉及组织与战略相关的决策活动的计划、指挥、实施和控制；战略管理影响到组织的长期繁荣；战略控制是战略成功实施的关键环节；战略控制有前提控制、应急控制、战略监督、战略实施的控制等基本类型（皮尔斯二世和鲁滨逊，2005）；战略控制是在战略评估基础上设计并采取的纠偏措施；战略控制系统包括宏观控制系统（关注的是组织与外部环境的关系和组织内部整体绩效）、业务控制系统（关注的是组织内部单位与部门的绩效）、作业控制系统（关注的是组织内部单位与部门中具体工作人员的绩效）三个基本的控制系统；组织文化与激励机制是战略控制的重要有效手段（刘冀生，2003）。

本书以企业战略管理理论为基础，运用企业战略管理的整体理论尤其是战略控制理论分析研究型大学的战略管理与控制。其中，本书借鉴企业战略管理关于总体战略的思想认识研究型大学的战略目标，运用企业战略管理关于战略实施及其进展的理论分析研究型大学战略进展现状，运用企业战略管理关于战略控制分层及其手段的理论探讨研究型大学战略控制状况，运用企业战略管理关于战略控制的文化与激励理论谋划研究型大学战略控制及其风险防范的文化营造。当然，研究型大学战略管理与控制毕竟不同于企业战略管理与控制，本书在研究中将更多地思考战略管理与控制中的研究型大学特质，体现战略管理与控制中的研究型大学元素。

2. 高等教育管理与控制理论

高等教育管理与控制理论是高等教育学的重要内容，也是高等教育管理学的重要理论之一。该理论认为，高等教育管理是人们根据高等教育目的和发展规律，有意识地调节高等教育系统内外各种关系和资源，以便达到既定高等教育系统目的的过程；高等教育管理包含高等教育行政管理和高校管理两个方面；高等教育控制是指高等教育系统中以计划标准和高等教育目标为准绳，衡量并纠正实际活动中与预定目标及计划之间的偏差，以确保实现目标结果有效性的过程；高等教育控制有三个基本程序，即建立判断准则和标准、衡量偏差和采取纠正措施；高等教育控制不仅包括技术性的微观控制，而且包括通过立法、政策、财政拨款等手段进行的宏观调控，并且由于宏观调控具有稳定性、渗透性和全局性，它对高等教育的影响力更为深远（薛天祥，2004）。

本书以高等教育管理与控制理论为依据，运用高等教育管理与控制理论统筹研究型大学战略管理与控制。具体而言，本书将运用高等教育控制的内涵与目标指导和规范研究型大学战略控制的价值倾向，运用高等教育控制的基本程序理论设计研究型大学战略控制的必要环节，运用高等教育控制的手段理论谋划研究型大学战略控制的具体举措，运用高等教育控制的特质理论深化对研究型大学战略控制的内在认识。鉴于高等教育与研究型大学之间的差异，本书将更多地在揭示研究型大学本质追求的基础上，借鉴高等教育管理与控制理论，构建研究型大学战略控制体系。

3. 系统论

研究型大学战略控制是一项系统工程，需要以系统论原理作为指导。系统论（system theory）是 20 世纪 30 年代初提出的研究一切系统模式、原理及规律的科学，由美籍奥地利人、理论生物学家贝塔朗菲（Bertalanffy）创立。系统论认为，系统是由若干相互联系、相互作用的要素组成的具有特定结构、性质和功能的有机整体，是宇宙间万事万物的一种存在形式。其核心观点如下：强调系统的整体性；以相互作用和相互依存的观点看问题；重视系统的行为过程；一般以某种研究目的来考察系统；系统的功能可以表示为输入到输出的关系式；任何孤立系统都有自发地达到无序状态的倾向；系统趋向目标的行为是信息反馈的有规律控制过程；系统一般具有多级阶梯结构，不同层次有不同目标；系统通过其各组成部分变化而得到发展；系统某一给定的最终状态可以通过不同方式和途径达到；系统的有序化过程一般在开放的边界条件下进行。

本书以系统为指导，运用系统论分析研究型大学战略管理与控制的现状、问题及其原因，建构研究型大学战略控制体系。具体来说，本书将运用系统论的整体性和联系性原理分解与确定研究型大学战略管理和控制维度，以及其存在问题背后的原因维度，以系统论认识下的分析维度剖析研究型大学战略管理与控制的现状、问题及其原因；运用系统论的体系性和规律性原理认识与解析研究型大学战略控制的构成要素及其关系，遵循系统论的系统特性原则，构建研究型大学战略控制体系。鉴于系统论是研究系统本身的科学，理论基础是生物科学，本书将更多地运用其社会科学特性探究研究型大学战略控制体系，使研究型大学战略控制体系体现出社会科学的科学性。

4. 整体性治理理论

整体性治理（holistic governance）理论是公共管理理论的重要理论分支，由英国学者佩里・希克斯（Perry Hicks）首倡。1997 年，佩里・希克斯在《整体政府》一书中第一次提出整体性治理理念。该理论针对公共治理碎片化这一问题，认为在企业内部存在多个机构的情况下，机构之间可能互相推诿责任，转嫁问题；不同机构之间业务目标可能存在矛盾，无法同时实现；不同机构与不同阶层之间沟通不畅，无法协同合作，导致资源浪费，运行效率低下。为了实现组织利益最大化，提高组织运行效率，整体性治理理论提出：首先必须建立责任机制，即明确不同机构的责任边界，确保问题出现时能够找到直接责任机构，避免机构之间互相推诿责任的情况发生；其次需要建立协调机制，通过加强信息化建设，完善信息共享技术，推动不同机构协同合作；最后化部分为整体，整合碎片化问题，将机构目标转化为组织整体目标，减少机构之间的摩擦，增强组织凝聚力。高校完善内部控制体系需要借鉴整体性治理理论，梳理部门内部控制职责与权限，加强职能部门之间的协同合作，完善部门联动机制，加强信息化建设，通过信息化技术实现业务整合，提高资源利用率与运行效率。

本书以整体性治理理论为参考，运用整体性治理理论认识研究型大学战略管理与控制，重构研究型大学战略控制体系。具体而言，本书将运用整体性治理理论审视研究型大学战略控制中机构各自为政、机构之间目标矛盾、机构及其层次间沟通不畅等问题，基于该理论的责任机制、协调机制和整合机制原理消除研究型大学战略控制中的控制碎片化现象。鉴于研究型大学战略控制与公共治理之间的差异，本书将在参考运用整体性治理理论中避免其对研究型大学战略控制的不适性，寻求整体性治理理论之于研究型大学战略控制的契合性。

5. 知识管理理论

知识管理理论产生于对知识型企业管理的探索，由瑞典裔管理大师卡尔·爱立克·斯威比（Karl Erik Sveiby）于 1986 年首次提出。该理论认为，知识管理是识别、捕获和利用组织中的集体知识使组织具有一定竞争力的过程（Krogh，1998）。知识管理学家达文波特（Davenport）指出，知识管理的目的有三个：一是将知识显性化，并显示知识在组织中的作用；二是通过鼓励和聚集知识共享（而不是囤积）等行为主动寻求和提供知识来发展知识密集型文化；三是建立一个知识基础设施，不仅仅是建立一个技术系统，而是建立一个人与人之间在空间、时间、工具和相互鼓励合作环境下的联系网络（Davenport and Prusak，1997）。在知识管理理论看来，知识管理是一个过程，主要包括知识的发现、识别、获取、研究、分解、整合、应用和共享等过程（任皓和邓三鸿，2002）。以知识共享和知识整合为基础探讨研究型大学跨学科团队知识互动，是知识管理的核心环节（鲁若愚和陈力，2003）。知识共享是指团队内部成员通过各种途径共享知识，通过知识交流实现知识利用价值最大化（刘译阳和姜珊，2019）。实现知识共享必须同时存在知识提供者和知识接收者，并包含这两者的外化和内化过程（徐碧祥，2007）。知识共享的目的是实现知识的有效交流和再创造，强调参与者对知识的共同拥有，从而发挥知识的潜在价值。知识共享的经典模式是野中郁次郎（Ikujiro Nonaka）和竹内弘高（Hirotaka Takeuchi）提出的 SECI（socialization、externalization、combination、internalization）模型，即知识的社会化、外化、融合和内化（Nonaka，1994）。这一模型的重要价值在于突出隐性知识向显性知识转化的过程，并在这一过程中创造新的知识，从侧面说明知识创造与知识共享是不可分割的。知识整合是运用科学的方法对不同来源、不同层次、不同结构的知识进行综合和集成，实施再建构，使单一知识、零散知识、新旧知识、显性知识和隐性知识经过整合提升形成新的知识体系（徐碧祥，2007）。知识整合的本质是知识的不断创新过程。对一个组织或团队来说，要想保持长久的生命力，就必须不断吸收、整合和创造新知识。知识共享和知识整合是知识管理中密不可分的两个过程。一方面，知识共享是知识整合的前提，只有将个人或团队的知识分享出来才能进行知识整合；另一方面，知识共享又是知识整合的后续过程，只有将整合以后的知识成果在团队内进行充分的共享，团队整体的知识水平和团队的竞争力才能提升（任皓和邓三鸿，2002）。由于认知上的限制，没有任何一个人能够意识到整个组织或团队已知的所有知识，或者可以提前指定何时何地需要什么知识。研究型大学跨学科团队是一个分布式的复杂系统，需要不断从团队成员的行动和互动中产生知识。由于知识在多个成员间分布并且分散在时间和空间中，知识共享和知识整合是团队进行知识互动过程中的重要方面。

知识管理理论切合研究型大学传授和生产新知识的特性，适宜用来指导研究型大学战略管理与控制研究。本书将借鉴知识管理理论，把其内化于研究型大学战略控制体系的分析与建构之中。在分析研究型大学战略控制现状时，本书将从知识管理过程的视角思考，揭示研究型大学战略控制是否体现了研究型大学生产知识的功能，是否彰显了研究型大学创新知识的导向；在构建研究型大学战略控制体系时，本书将从知识管理内涵的视角分析明确研究型大学战略控制如何突出研究型大学知识共享和知识整合的职能，如何保证研究型大学知识共享和知识整合目标实现。鉴于知识管理仅是研究型大学战略管理与控制的一个很小且零散的方面，本书在借鉴运用知识管理理论时重视将其内化于研究型大学战略控制的分析之中，注重体现研究型大学战略管理的知识管理特性。

2.2　研究型大学战略控制的基本要素和特点

研究型大学战略控制包括监控主体、监控对象、监控活动和监控目标四大基本要素，这些要素相互作用共同造就了研究型大学战略控制的独特性，使得其战略管理与众不同。研究型大学战略控制整合集中了研究型大学和战略控制的优点，主要特征体现为战略控制目标的研究性、战略控制方法的学术性、战略控制方式的沟通性、战略控制主体的人本性、战略控制过程的长远性和战略控制结果的领先性六个方面。

2.2.1 研究型大学战略控制的基本要素

研究型大学战略控制是相互作用着的各种要素的有机系统，那些基本的、关键的要素决定和影响着系统的结构与功能。在诸多要素之中，监控主体、监控对象、监控活动和监控目标对于研究型大学战略控制最为基本且最为关键。

1. 监控主体

监控主体是指研究型大学中实施战略目标监控管理的有关机构及其人员，主要由校、院（系）、教研室（或实验室、研究室）三个层次构成。

第一层次是学校层面的监控管理机构及其人员，主要包括书记、校长、主管校长及学校战略管理委员会等相关机构和人员。校级战略目标监控者在整个学校战略管理监控中起主导作用，其中尤以学校战略管理委员会的作用最为突出。它是在书记、校长领导下对研究型大学战略管理工作进行组织和调度的职能部门，是代表学校行使全校战略管理责任的专门机构。该机构的主要职责是制定战略管理方案，抓好战略管理的组织安排及其运行中的质量调控，组织战略实施中的计划、总结和交流，开展经常性的质量调研，组织开展战略目标的检测评估，建立健全战略管理监控工作制度，代表学校对各院系、各专业和校属研究室的战略落实工作进行质量管理，并指导院系和基层的战略管理工作等。

第二层次是院（系）层面的监控管理机构及其人员，主要包括院系书记、院长、系主任、主管副主任等人员及其组成的相关机构。院系一级战略监控者的主要职责是依据学校战略的战略目标、指导思想和战略管理规定，对所属研究室、实验室的科研工作、专业的教学计划、各个教学环节的安排、教学检查等进行统一领导和管理，开展教学质量研究及教学质量检测，进行科研、教学基础建设，组织教研室对科研团队、教学小组和教师个人的科研、教学活动进行管理，对学生的学习与研究活动实行有效管理等。

第三层次是教研室（或实验室、研究室）层面的监控管理机构及其人员。教研室（或实验室、研究室）是战略目标监控的基础，主要职责是根据校院两级战略管理的目标和具体计划要求，对所承担科研工作和所属课程教学的各个环节进行组织管理，开展科研、教研活动，进行科研和教学改革，交流科研和教学经验，检查研究及授课质量，反馈质量信息，督促检查战略任务落实完成情况。教师人数较多、科研内容差别较大、课程类型较多的教研室，可将教研室（或实验室、研究室）所属教师组成若干科研、教学小组。科研、教学小组不是学校战略管理与控制中的一级组织，只是教研室（或实验室、研究室）便于组织和开展科研和教学工作的教学活动单位。

2. 监控对象

在研究型大学中，凡是对发展战略目标实现构成影响、发生作用的一切因素都是受控的对象。这种因素具有多方面、多层次、多因素的特点，主要包括人的因素、物的因素和管理的因素三个方面。

从影响学校发展战略目标实现的人的因素来看，研究型大学战略管理与控制是教师科研和教学、学生学习和研究、干部管理和研究的共同活动。因此，研究型大学战略管理与控制中被控制的人的因素应包括教师、学生和管理人员。

影响学校发展战略目标实现的物的因素是指学校为了保证战略目标实现所提供的物质条件，包括直接物质因素和间接物质因素两大类。直接的物质因素主要是指教室、实验室、运动场、图书馆、教学仪器设备、教材图书资料等物质条件；间接的物质因素主要是指生活后勤服务条件，如教师待遇、学生食宿条件等监控对象生存的基本依托。

在战略管理系统中，人的因素和物的因素虽然有其各自独立的地位和作用，但它们又可以作为一个整体发生作用。若使各种因素之间形成最佳结合，发挥最佳效率，就离不开科学规范的管理。只有管理组织严密、规章制度健全、管理方法手段先进、管理艺术高超，人和物的作用才能充分发挥，战略目标才能保证实现，所以管理水平的高低也是影响研究型大学战略目标实现的重要因素，因而也是重要的受控对象。

3. 监控活动

监控活动是战略管理与控制的活动之一，是指战略控制中监控者对被监控者实施的控制活动的内容、形式（方式、方法、手段、途径）及这些活动的实施过程。

从监控内容看，监控活动主要监控战略基本建设状态、战略运行状况和战略管理情况。战略基本建设包括科研设施、学科专业、课程和教材、科研和教学实践基地、科研和教学队伍、管理制度等建设，反映的是科研和教学的静态条件，是保证科研教学质量的基础。战略运行状况反映的是科研和教学的动态活动，主要包括教师和学生科学研究的进展情况、教师教的情况和学生学的情况，前者包括教师和学生科研项目的申报情况、立项情况、调研情况、实验情况、写作情况和结题情况等，后者主要包括教师的课程授课计划、备课教案、上课情况、课后辅导、作业布置和批改、对学生学业成绩的检查与评定情况及学生课前预习、听课、课后复习、练习和系统小结等情况。战略管理本身也是战略质量监控的重要内容，其监控重点主要看战略管理组织机构严密与否、主要战略管理岗位职责明确与否、战略管理运行规章制度健全与否及制度的贯彻落实情况。

从监控形式看，监控活动反映的是战略监控的方法、方式、手段等，主要体现在制度规范、督导检查、评估评价和反馈调节等方面。制度规范是战略监控与管理的基础，包括战略规划、战略进度计划、战略日志、战略总结等基本战略文件及其制定，战略绩效考核管理、实验室管理、教学档案管理等工作制度及其制定，以及教师与管理人员岗位职责制度和奖励制度、学生管理制度等及其制定。督导检查是战略监控管理经常采用的形式，有经常性的督导检查和定期督导检查两种，前者主要通过检测平时工作、座谈会等方式进行，后者一般包括季度工作检查、期中工作检查和期末工作检查等。督导检查也可分为常规战略进度督导检查和重点项目督导检查等。评估评价是对战略进展效度的衡量，是监控战略进度的有力手段。从研究型大学内部战略监控看，评估评价一般有学院战略工作评估、重点实验室战略工作评估、科研团队（或小组）战略工作评估、教研室战略工作评估、基本建设评估、教师教学质量和学生学习质量评估等。反馈调节是通过建立有效的战略质量反馈信息渠道，及时准确地收集整理反馈得来的信息（如科研进展信息、教师教育教学质量信息、学生学习和研究信息、规章制度执行信息、战略管理本身运行状况信息等），随时调节战略工作，使其始终处于良性运行状态。这种反馈信息除了通过战略进度检查、战略进程督导和战略工作评价进行收集之外，还应通过建立各级信息反馈网（如教师信息网、学生信息网、校友信息网等）来获得。

从监控实施看，监控活动主要有大过程和小过程之分。大过程是指战略规划—战略实施—战略控制的全过程，这一过程必须始终置于有效的战略监控之下；小过程是指一个监控管理周期，包括制订某一计划—运作监控—检测评估—总结提高，一般为一学年或一个学期。

4. 监控目标

战略管理与监控的目标，是战略管理与监控希望达到的结果。建立战略管理与监控目标子系统是战略管理的基础与前提，战略检查要以目标为标准，工作结果应按完成目标的程度来评价。监控目标系统包括总目标，以及科研目标、教学目标、资金资源建设目标、教师队伍建设目标、管理水平目标、校园文化建设目标、社会服务目标等子目标。

总目标是组织的愿景和使命，研究型大学战略控制首先要有一个能统领全局、起到灵魂和核心作用的总目标。这个总目标就是学校的战略取向，体现了学校的特色，为学校每一位成员所认可。整个学校战略管理与监控应以此目标为根据，并以达成此目标为理想追求。监控过程是学校在系统的可能性监控空间中进行的有目的、有方向的选择过程，总目标的设定起着一种方向选择与引导的作用。研究型大学虽然在战略监控过程中并不都能实现总目标，但却可以努力缩小不确定性空间，接近理想状态。因此，像大多数组织的战略管理一样，研究型大学需要根据总目标与子目标的统揽关系，对总目标进行分解，以便形成纵横交错、上下贯通、关系协调的战略监控目标体系，使其更具有可操作性。

2.2.2　研究型大学战略控制的基本特点

研究型大学是以研究为特色的大学，其独特性决定了该组织机构战略控制的与众不同。研究型大学战略控制的特点主要表现在战略控制目标、战略控制方法、战略控制方式、战略控制主体、战略控制过程和战略控制结果六个方面。

1. 在战略控制目标上突出研究性

作为研究型大学，研究是大学的特征和生命。研究型大学的教学和社会服务都围绕研究开展，以培养具有创造性的创新型人才为目的；科学研究在研究型大学中占有极其重要的独特地位。研究型大学战略控制要在目标上突出研究性，强调和凸显学校在未来发展中的科研担当、科研绩效和科研位次，营造科研氛围，量化科研的软、硬件建设指标，以利于逐步推进学校研究型建设和发展。

2. 在战略控制方法上突出学术性

在以研究著称的研究型大学里，学术研究是学校立校行事的重要尺度和方法。战略控制是一项涉及学校方方面面的复杂系统工程，研究型大学要结合本校实际对战略控制进行详尽细致的研究。研究型大学不仅要认真研究战略控制前、中、后的具体理论，而且要对战略控制实施中的具体方法进行研究，反复论证，以使其切实可行。

3. 在战略控制方式上突出沟通性

研究型大学除行政权力外，还存在着学术权力，是二元权力结构特别突出的组织。学术权力的存在改变了组织中的科层等级关系，使得权力由教师、管理人员、学生和校友等共享。这样，权力共同体成为大学的组织基础，价值观念、学术规范而不是权力等级在起主导作用。因此，研究型大学实施战略控制的关键在于取得教师、学生等的认同，让他们认识到战略及其实现的价值所在。研究型大学要加强与他们的沟通，特别是要发挥学术权威的作用，以此强化师生对战略目标的认同感。

4. 在战略控制主体上突出人本性

研究型大学是一个表里复杂的组织，既在外部表现出同质性，又在内部体现出高度异质化。社会学家彼得·迈克尔·布劳（Peter Michael Blau）在研究社会结构时，用不平等程度表示社会垂直分化的程度，用异质性程度表示社会水平分化的程度。研究型大学组织的垂直分化程度即不平等程度较低，权力关系模糊，但水平分化程度却较高。除了核心的科研和教学系统外，大学还有一个庞大的管理系统及纷杂的辅助支撑——后勤保障系统。当代研究型大学组织中的这些不同系统相互依存，但不同系统在大学组织内的角色和地位很不一样，它们的工作模式和价值观也有很大不同（刘向兵和李立国，2004b）。因此，研究型大学要成为有效的竞争者，成功实施战略管理与控制，不仅要发挥垂直体系的功用，而且要发挥水平体系的功用；不仅要发挥学校层面和院系层面管理者的主动性，而且要发挥基层组织管理人员和教师、硕士研究生、博士研究生的主动性，以人为本，尊重和突出师生的主体地位。

5. 在战略控制过程上突出长远性

研究型大学既以科研为突出特征，又是一个不可否认的科研和教学融合共生组织。科学研究有其内在规律，是在科学方法指导下由表及里的探索过程，不能一蹴而就；研究型大学里的教学是培养创造性人才的过程，也需要遵循教育教学规律和人才成长规律，循序渐进。科研和教学的特点决定了以科学研究与培养研究型人才为职责的研究型大学战略控制的过程不能像企业追求生产周期效益、一般普通高校追求学期教学效果等一样，只瞄准短期效应和眼前成就，而应考虑整体，谋划全局，立足长远，面向未来。

6. 在战略控制结果上突出领先性

研究型大学是一个高度趋同化的组织，趋同性决定了竞争性，竞争性引发了趋同性。组织学家 Dimaggio 和 Powell（1983）认为，模仿机制导致了制度的趋同性，即各个组织模仿相同领域中成功组织的行为和做法。当环境不确定时，各个组织在不知道怎样做才是最佳方案的时候，通过模仿那些已经成功的组织的做法，可以减少不确定性。模仿的趋同机制有两种：一种是竞争性的模仿，即一个领域中的组织在竞争的压力下模仿自己的竞争对手；另一种是制度性模仿，即模仿那些已经成功的合法化的机制与做法。战略管理是一个组织寻求成长和发展机会及规避威胁的过程，关注的是外部环境的变化对组织发展的影响。在外部环境不确定的情况下，研究型大学进行战略控制，既要评估大学模仿成功者取得的进步方面，又要检测自己的特色成就，这是战略控制的核心命题之一。研究型大学战略控制的目的是在实现战略目标的基础上使自身从同类中脱颖而出，最大的焦点问题就是监控学校如何发挥自己的优势和利用外部机会，最大限度地避免趋同化现象，取得独特性领先成果。

2.3　研究型大学战略控制的基本类型和原则

研究型大学战略控制具有丰富的内涵，从不同的角度、按不同的主体、依据不同的内容、采取不同的方式等均可以将研究型大学战略控制分为不同的类型。本书依据组织活动的时间前后，将研究型大学战略控制分为前提控制、进程控制和结果控制三种。研究型大学战略控制需要遵循研究领先、学术立校、目标认同、特色兴校、师生为本、权变创新、反馈修正等基本原则，才能促使战略控制取得显著成效，达到预期控制效果，推动大学可持续发展。

2.3.1　研究型大学战略控制的基本类型

从不同视角认识战略控制，我们能够看到研究型大学战略控制的不同类型。从控制性活动的内容差异审视，我们可以看到研究型大学战略控制被区分为目标控制、行为控制、资源使用控制和效果控制；从控制性动作实施的性质区别审视，我们可以看到研究型大学战略控制包括规范性控制、尝试性控制和总结性控制；从控制主体的性质审视，我们可以看到研究型大学战略控制包含正式组织控制、非正式组织控制和自我控制等（薛天祥，2004）。本书根据控制性动作与系统组织的活动在时间上的先后，从前提控制、进程控制和结果控制认识研究型大学战略控制的基本类型。

1. 前提控制

前提控制是一种面向未来的控制，即研究型大学战略管理与控制实施主体依据学校战略规划、运用最新的适用信息进行预测，将预测结果与所期望的结果进行比较，进而采取措施使实际绩效与期望的结果相符合的控制。前提控制建立在假定和预测之上，包括对战略规划的控制和对规划进展设计的控制。对战略规划的控制是指研究型大学战略管理与控制实施主体通过连续检测战略基础和预期结果的合理性而对战略规划做出的及时调整；对规划进展设计的控制是指研究型大学战略管理与控制实施主体通过检测环境因素和高校系统因素而对战略实施过程做出的新计划。前提控制的着眼点是研究型大学战略管理与控制实施主体通过预测被控对象的投入或过程进行控制，而不是针对产出与标准的偏差进行控制。前提控制的优点在于未雨绸缪，防患于未然，其缺点是容易导致过多的主观性。

2. 进程控制

进程控制是一种实践过程的控制，即研究型大学战略管理与控制实施主体依据学校战略总体规划和相应标准，对战略实施进展状况进行监督、对突发问题进行紧急处理以使学校发展战略按照预想设计推进的控制。进程控制建立在实践基础之上，包括战略进程监督和应急控制。战略进程监督主要是指研究型大学战略管理与控制实施主体在战略实施中监视可能影响学校战略进程的校内外重要事务，是一种既需要相对宽松又要保持适时而广泛警觉的“环境扫描”活动；应急控制是指面对突发的、意料之外的事件干扰，研究型大学战略管理与控制实施主体对学校发展战略的相关目标、进度、措施、组织、人员等进行迅速调整活动。进程控制的优点在于研究型大学战略管理与控制实施主体能够及时发现问题、纠正偏差，其缺点是研究型大学战略管理与控制实施主体频繁纠偏容易导致实际控制效果与最初学校战略目标不一致。

3. 结果控制

结果控制是一种事后控制，即研究型大学战略管理与控制实施主体对学校发展战略实施某一阶段或最终总结时已经出现的问题或偏差进行有针对性的校对与修正。结果控制强调研究型大学战略管理与控制实施主体在战略重点监控和战略实施期间对关键事件、主要资源分配等战略关节点进行里程碑式审查，以期缩短战略分期的时段，及时汇总或总结分析问题，把战略实施的活动效果与学校发展战略目标加以比较，纠偏改错，化解矛盾（皮尔斯二世和鲁滨逊，2005）。结果控制的优点在于研究型大学战略管理与控制实施主体通过实践检验证明各种目标、计划及其实施程序正确与否，其缺点在于研究型大学战略管理与控制实施主体采取事后纠正措施，可能来不及补救而导致损失或行动的失败，直接影响到控制的效果。在战略控制过程中，研究型大学战略管理与控制实施主体要根据学校实际，有效采取多种控制类型，将控制时间和控制内容有机结合，规避风险，趋利避害。

2.3.2　研究型大学战略控制的基本原则

研究型大学战略管理是一项极其复杂的社会活动，实施战略控制以达成战略目标的进程必须有所依循和遵从。一方面，研究型大学战略控制要保证战略控制主体行为的合理性和先进性；另一方面，研究型大学战略控制主体要力促战略管理顺利进行，达到战略预期发展目标，实现多方面跨越式进步。

1. 研究领先原则

研究是研究型大学的突出特征，研究型大学战略控制要围绕研究展开。研究型大学的战略控制如果不以研究为中心，就失去了其特色和应有的意义。“研究领先”主要表现在研究型大学的战略控制首先要考虑学校的研究地位是否得到了巩固和提高，其次以此为核心检测学校承揽的研究项目是否取得了切实进展、师生的研究能力是否得到了真正提高、研究设施是否得到了大幅改善、开展研究的经费是否比较充裕等。研究型大学只有实施以研究领先为原则的战略控制，才能有效实现学校以研究为特色的战略目标，确保自身不断向世界一流大学迈进。

2. 学术立校原则

学术研究是研究型大学的特长，研究型大学战略控制要运用和发挥这一特长。早在 20 世纪 30 年代，毛泽东就提出“没有调查，没有发言权”①的著名论断，并身体力行，指导中国革命取得了最终胜利。作为学术见长的高校，研究型大学应该时时处处讲究学术，事事人人通过学术进行引导。研究型大学要充分利用自身的学科优势和人才优势，运用定量和定性相结合的研究方法，根据学校校情，对本校战略控制的具体目标、制度安排、组织建设、信息反馈和控制进程中的一系列问题开展研究，制订出一部科学可行的战略控制方案，在研究中实施、在实施中研究。以学术研究指导和推进战略控制，研究型大学能够积极稳定地达到控制效果。

3. 目标认同原则

目标认同即组织成员认同组织目标，是指研究型大学的战略控制目标在实施过程中能够得到学校全体师生的理解、认可、支持和全心全意投入。研究型大学战略管理与控制不仅要求学校高层管理者进行决策，而且也需要中下层管

① 出自毛泽东在 1930 年 5 月撰写的《反对本本主义》，参见毛泽东. 1991. 毛泽东选集（第一卷）. 2 版. 北京：人民出版社.

理者和全校师生的参与与支持。目标认同是思行合一的条件，能为战略控制提供群众基础和根本动力。快餐大王——麦当劳公司首席执行官提出的“为顾客提供定制服务”的战略设想没有如期实施，其中一个重要原因就是始终得不到1万多名特许经销商的鼎力支持（唐蓉，2004）。因此，在战略控制过程中，研究型大学应尽可能地使领导者和全校师生深入参与，确保学校上下对战略控制目标及措施高度认同和充分拥护，从而为推进战略控制奠定良好群众基础和思想基础。

4. 特色兴校原则

所谓特色，就是做与竞争对手不同的活动或以不同于对手的方式完成类似活动，以特别的活动能力创造独特的有价值的地位。研究型大学的特色可以在多层次、多方面形成和体现，如办学思想、专业发展、课程体系、管理风格、校园文化等。资源的有限性决定了研究型大学创办特色时鱼和熊掌不可兼得，必须有所取舍。研究型大学需要根据自身实际，扬长避短、权衡得失，结合特色建设做出选择。在当前国内外高校竞争日益激烈的情况下，研究型大学想要争得一席之地，只能走特色化道路，在研究上有所独创，在专业上有所突破，在管理上有所革新。

5. 师生为本原则

教师和学生是研究型大学科研创新的中坚力量，是研究型大学建设的主体。只有充分尊重广大教师和硕士、博士研究生，才能调动他们的主动性、积极性、创造性，才能有效进行战略控制，实现战略目标。师生为本原则是研究型大学科学发展观的具体体现，是研究型大学实施战略控制的必然要求。坚持师生为本原则，就是让研究型大学管理者要尊重广大师生的主人翁地位，时时处处想师生所想，急师生所急，通过为师生做好事、做实事，解除师生干事创业的后顾之忧，以实际行动让师生自觉、自愿、自主地参与战略控制中。

6. 权变创新原则

“物竞天择，适者生存”。研究型大学战略控制要高度重视学校与其所处的内外部环境的互动关系，使其能够适应、利用甚至影响环境的变化。环境是研究型大学赖以生存的空间，研究型大学只有适应环境变化才能生存和发展，而适应环境变化的关键在于不断地变革、创新。在当前竞争形势愈加扑朔迷离的情况下，一种新的“为未来而竞争”的战略控制观正在形成。面对竞争挑战，新的战略控制观具有更前瞻的眼光、更强的战略主动性，而不仅仅是对环境的简单适应和内部调整。研究型大学战略控制只有适应环境的变化，权变创新，才能有效地利用变化所提供的机会，避开其造成的威胁，取得竞争的主动权。

7. 反馈修正原则

研究型大学战略管理与控制重视的是学校长期、稳定和高速度发展，其时间跨度一般在 3 年以上、10 年以内。研究型大学战略实施通常包括一系列中短期行动计划，它们使研究型大学战略在行动上具体化和可操作化。然而，研究型大学战略实施过程并非一帆风顺，内外环境因素的变化往往会打乱研究型大学的战略部署。因此，研究型大学战略管理与控制实施主体只有施行战略控制，分阶段逐步对研究型大学战略及其实施情况进行严格检查，通过信息系统呈现检查情况，然后及时采取必要调整，才能确保研究型大学战略意图达成。

2.4 研究型大学战略控制过程及其模型分析

研究型大学战略控制的基本过程包括确定控制目标、制定控制标准、比较衡量偏差、分析纠正偏差四个基本环节，这也是研究型大学控制活动必不可少的步骤。研究型大学要认真研究这四个基本环节的具体实施举措，在操作中处理好精确性与灵活性、具体性与抽象性的关系，并与非正规控制相结合，体现出学校的特色。

2.4.1 研究型大学战略控制的基本过程

研究型大学战略控制是研究型大学根据自身战略规划设立控制目标，制定控制标准，然后把实际工作成果与预定标准相比较，确定具体偏差，并有针对性地采取纠正措施，以确保学校战略目标圆满实现的过程。剖析研究型大学战略控制的基本环节有利于研究型大学战略管理与控制实施主体厘清战略控制细节，较为精确地把握研究型大学战略控制进程。

1. 确定控制目标

目标是战略控制的靶子，是研究型大学战略控制最根本的标准。研究型大学要根据学校总体战略规划确定具体的科学研究目标、人才培养目标、社会服务目标、资金资源筹措目标等。一方面，研究型大学战略控制目标的设立要因校制宜，彰显特色；另一方面，研究型大学战略控制设定的目标既不能太低也不能太高——不能低得让师生不屑去做，又不能高不可攀，最终成为空中楼阁，而要使师生有“用劲儿跳一跳便能摘到桃子”的追求感。有了具体的目标，战略控制便有了依据，广大师生的奋斗目标也就明朗化了。

2. 制定控制标准

由于战略控制目标不可能非常详尽和具有完全准确的预见性，研究型大学在实际控制中要根据战略控制范围和对象的特点，在有关战略目标中选择合适的具体目标予以细化（最好是定量），制定出衡量绩效的标准（刘冀生，2003）。但是，研究型大学既是以科学研究和创造性人才培养为标志的量的集合体，也是文化积淀和社会认同的组织，因而在研究型大学战略管理与控制中并非所有工作的质量和成果都能用数据来表示，这就需要管理人员根据经验、评估和判断建立标准。

3. 比较衡量偏差

比较衡量研究型大学科学研究、教育教学和社会服务等方面与预定目标之间的偏差就是获得、处理与解释有关信息的过程，是研究型大学战略控制纠偏举措实施前的必要程序。研究型大学战略控制信息获取主要通过检测系统和信息反馈系统来实现，对信息的处理与解释是找到偏差的关键，而对信息的正确处理与准确解释则依赖于获取信息的及时性、可靠性和有效性。同时，研究型大学战略控制信息处理者和解释者的素质也至关重要，他们应对实践对象有充分的了解，有丰富的经验，有较高的思想素质和专业能力。

4. 分析纠正偏差

研究型大学战略控制中，控制活动的有效性及控制目标能否实现最终有赖于纠正偏差这一环节。这要求研究型大学首先分析偏差产生的原因：从目标的角度看，偏差可能是由于在估计目标的前提时过于乐观或过于保守，使设定的目标不切实际；从实践的过程看，偏差可能是由于组织不适应、人员素质较低或者发生了意外事件。然后，研究型大学战略管理与控制实施主体针对这些原因采取相应措施：重新修订控制目标、调整组织结构、加强教育培训、改进战略方法等。

2.4.2 研究型大学战略控制的过程模型分析

本书根据对研究型大学战略控制过程四个基本环节的分析，绘制出如图 2-1 所示的基本过程模型。

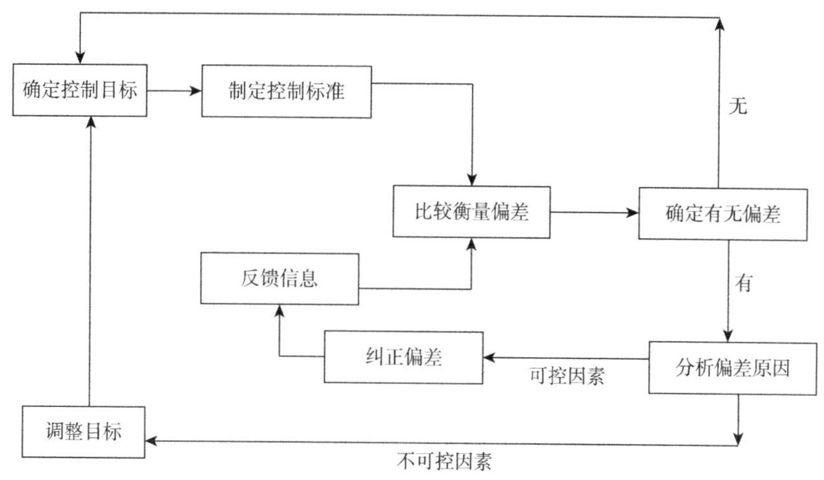

图 2-1　研究型大学战略控制基本过程模型

1. 四个基本环节构成了研究型大学战略控制的基本过程

研究型大学战略控制是一个既封闭又开放的循环体，表现为对战略控制目标循序渐进地推进。确定控制目标、制定控制标准、比较衡量偏差、分析纠正偏差四个环节是研究型大学控制活动必不可少的步骤，共同构成了研究型大学战略控制的基本过程。研究型大学在战略控制中既要对研究型大学身处的外部环境变化及其趋势做出前瞻性判断，又要对研究型大学战略进程中的进展信息做出准确性分析，以便不断调整行为和纠正偏差，螺旋式地上升促进战略目标达成。在战略控制中，研究型大学要认真研究这四个环节的具体实施细节，在操作中体现出学校的特色。

2. 处理好精确性与灵活性、具体性与抽象性的关系

战略控制在技术上要求控制内容精确和具体，事实上在控制中存在着的复杂性，需要研究型大学认真处理好精确性与灵活性、具体性与抽象性之间的关系。研究型大学在确保基本数据精确的同时，要能够因事制宜地进行变通，如增加或减少参与某一项研究的人数、多购或少购某一台实验仪器等，灵活把握，只要能保障控制效果的就可以具体操作。在对待具体数字时，研究型大学不但要能够看到数字可喜的一方面，而且也要能够辨识数字的真伪，分析数字背后的真实情况和问题，以便推广经验，汲取教训。

3. 与非正规控制相结合

即使最完善的正规控制系统，也无法使个体的思维、行为与组织所期望的完

全一致。松散关联的结构特点和以学术研究为主的显著特征，决定了研究型大学必须在战略控制中充分利用非正规控制。研究型大学只有调动多方面的控制方法，如经济的、政治的、文化的、社会的、心理的、技术的方面，各种方法相互配合，才能收到理想的控制效果。在战略控制中，研究型大学要重视塑造高校战略发展文化，形成师生员工共同致力战略管理目标的校园氛围，以特有文化影响师生员工行为，促使外部控制转化为师生员工的自我调节。

2.5 研究型大学战略控制的标准与评价构想

标准是人们检查和衡量工作及其结果（包括阶段结果与最终结果）的规范，制定标准是进行控制的基础。没有一套完整的标准，衡量绩效或纠正偏差就失去了客观依据（周三多，2004）。评价是依据标准进行的估量和评判，是研究型大学开展战略控制的主要现实遵循。为保障战略控制卓有成效，研究型大学必须事先考量评价标准的适切性，构建既合理又科学的评价准则。

2.5.1 研究型大学战略控制的基本标准

研究型大学战略控制的基本标准包括统计性标准和准则性标准，两者各有所长、各有所短。统计性标准是利用统计方法确立的控制标准，主要通过数据来衡量战略目标预期结果；准则性标准是以经验和判断为依据确立的控制标准，主要通过与预期结果类比来评价战略目标完成情况。在战略控制实践中，研究型大学要将两者有机结合起来，以便更好地为学校战略控制服务。

1. 统计性标准与评价

统计性标准以数据为准绳，通过分析研究型大学以往的重要数据，在与战略目标的比较中建立控制标准。数据维度一般要体现研究型大学的发展特点。上海交通大学制定的《世界大学学术排行》指标及权重（表 2-2），2003 年以来每年推出世界前 500 名大学的榜单，目的是适应我国争创世界一流大学的需要，为大学管理人员和政府相关部门提供参考（刘念才等，2005），《泰晤士报》公布的《全球大学排行榜》指标及权重（表 2-3），2004 年以来每年排出世界顶尖大学 200 所，目的是为世界各国高等教育的求学者尤其是留学生们提供参考，都具有借鉴和参照价值（张晓鹏，2005）。运用统计性标准进行评价具有简便易行的好处，但数据仅仅体现部分群体或组织的指标表象，容易以偏概全，不能真正反映研究型大学的学术、实力和地位。

表 2-2 上海交通大学制定的《世界大学学术排行》指标及权重

指标	说明	代码	权重
教育质量	获诺贝尔奖和菲尔兹奖的校友的折合数	Alumni	10%
教师质量	获诺贝尔科学奖和菲尔兹奖的教师的折合数	Award	20%
	各学科领域被引用率最高的教师数量	HiCi	20%
研究产出	平均每年发表在 *Nature* 和 *Science* 刊物上的论文折合数	N&S*	20%
	被 SCIE 和 SSCI 收录的论文数量	SCI	20%
师均表现	上述五项指标得分的师均数量	Size	10%

注：*表示对于纯粹的文科大学，不考虑 N&S 指标，其权重按相应比例分解到其他指标中

表 2-3 《泰晤士报》公布的《全球大学排行榜》指标及权重

指标	说明	权重
同行评议	对全球 88 个国家的 1 300 名学者进行问卷调查所得结果	50%
研究产出	平均每位教师论文被引用率	20%
教学质量	师生比	20%
国际化	国际教师人数所占比例	5%
	国际学生人数所占比例	5%

2. 准则性标准与评价

准则性标准以经验为准绳，根据研究型大学战略实施中的部分数据和状况表现，以经验判断为基础，参照原定战略目标和国内外同行实践进展建立控制标准。准则性标准包括对战略控制中方方面面工作情况的分析、权衡和判断（章明，2002），如表 2-4 所示；也可以从学校宏观层面对研究型大学的战略控制决策做出简洁有效的准则性评判，见表 2-5。除非学校内外部因素都没有发生显著变化，并且学校在令人满意地朝着既定战略目标前进，否则，纠正措施几乎总是需要的（戴维，2004）。运用准则性标准进行评价具有问题全面、作答及时的好处，如果以个人的经验判断为主，容易导致主观主义的片面倾向。

表 2-4 研究型大学战略控制状况调查表

序号	调查问题	调查结果
1	学校是否拥有一个清晰而独具特色的发展战略？	
2	学校是否制定了具体的战略控制目标？	

续表

序号	调查问题	调查结果
3	学校是否确立了战略控制的新理念?	
4	学校战略控制与以往的管理有什么不同?	
5	学校是否成立了战略控制的相关系列组织?	
6	学校是如何在高级管理层中落实战略控制责任分工的?	
7	学校主要领导在战略监控过程中如何发挥领导作用的?	
8	学校是否建立了战略控制的一系列制度?	
9	学校是如何确保战略控制目标和任务被相关单位认可和执行的?	
10	学校设置战略控制的信息反馈系统吗?	
11	学校战略控制过程是如何反馈战略进程的?	
12	学校是如何确保拥有用于监控的必要技能的?	
13	学校战略控制是否考虑了财政支持和资源支撑?	
14	监控过程是否包含了一定的质疑成分而不只是被动地接受信息?	
15	学校的外部环境是如何被监控的?	
16	学校的代表性活动是如何被监控的?	
17	学校的战略控制计划和进展情况公开吗? 公开范围有多大?	
18	学校战略评价的形式有哪些?	
19	学校每隔多长时间对战略进行回顾和评估?	
20	学校战略控制中采取的纠正措施有哪些?	

表 2-5　研究型大学战略评价决策矩阵

学校内部战略地位是否已发生重大变化?	学校外部战略地位是否已发生重大变化?	学校是否以令人满意的速度朝既定目标前进?	结果
否	否	否	采取纠正措施
是	是	是	采取纠正措施
是	是	否	采取纠正措施
是	否	是	采取纠正措施
是	否	否	采取纠正措施
否	是	是	采取纠正措施
否	是	否	采取纠正措施
否	否	是	继续目前进程

统计性标准和准则性标准既有优点，亦有缺点。在战略控制实践中，研究型

大学要将两者有机结合起来。此外，研究型大学战略控制在确保主要战略目标有效实现的同时，也要与学校常规性工作质量标准检测相结合，以教书育人为中心，以学术研究为重点，全面推进学校健康发展。

2.5.2 研究型大学战略控制的评价构想

世界各国政府和教育行政部门很早就对大学进行单项或综合排名评价，主要目的在于检查教育质量和评价办学效益，但没有引起社会各界人士广泛关注。其后有影响的各国媒体和民间机构开始介入大学评价，主要目的在于为社会了解大学提供参考。新闻媒体和民间机构的大学评价体现大学所在高等教育行列的位置，反映学校存在的问题，促进大学公平竞争与合理配置资源等，产生了巨大社会反响。于是，大学评价成为媒体、大众、家长、学生和高校关注的话题，大学无法回避，也不可避免地受到排行榜影响。然而，与一般的大学评价不同，战略管理是研究型大学面向未来的自我管理，战略规划是学校未来一段时期的发展目标和行动方案，学校的一切内部管理都应遵从战略的行为导向、资源分配和决策协调。研究型大学的长远发展与规划部署休戚相关，评价方法和评价结果影响着高校未来发展。科学开展战略管理与控制，必须明确研究型大学战略控制的评价准则和价值取向。

1. 明确研究型大学战略控制评价的导向性

研究型大学是大学当中的特殊类型，一般仅占大学总数的 5%以内，是大学行阵之中的领头雁。研究型大学战略控制是研究型大学战略管理的有机组成部分，是战略控制的一种特殊形态。鉴于研究型大学战略控制的特殊性，研究型大学战略管理与控制的实施主体必须明确研究型大学战略控制的正确导向。研究型大学战略控制评价应遵循教育规律，尤其要遵循高等教育规律，对研究型大学发展起到方向引导作用。研究型大学战略控制评价主体在设计战略评价指标时，应兼顾科研产出的规模和质量效益，兼顾办学资源的规模和获取竞争性资源的能力，兼顾科研产出评价和人才培养产出评价；在设计评价方法和成果形式时，应使有办学特色、规模不大的高水平大学也能够获得好的评价，而不是引导高校向“大而全”的模式同质化发展。

2. 分类构建和调整战略控制评价指标体系

同为研究型大学，有的以理科领先、有的以工科著称、有的以农科见长、有的以医科闻名，更有以人文和社会科学成就受到景仰的。学科特色差异产生了各自成果呈现方式的不同，决定了对其进行评价时所用指标体系必须有所区别。为了做好研究型大学战略控制评价，研究型大学战略控制评价主体应该探索以大学分类、大学认证等为代表的评价形式。科学合理的大学分类是建立研究型大学评价体系的前提，有利于识别我国的研究型大学的建设内涵，保证同一类型大学采用同一种标准评价；大学认证可以通过自我评价和同行评价相结合，最大限度地尊重大学办学特色，实现个性化大学评价。研究型大学战略控制评价主体在分类建构和调整研究型大学战略评价指标体系的同时，还要进一步规范已有的大学排名这一评价形式，促进大学排名评价系统在评价内容、评价方法和结果呈现形式等方面寻求差异化发展，弱化综合评价和排名，强化主题评价和评级，引导社会对研究型大学及其发展的正确认识。

3. 动态改进战略控制评价方法及结果应用

近年来，我国高等教育发展迅速。在高等教育体量迅速扩大的社会背景下，如何更好地保障大学办学质量越来越受到社会公众关注。我国建设“双一流”计划提出后，如何提升研究型大学教育教学及研究质量，促使国内大学早日达到世界一流大学标准成为中国高等教育发展的一项重要课题。为了有效提升大学办学水平，尽快实现建设“双一流”的战略目标，我国亟须对研究型大学战略控制评价方法和评价结果应用进行持续改进，不断创新和完善评价制度，促使评价指标真正逼近且充分体现研究型大学发展本质，促进评价结果真正用来修正师生行为而非惩罚或淘汰员工，以评价推动研究型大学内涵式高质量发展。

4. 适度培育战略控制评价的社会组织主体

研究型大学战略管理尽管是政府指导下的一种自我管理新境界，但仍需第三方予以客观评价。喜多村和之（1989）指出，大学评价是十分必要的，大学评价的目的在于更好地进行教育和研究，提高教育研究的质量。不少学者指出，大学评价的主体应是独立于大学和教育主管部门之外的第三方机构，大学应通过第三方进行大学评价，并保证第三方评价主体的独立性（李守福，2003）。当前我国大学评价中政府居于主导地位，而专家组是临时组建的群体。我国现有的社会评价机构主要依托于大学的研究机构和网络的媒介机构，评价机构发布的评价产品或多或少存在营利性，独立性难以保证。鼓励非营利性、非政府的第三方组织参与研究型大学战略控制评价，我国政府和研究型大学需要转变观念，加强探索。国际上很多高校认同非政府评价机构，如美国大学协会是以大学代表（大学管理者、教育专家等）组成的自治机构，其以大学共同体形式参与大学评价，一方面有利于评价标准与研究型大学内涵契合，另一方面也可以保证评价工作的权威性和公正性；日本大学最初仿效美国建立了自主型认证评价制度，随着从社会重视大学自我评价到重视第三者评价的风向转变，第三者评价制度逐渐被法律规定为一项正式评价制度。通过第三者评价制度，日本大学在教育质量保障和提高方面取得了长效且明显的进步，建立起一批在世界上享有良好声誉的大学。随着经济社会发展，我国政府和研究型大学要高度重视外部客观评价，在实施战略管理进程中培育战略控制评价的社会组织主体，形成战略控制评价的多维格局，以弥补研究型大学战略控制自我评价的不足。

2.6　本章小结

探索建立研究型大学战略控制体系需要以已有的成熟理论为基础，并对相关理论进行探讨，努力建构系统化的研究型大学战略控制理论体系，形成对本书及相关研究充分而科学的理论支撑。

在已有理论方面，研究型大学、战略、战略管理、战略控制、控制体系等是研究型大学战略控制体系研究的基本概念，需要明确其内涵范畴和操作程度；企业战略管理理论、高等教育管理与控制理论、系统论、整体性治理理论和知识管理理论等研究型大学战略控制体系研究的主要理论依据，需要分析其对本书的应用意义和指导作用。鉴于研究型大学及其战略管理与企业、一般高校及其战略管理存在很大程度的不同，本书对于战略管理理论、高等教育管理与控制理论等每个理论都进一步分析了其对于研究型大学战略控制研究及实践的适用方面，指出了本书参考借鉴这些理论之后结合研究型大学本质追求的侧重探索方向。

在理论探索方面，本书认为，研究型大学战略控制包括监控主体、监控对象、监控活动和监控目标四大基本要素，这些要素相互作用造就了研究型大学战略控制的独特性。研究型大学战略控制集研究型大学和战略控制于一体，呈现出在战略控制目标上突出研究性、在战略控制方法上突出学术性、在战略控制方式上突出沟通性、在战略控制主体上突出人本性、在战略控制过程上突出长远性、在战略控制结果上突出领先性等特征。依据组织活动的时间前后，本书按时间顺序，将研究型大学战略控制分为前提控制、进程控制和结果控制三种。研究型大学战略控制需要遵循研究领先原则、学术立校原则、目标认同原则、特色兴校原则、师生为本原则、权变创新原则和反馈修正原则，才能促使战略控制取得显著成效，达到预期控制效果，推动可持续发展。研究型大学战略控制的基本过程包括确定控制目标、制定控制标准、比较衡量偏差、分析纠正偏差四个基本环节，研究型大学要认真研究这四个基本环节的具体实施举措，在操作中处理好精确性与灵活性、具体性与抽象性的关系，并与非正规控制相结合，体现学校特色。研究型大学战略控制的基本标准包括统计性标准和准则性标准，两者各有所长、各有所短。在战略控制实践中，研究型大学要将两者有机结合起来，以便更好地为学校战略控制服务。科学开展战略管理与控制，必须明确研究型大学战略控制评价的导向性，分类构建和调整战略控制评价指标体系，动态改进战略控制评价方法及结果应用，适度培育战略控制评价的社会组织主体，弥补研究型大学战略控制自我评价不足。

第3章　中国研究型大学战略控制现状与问题

因自身丰富的资源条件和所处的战略地位，研究型大学在国家高层次人才培养和高水平科学研究中起着举足轻重的作用。在高等教育发展进程中，战略规划是大学主动适应环境变化的方向指针，基于战略规划的战略管理是大学超越现实的前瞻筹划和未来营谋。战略管理包括战略分析、战略评价与选择、战略实施和控制等环节，这些环节在实践中交叉进行。战略控制旨在通过多种监督和纠错手段，保障战略正常如期实施，最终达到预定目标。任何战略都离不开控制，因为变化和不确定性一直存在，高等学校需要持续进行相应控制以确保战略目标实现。战略控制意味着对短期或长期计划进行重新修订，也可能意味着对战略进行某种“干预”使其“重返正途”（胡光宇，2014）。现状是决策的基础和依据，问题是策略的靶子和目标。只有充分了解当前我国研究型大学战略控制的现状与问题，才能使构建的大学战略控制体系具有更强的针对性、实践性、时效性和前瞻性（陈新忠和李忠云，2007b）。真实的现状来自调查，精确的问题源自审视。为使调查对象具有典型性和代表性，本书选择国内乃至世界上拥有较高声望的五所研究型知名大学——北京大学、清华大学、上海交通大学、武汉大学和华中科技大学进行调研，结合五所研究型大学最新战略规划官方文本进行综合分析，期望通过解读五所研究型大学的战略控制状况，较为全面地呈现我国研究型大学战略控制的真实现状、存在问题与问题背后的深刻原因。

3.1　中国研究型大学战略控制现状概述

20世纪80年代，“战略规划”概念被引入高等教育领域，美国大学纷纷开始实施战略规划活动。1983年，美国学者乔治·凯勒《学术战略：美国高等教育管理革命》一书的出版，标志着大学战略规划时代的到来。20 世纪 80 年代末 90 年代初，在改革开放的大潮中我国大学开启了战略规划的学习与探索。20 世纪末 21 世纪初，我国教育主管部门要求高等学校与国家经济社会发展五年计划保持一致，学习发达国家高校及企业战略管理经验，制定学校未来 5 年及更长时间的战略规划。

20 世纪 80 年代中后期，我国政治、经济及教育体制改革使得大学的内部和外部环境发生了重大变化，部分大学管理者意识到大学原有的管理模式已经无法适应发展需要，开始积极学习企业战略管理，结合实际管理经验，调整有关大学管理思路和办法。随着我国各类企业在经济发展中发挥的作用日益重要，越来越多的学者关注企业战略管理的理论研究。高等学校依托知识研究与传播能力优势开设战略管理相关课程，进行战略管理理论系统教学，推动了战略管理理论在我国发展。20 世纪末 21 世纪初，我国大学进入竞争与变革时代，大学办学自主权逐步得到落实，形成了办学主体多元化格局，高等教育领域竞争日益激烈。2003 年，教育部部长周济（2003）在教育部直属高校工作咨询委员会第十三次会议上明确提出，我国要在大学中建立“学校发展战略规划、学科建设和队伍建设规划、校园建设规划”，大学战略开始在高等教育领域受到重视。一方面，教育部直属大学办公室成立了“直属大学发展规划咨询专家组”，指导大学战略规划的制定；另一方面，大学纷纷设立“大学研究中心”和“发展规划研究处（室）”等类似与大学实施战略管理相关的职能部门和机构，为推进大学战略管理实施奠定了基础。高等教育管理体制改革持续深入使得我国许多高校纷纷引入战略管理理念，认真谋划学校未来发展蓝图（张英玉，2015）。在此背景下，多数高等学校从自身办学情况和发展实际出发，借鉴国外大学在战略管理方面成功经验的同时，结合学校内外部环境，开始制定短期或中长期的大学发展规划，拉开了我国高校战略管理的帷幕。

20 世纪 90 年代以来，我国学者将大部分精力放在高校战略规划的重要性、高校战略规划的过程及内容等方面，以国外大学的实际战略规划为案例对大学战略管理做了较多研究，总结了世界一流大学战略规划演进的规律及趋势，为我国高校制定战略规划提供了借鉴参考，但对大学战略控制的相关研究较少，还未形成战略控制领域的深层次研究。国际一流大学普遍关注战略计划的实施和评估，重视过程监控，通过战略控制不断调整和完善战略规划，以更好地适应情况变化（张梦晨，2021）。由于我国高校战略管理起步较晚，理论支撑主要来源于企业战略管理理论，而企业战略管理理论也还未形成统一范式，在战略控制方面处于前范式阶段，给高校借鉴企业战略控制带来困难。从目前我国大学整体情况来看，绝大多数的高等学校已经将战略管理作为学校的一项大事来抓，并依据学校发展战略对学校组织机构进行了相应改革，但战略控制几乎没有专门开展。当前，我国处于国家综合国力不断增强、社会经济高速增长、高等教育快速发展的黄金时期，高等学校重视实施战略管理，做好战略控制是把握发展机遇、解决发展问题的金钥匙。战略控制是战略管理的关键环节，也是战略规划得以实现的重要保障。战略控制为高校战略规划实施规定了范畴，也为战略规划实施提供了可以借鉴的评价标准。世界一流大学或学院的崛起得益于“有力的战略领导”，战略控制在其中扮演着至关重要的角色。近年来，我国高等教育由精英化教育走向大众化教育和普及化教育，发展重点由教育规模扩张转向内涵质量提升。作为实现跨越式发展的重要手段，我国高等学校普遍实施战略管理。为保证战略目标如期达成，战略控制问题凸显。

研究型大学的办学理念源于德国，研究型大学本指“教育目标包括传授已有知识和发展新知识的大学”（殷小琴和孔志洪，2001）。在我国，多数人认为研究型大学是指提供全面学士学位计划、把研究放在首位的大学。“985”工程的实施标志着我国建设世界一流大学的开端，同时也标志着我国建设研究型大学实践的启动，使建设世界一流大学成为政府的决策和国家的行为（王孙禺和孔钢城，2009）。研究型大学是国家高层次人才培养和研究创新的重要基地，在为国家和地方发展重大决策、战略规划提供高水平咨询和政策建议，以及推动国家和地方教育改革和人才发展方面做出了重大贡献。21 世纪，我国研究型大学面临着时代、环境和资源的变化，应当通过战略管理，在战略目标和战略控制中体现针对性的应对内容。每所大学的情况千差万别，同样的战略举措在不同的学校取得的效果可能大相径庭，所以研究型大学在制定发展战略及其举措时一定要对学校的资源状况、运行情况进行充分全面了解（王兴宇，2018）。战略规划确定后，研究型大学要在推进战略实施中做好战略控制。研究型大学战略控制不同于战略管理的过程控制，具有动态性特征，蕴含着大学发展的核心命题，是组织生存和发展的重要保证。

研究型大学欲使学校发展战略顺利推进，必须对启动发展战略到达成预定目标的过程实施战略控制，将其中的不确定因素限制在可接受的范围内，使学校一直朝着预期战略目标前进（王枫云，2013）。研究型大学战略控制既是对学校战略实施进展采取必要纠正行动的过程，也是战略管理信息传递和处理的过程，是一个持续递进改善的循环反馈系统。不断对研究型大学战略实施情况进行系统化检查与控制，可以及时校正战略活动偏差，确保学校发展战略实施取得预期效果。研究型大学在战略管理中通过加强宣传和沟通，充分发挥文化机制作用，运用多种激励手段调动师生员工的积极性和主动性，变外在控制为内在控制，形成富有特色的战略控制体系，使学校发展战略如同一块磁石，将全校上下引向理想的未来，促进学校战略目标如期实现，促使战略管理真正成为大学提升综合实力和核心竞争力的新思路和新举措。如图 3-1 所示，研究型大学战略控制的基本程序主要包括以下五个部分：确定测评内容、制定控制标准、衡量实际成效、评价实际成效、制定纠正措施。

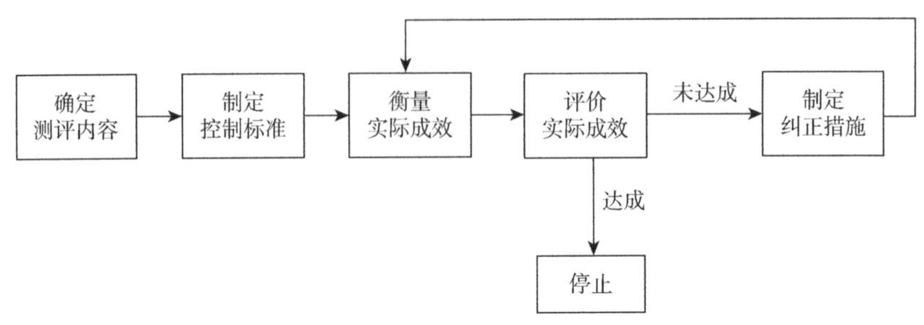

图 3-1 研究型大学战略控制的基本程序

研究型大学战略控制旨在对学校发展战略规划实施过程进行评估，判定其进展及成效是否与预期设想一致。战略控制标准是实施战略控制行动的依据，是学校发展战略目标的分解和具体化。制定战略控制标准要根据学校发展战略目标，细化确定出战略实施过程中各内容项目的标准，规定每项标准的浮动范围及偏差。研究型大学战略管理与控制的评价主体运用已制定的战略控制标准衡量战略实施目标实际达成程度，获取战略实施的实际效果。然后，以战略控制标准为依据，研究型大学战略管理与控制的评价主体对战略实施的实际取得的效果进行评价，分析其目标达成度。如果实际取得的效果在标准浮动范围之内，研究型大学战略管理与控制的评价主体则可以结束测评，没有必要开展进一步调整和纠偏；如果实际取得的效果在标准浮动范围之外，研究型大学战略管理与控制的评价主体则需要建议制定相应纠偏措施，实施纠正活动以便研究型大学的战略管理活动按照预期开展。

随着中华民族伟大复兴之路不断推进，中国优秀大学以各自方式追求着、思考着和实践着“世界一流大学梦”，纷纷制定“世界一流”“国际知名”“国际一流”等大学发展战略目标（徐少亚和李勇志，2014）。从近几年国内大学的战略管理过程看，北京大学、清华大学、上海交通大学、武汉大学、华中科技大学等一批研究型大学在发展中已经体现出较为明显的战略管理思想，但仍有许多大学处于制定发展战略计划向实施战略规划管理转变的过程之中。对于大多数大学来说，战略控制仍是一个新鲜事物，战略控制过程往往流于形式，战略控制理论建构和实施方案还没有形成完善、科学的体系。

3.2 战略控制现状的调研设计与分析方法

战略管理是研究型大学在激烈竞争中制胜的关键管理手段，战略控制有助于研究型大学实现战略规划目标和可持续发展。本书通过对国内五所研究型大学战略管理与控制的现状、战略控制实施过程中存在的问题及其原因进行分析，指出构建研究型大学战略控制体系的必要性与可行性，以此增强研究型大学实施战略控制的紧迫感和信心。研究型大学战略控制是一个长期的监控调节过程，是一项十分复杂的教育社会活动。调研研究型大学战略控制的现实状况，需要从调研假设、调研目的、调查对象、调查方法等多个方面进行整体设计。

3.2.1 调研假设与调研目的

调研假设是对调研现状存在问题及其趋势的推测，调研目的是研究者调研行为的目标指向。调研假设和调研目的是任何一项调查研究都不能回避的基本问题，也是实证研究者研究伊始必须澄清的首要问题。

1. 调研假设

本书认为，我国研究型大学战略控制取得了一定成效，但也存在一些问题。在前人研究的基础上，本书提出了三个调研假设。

假设一，从战略控制的前提看，研究型大学战略控制的目标模糊和理念淡漠降低了战略控制的效果。战略控制目标清晰的研究型大学战略控制实施效果较好，战略控制目标模糊的研究型大学战略控制实施效果较差，目前研究型大学战略控制目标普遍模糊，致使战略控制效果大打折扣。同样，战略控制理念明确的研究型大学战略控制实施效果较好，战略控制理念淡漠的研究型大学战略控制实施效果较差，目前研究型大学战略控制理念普遍淡漠，致使战略控制效果令人不满意。

假设二，从战略控制的依据看，研究型大学战略控制的制度残缺和组织虚设降低了战略控制的效果。战略控制制度完善的研究型大学战略控制实施效果较好，战略控制制度残缺的研究型大学战略控制实施效果较差，目前研究型大学战略控制制度普遍不完善，致使战略控制很多流于形式。同样，战略控制组织健全的研究型大学战略控制实施效果较好，战略控制组织虚设的研究型大学战略控制实施效果较差，目前研究型大学战略控制组织普遍不健全，致使战略控制很多只是走了过程。

假设三，从战略控制的手段看，研究型大学战略控制的信息建设不系统和战略评估不严格降低了战略控制的效果。战略控制信息建设较系统的研究型大学战略控制实施效果较好，战略控制信息建设不系统的研究型大学战略控制实施效果较差，目前研究型大学战略控制信息建设普遍不系统，致使战略控制很难做到科学有力和及时反应。同样，战略控制中阶段评估严格的研究型大学战略控制实施效果较好，战略控制中阶段评估不严格的研究型大学战略控制实施效果较差，目前研究型大学战略控制的阶段性评估普遍不严格，致使战略控制失去了应有效果。

2. 调研目的

本书的调研目的是了解我国研究型大学战略控制的现状和问题，弄清我国研究型大学战略控制中存在问题的背后原因。具体而言，本书以北京大学、清华大学、上海交通大学、武汉大学和华中科技大学五所研究型大学为调研范畴，通过了解五所研究型大学战略控制的现状和问题，以点带面地掌握我国研究型大学战略控制的现状和问题，进而分析我国研究型大学战略控制存在问题的深层原因。

3.2.2 调研对象与调查方法

调研对象选择的范围和数量影响着研究结论的信度和效度，调查方法的科学与否直接决定着研究的成败。本书力求选择具有典型代表意义的样本对象，运用科学方法，呈现我国研究型大学战略控制的实施全貌。

1. 调研对象

为在有限时间内做好有限研究，本书选取五所国内研究型大学作为调研对象。调查样本的选取原则如下：一是先进性，即综合考虑样本高校在国内的综合排名、学术声誉和战略管理经验，以社会公认度较高的高校优先；二是适用性，即充分考虑样本高校战略控制实践经验能否为其他大学的战略控制实施及其制度建设提供有益参考，以典型性、代表性和可推广性较高的高校优先；三是可行性，即兼顾考虑样本高校资料的可获取度和便利度，以研究者便利获取数据及资料的高校优先。鉴于我国研究型大学分类不一，本书选取公认度较高、具有较强代表性的北京大学、清华大学、上海交通大学、武汉大学、华中科技大学五所研究型大学作为调研对象。

2003 年以来，连续 20 年发布校友会中国大学排名、中国一流学科排名、中国一流专业排名和中国大学教学质量排名等榜单的艾瑞深研究院是得到社会各界认可、有良好公信力的第三方大学评价咨询研究机构，其中，艾瑞深网公布的中国大学排名评价指标体系由教育教学质量（占 32%）、高层次人才（占 13%）、优势学科专业（占 9%）、高端科研成果（占 21%）、科研项目（占 5%）、科研基地（占5%）、办学层次（占5%）、社会声誉（占6%）和国际影响（占4%）9大核心指标组成，包含 400 多项评测指标，基本上涵盖了国内外其他大学排名的高端质量指标。评价数据来自艾瑞深研究院自主研发的中国高等学校发展指数数据库（China Higher-education Development Index Database，CHDID），均是来自国家权威部门、第三方权威机构、企事业单位、新闻媒体和高等院校等对外公开的权威数据和客观数据。

如表 3-1 所示，五所研究型大学 2013~2022 年平均综合排名均位于全国大学前列，其中北京大学、清华大学、上海交通大学和武汉大学一直居中国大学前十强，华中科技大学近几年也稳定在前十强左右。因此，选取北京大学、清华大学、上海交通大学、武汉大学和华中科技大学五所研究型大学作为本书的研究对象，对于研究型大学整体具有较强的代表性、科学性和说服力。

表 3-1　五所研究型大学 2013~2022 年平均综合排名

学校名称	2013 年	2014 年	2015 年	2016 年	2017 年	2018 年	2019 年	2020 年	2021 年	2022 年
北京大学	1	1	1	1	1	1	1	1	1	1
清华大学	2	2	2	2	2	2	2	2	2	2
上海交通大学	5	3	7	7	6	6	7	6	3	3
武汉大学	9	5	4	4	3	7	9	10	10	5
华中科技大学	11	12	16	13	10	11	12	7	5	9

资料来源：艾瑞深网. http://www.chinaxy.com/2022index/2022/2022dxpmall.html

2. 调查方法

在我国，近代大学自诞生之日起就肩负着救国图强、民族复兴的重任。研究型大学作为极具社会影响力的高等教育机构，拥有高端的科研成果和丰富的智力资源，在国家建设和经济社会发展中发挥着不可替代的作用。研究型大学在开展教学和科研的同时，还肩负着社会服务的责任和使命（Checkoway，1997）。为充分调研研究型大学发展战略实施状况，本书针对研究型大学战略管理目标与控制研究课题，成立了研究型大学战略控制体系研究课题组（以下简称课题组）。鉴于研究型大学的教师和研究生是增强研究型大学综合实力的主力军，本书调研主要选取研究型大学的教师（教授、副教授和讲师）、中层干部和学生（本科生、硕士研究生和博士研究生）作为此次问卷调查和访谈的对象。

首先，本书制定调查问卷，对被调查者回答相关问题的数据进行收集整理。课题组采用非概率抽样偶遇调查法，对五所研究型大学的 2 100 名本科生、研究生、教师及中层干部进行问卷调查。基于高校战略控制状况，调查问卷设计了包括大学战略目标满意度、对大学实现战略目标的信心、对大学采取战略控制具体手段的了解程度等 26 个问题。问卷通过“问卷星”平台编辑、发放并回收，本次调查共发放问卷 2 100 份，收回 1 955 份问卷，剔除无效问卷 20 份，共有 1 935 份有效问卷，有效问卷回收率为 92.14%。对样本进行信度检验（表 3-2）与效度检验（表 3-3），两者均通过检验，综合说明数据信度与效度质量高，可用于进一步分析。

表 3-2　信度检验

可靠性统计	
Cronbach's alpha	项数
0.956	26

表 3-3　效度检验

KMO 和巴特利特球形度检验		
KMO 取样适切性量数		0.904
巴特利特球形度检验	近似卡方	10 177.119
	自由度	528
	显著性	0.000

其次，在进行问卷调查的同时，本书拟定访谈提纲，对五所研究型大学的本科生、硕士研究生、博士研究生、教师及中层干部共 310 人（每所大学 62 人，其中，本科生 15 人，硕士研究生 15 人，博士研究生 10 人，教师 15 人，中层干部 7 人）进行了访谈，以期深入了解研究型大学战略控制过程存在的问题。

最后，本书拟定研究计划，对五所研究型大学战略控制现状分析相关资料调研获取。课题组从图书馆、资料室与互联网上查阅国内外关于企业、高等学校，尤其是研究型大学战略控制理论与实践方面的专著、论文，通过浏览互联网上各高校官方网站了解五所研究型大学的战略控制状况，整理获取便于开展五所研究型大学战略控制现状分析的相关资料。

3.2.3　试点调查与组织实施

为保证调研问卷的有效性，本书首先对研究型大学战略控制调查问卷进行了试点调查。鉴于此项调查涉及内容多、调查对象复杂、调查任务繁重、被访学校多，本书对五所研究型大学各开展了三次正式调查。

1. 试点调查

2019 年 3~4 月，课题组制订了《研究型大学战略控制现状调查方案》，拟定了调研提纲，设计了调查问卷与访谈提纲。2019 年 4~6 月，课题组在武汉大学和华中科技大学进行了试点调查。此次试点调查之所以选择武汉大学和华中科技大学，是因为作者居住的城市是武汉。此次试点调查，本书在两所受试学校各选 40 人进行问卷调查，并对其中各 10 人进行了专门访谈。经分析，试点调查的问卷与访谈效果基本达到了预期，仅对调查问卷与访谈提纲中的个别题目的表述进行了修改和完善。

2. 组织实施

2019 年 7 月~2021 年 12 月，在试点调查的基础上，课题组成员分 15 次对五所研究型大学进行了实地调研。其中，课题组先对五所研究型大学各安排了两次实地调研；对调查的问卷与访谈效果进行分析后，课题组为核实问卷调查答案和扩大样本量，又对五所学校各安排了一次补充调研。累计 15 次实地调研中，课题组对五所研究型大学的教师、中层干部和本科生、硕士研究生、博士研究生共 2 100 人进行了问卷调查，并对其中 310 人次进行了访谈，获取了五所研究型大学战略控制实施相关环节的有效资料信息。

3.2.4　调查统计方法与调查对象分析和调查分析框架

本书以学界现有理论和书中探索的基本理论为依据，将研究型大学战略控制的基本要素、基本过程、基本标准和评价指标等转化为具体的分析维度，以期对研究型大学战略控制的现实状况有一个崭新全面的认识。

1. 调查统计方法

对于调查得来的五所研究型大学的问卷数据和访谈资料，本书首先根据研究需要进行归类整理，剔除不完整与无用信息，其次对经过初步整理的问卷和访谈数据运用 Excel 2010 和 SPSS 20.0 进行统计。作为传统统计分析工具，Excel 2010

除了计算便捷外，还有强大的绘图优势，有利于统计后的进一步分析；作为新兴的统计工具，SPSS 20.0不但是中文版式，便于操作，而且具有数据制表的特长，能够较好地为进一步的研究服务。

2. 调查对象分析

在收回的1 935份有效问卷中，男性1 171人，占被调查总人数的60.5%；女性764人，占被调查总人数的39.5%。学生共1 285人，占被调查总人数的66.4%；教师共422人，占被调查总人数的21.8%；中层干部共228人，占被调查总人数的11.8%。就年龄分布情况（表3-4）来看，20~35岁的被调查者最多，共1 350人，占被调查总人数的69.8%；35岁以上~50岁的被调查者共560人，占被调查总人数的28.9%；50岁以上的被调查者最少，仅25人，占被调查总人数的1.3%。就文化程度（表3-5）来看，最高学历为硕士研究生及以上的被调查者占大多数，共1 405人，占被调查总人数的72.6%；最高学历为本科的被调查者共521人，占被调查总人数的26.9%；最高学历为专科的被调查者最少，仅9人，占被调查总人数的0.5%。就工作年限（本科生、硕士研究生和博士研究生按在校年限计算，即在本校学习的年限）（表3-6）来看，工作年限为0~5年的被调查者最多，共821人，占被调查总人数的42.4%；工作年限为5年以上~10年的被调查者共489人，占被调查总人数的25.3%；工作年限为10年以上~15年的被调查者443人，占被调查总人数的22.9%；工作年限在15年以上的被调查者共182人，占被调查总人数的9.4%。

表3-4 研究型大学战略控制问卷调查受访者的年龄分布

年龄段	人数	百分比
20~35岁	1 350	69.8%
35岁以上~50岁	560	28.9%
50岁以上	25	1.3%
总计	1 935	100%

表3-5 研究型大学战略控制问卷调查受访者的文化程度

最高学历	人数	百分比
硕士研究生及以上	1 405	72.6%
本科	521	26.9%
专科	9	0.5%
总计	1 935	100%

表 3-6　研究型大学战略控制问卷调查受访者的工作年限

工作年限	人数	百分比
0~5 年	821	42.4%
5 年以上~10 年	489	25.3%
10 年以上~15 年	443	22.9%
15 年以上	182	9.4%
总计	1 935	100%

3. 调查分析框架

对于研究型大学战略控制现状，本书主要从成效、问题和原因三大方面予以呈现。

对于研究型大学战略控制的成效，本书主要依据现有文献资料、研究型大学网站资料和部分问卷调查及现场访谈数据展开分析。根据研究型大学战略控制实施的重要环节及依托，本书主要从战略控制总体目标、战略控制思想、战略控制制度、战略控制组织、战略信息反馈和战略阶段评估六个维度呈现研究型大学战略控制取得的成效（表 3-7）。

表 3-7　研究型大学战略控制现状调查分析框架

维度	战略控制成效分析维度	战略控制问题分析维度	战略控制症因分析维度
维度一	战略控制总体目标	战略控制目标	已有的战略规划
维度二	战略控制思想	战略控制理念	战略管理思想文化建设
维度三	战略控制制度	战略控制制度	战略控制理论研究
维度四	战略控制组织	战略控制组织	战略控制实践探索
维度五	战略信息反馈	反馈信息建设	战略控制实施能力
维度六	战略阶段评估	战略阶段评估	现行高校管理体制

对于研究型大学战略控制存在的问题，本书主要依据问卷调查数据和现场访谈数据，参考现有文献资料和研究型大学网站资料展开分析。根据研究型大学战略控制实施的重要环节及依托，本书主要从战略控制目标、战略控制理念、战略控制制度、战略控制组织、反馈信息建设和战略阶段评估六个维度呈现研究型大学战略控制的现实问题。

对于研究型大学战略控制存在问题的原因，本书主要依据现场访谈数据，参考现有文献资料、研究型大学网站资料和问卷调查数据进行挖掘。根据研究型大学战略控制实施的系统影响因素，本书主要从已有战略规划、战略管理思想文化建设、战略控制理论研究、战略控制实践探索、战略控制实施能力和现行高校管理体制六个维度揭示研究型大学战略控制现存问题的深层原因。

3.3 研究型大学战略控制成效的调研分析

研究型大学战略控制成效是指研究型大学在战略管理实施过程中，通过阶段性检查评价所发现的，大学围绕战略目标开展各项教学、科研和社会服务活动取得的吻合或超越原定目标的工作及其绩效。研究型大学在实施战略控制过程中不可避免地会出现以下两种情况：一是在战略实施过程中，实际工作及成绩符合预设目标，战略管理顺利开展；二是在战略实施过程中，实际工作及成绩偏离预设目标，需要对现状进行相应纠偏。为了解研究型大学战略控制的真实情况，本书对五所研究型大学的战略控制实施进展、举措及实效进行调研，并对调研结果做出相应分析。

3.3.1 确立了战略控制总体目标

研究型大学战略控制总体目标是研究型大学依据战略管理所要达到的战略规划总体目标和满足学校愿景而制定的相应目标，一定程度上反映了大学的独特性。确立战略控制总体目标是研究型大学战略管理的基础条件，能够减少研究型大学在发展过程中可能出现的盲目性。战略控制总体目标是研究型大学战略管理的原点，为研究型大学的发展提供了成就竞争优势的框架，能够促使研究型大学更加主动地应对高等教育及其环境条件的变化。

本书查询了北京大学、清华大学、武汉大学、华中科技大学和上海交通大学的战略控制总体目标，对五所研究型大学战略控制总体目标进行问卷调查。调查结果显示，五所研究型大学都确立了各自院校战略控制的总体目标（表 3-8），被调查师生对战略控制总体目标的满意度都在 90.83%及以上，平均高达94.00%；对战略目标实现的信心度都在 85.00%及以上，平均高达 90.50%。

表 3-8 五所研究型大学战略控制总体目标及其满意度

学校名称	战略控制总体目标	满意度	信心度
北京大学	顶尖世界一流大学（2048 年）	95.83%	94.17%
清华大学	世界一流大学前列（2030 年）	96.67%	95.00%
武汉大学	国内外知名高水平大学（2050 年）	91.67%	87.50%
华中科技大学	世界一流大学前列（2050 年）	90.83%	85.00%
上海交通大学	卓越的世界一流大学（2050 年）	95.00%	90.83%

作为我国高等教育的排头兵，北京大学将创建世界一流大学作为学校的责任。中国共产党北京大学第十三次党员代表大会提出，北京大学要扎根中国大地办大学，在 2035 年前后进入世界一流大学前列，这是新时代党和国家赋予北大的光荣使命①。北京大学的早期目标是，到 2020 年，学校整体建成世界一流大学，办学指标与世界一流大学具有可比性，若干学科处于世界一流大学前列；人才培养方面，完成人才培养体制机制改革，人才培养质量得到显著提高；造就具有国际影响力和竞争力的师资队伍，创新能力显著提升，产出国际领先的标志性成果，服务国家重大战略需求和经济社会发展的能力显著增强；国际声誉显著提升，初步建成具有中国特色的现代大学制度。北京大学的中期目标是，到 2030 年，学校整体水平处于世界一流大学前列，学校主要办学指标位于世界一流大学前列，部分办学指标领先发展，一批学科处于世界一流大学前列；人才培养方面，人才培养体制机制日臻成熟，人才培养质量居于世界领先地位；一批顶尖人才活跃在学术前沿，创新能力世界领先，产出具有国际影响力的标志性成果，具有较强的解决重大问题的能力和原始创新的能力；树立学校良好的国际品牌和形象，国际影响力显著提升，中国特色的现代大学制度完善且运行良好。北京大学的远期愿景是，到 2048 年前后，学校成为顶尖的世界一流大学，学校办学指标全面达到世界一流大学前列，主流学科全面位于世界一流大学前列；人才培养质量达到世界最高水准；汇聚、培养一批国际知名的学术大师，创新能力处于世界引领地位，力争产出若干开创性成果；为国家经济社会发展提供知识人才储备和科学支撑，在全球高等教育体系中居于领导地位，成为世界著名的学术殿堂②。

清华大学在 2016 年制定实施了首个全球战略，并于 2021 年 11 月 25 日发布了《清华大学 2030 高层次人才培养方案》、《清华大学 2030 创新行动计划》和《清华大学 2030 全球战略》三个战略规划③。到 2030 年，清华大学将建成一批具有重要国际影响的研究机构和高水平的研究团队，攻克一批战略必争领域的关键核心技术，形成一批具有国际影响的重大原创学术成果，培养一批重要学科领域的领跑者和新兴前沿交叉领域的开拓者，整体学术水平进入世界一流大学前列，若干学科达到世界顶尖水平，为全面建成社会主义现代化强国、实现中华民族伟大复兴做出重要贡献。《清华大学 2030 高层次人才培养方案》提出，清华大学将

---

① 林建华. 2017-12-24. 新时代与中国大学的新使命. https://www.sohu.com/a/212482262_177046. 麦可思研究. 2022-01-14. 北京大学：正在编制第二期“双一流”建设方案. https://www.163.com/dy/article/GTL99PIF05218435.html.

② 北京大学. 2017-12-28. 北京大学一流大学建设高校建设方案（精编版）正式发布. https://news.pku.edu.cn/xwzh/129-300847.htm.

③ 清华大学. 2021-12-02. 清华大学发布三个 2030 中长期战略规划. https://www.tsinghua.edu.cn/info/1182/89412.htm.

重点实施统筹推进全方位思政体系、打好本科生全面成长的人生基础、加快研究生教育改革发展、推进本博贯通培养、坚持德智体美劳全面发展、推进融合式教学、大力推进学风建设、加强育人环境及技术支撑体系建设等八方面28项任务。《清华大学2030创新行动计划》提出的总体目标是，清华大学将扎根中国、面向全球，完善和发展以健康的学术生态为基础，以制度健全、机制畅通的学术治理为保障，以一流学术成果产生和一流人才培养为目标的大学创新体系。《清华大学2030全球战略》确立了立足中国、面向世界、传承创新、卓越发展的原则，提出清华大学将以“构建未来塑造力”为顶层战略，以培养具备全球胜任力的学生群体、建设全球卓越的教师队伍、提高学校国际化承载力为支柱战略，把广泛、深入联结世界作为关键行动，全力建设更开放、更融合、更具韧性的大学，推动世界高等教育进一步发展。《清华大学2030全球战略》在首个全球战略实施的基础上，提出清华大学将着眼未来十年发展重点推进三方面工作：一是建立全方位的全球战略工作体系和评价机制；二是全面提高国际合作交流的层次；三是进一步发挥在世界高等教育领域的引领作用①。

武汉大学根据“中国特色、世界一流”的总体要求，提出“三步走”发展战略。该战略指出，武汉大学将探索建立与世界一流大学建设和学校发展相适应的中国特色现代大学制度；聚集一大批国际一流的学术大师和学术领军人才；推动学科交叉融合，引领科技创新，参与高水平国际合作与竞争，建设一批世界一流顶尖学科；培养一大批具有强烈社会责任感和民族情怀，既志存高远又脚踏实地，具有创新能力和国际竞争力的拔尖创新人才；打造一批服务国家经济社会发展战略的重要智库，成为中国智慧、中国智造、中国方案的重要策源地。具体而言，到2020年，武汉大学将稳步提升在国内高校第一方阵中的地位，初步跻身世界一流大学行列，若干个学科处于世界前列；初步建立与一流大学相适应的现代大学管理体制和支撑机制；拥有一支具备较强国际竞争力的师资队伍；本科生人才培养质量率先达到世界一流；服务国家战略需求和地方经济社会发展能力进一步增强；国际声誉大幅提高。到2030年，武汉大学综合实力全面提升，整体建成世界一流大学；一批学科位居世界一流前列；中国特色的现代大学制度进一步完善；聚集一批国际一流的领军人才；研究生整体培养质量达到世界一流；对国家和地方经济社会发展的引领和支撑作用凸显；国际影响力显著增强。到2050年，武汉大学整体实力和核心竞争力进入世界一流大学前列，具备较为完善的中国特色现代大学制度；人才培养质量达到世界一流水平；拥有一批国际顶尖师资队

① 清华大学. 2021-12-02. 清华大学发布三个 2030 中长期战略规划. https://www.tsinghua.edu.cn/info/1182/89412.htm.

伍；产生一批具有国际影响力的标志性成果，国际学术话语权显著提升①。

华中科技大学从 1977 年开始进行大学战略管理，经过几十年发展，从一个为国家工业培养人才的工科院校，逐步发展成了一所高水平的综合性大学（柯文进，2010）。华中科技大学根据“双一流”建设总体方案要求，以人才培养为核心，坚持人文教育与科学教育相融合，坚持科学研究与社会服务相结合，坚持大平台战略与创新驱动发展相结合，以改革为动力，发奋图强，加快创建世界一流大学步伐。根据国家总体战略布局，结合学校中长期发展战略规划和深化综合改革方案，华中科技大学提出实施“强基础、上水平、占高峰”的“三步走”战略。到 2020 年，华中科技大学部分学科进入世界一流行列，初步进入世界一流大学行列，为国家全面建成小康社会做出重要贡献；学校综合实力得到显著提升，学术排名力争进入全球前 200 名；四五个学科进入国内前 3%，12~15 个学科进入国内前 10%，20~25 个学科进入国内前 20%。到 2030 年，华中科技大学一批学科进入世界一流前列，建成世界一流大学，为国家建成世界科技强国和 2035 年基本实现社会主义现代化做出显著贡献。到 2050 年，华中科技大学进入世界一流大学前列，享有崇高国际声誉，为国家建成高等教育强国和全面实现社会主义现代化做出更大贡献②。

上海交通大学以建成中国特色世界一流大学为目标，以传承文明、探求真理、振兴中华、造福人类为己任。上海交通大学提出，学校全面贯彻党的十九大精神，深入学习贯彻习近平新时代中国特色社会主义思想，以马克思主义为指导，树立“四个意识”，坚定“四个自信”，加强党对高校的领导，全面贯彻党的教育方针，坚持社会主义办学方向，按照国务院《统筹推进世界一流大学和一流学科建设总体方案》的要求，推进世界一流大学和一流学科建设。学校坚持把立德树人、提高质量作为根本任务，把服务国家、造福人类作为价值追求，把内涵发展、深化改革作为工作主线，把依法治校、制度激励作为根本保障，积极探索以部市协同为支撑的中国特色世界一流大学之路。该校提出的“三步走”战略是，到 2020 年，学校整体实力稳步进入世界百强，若干学科进入世界一流前列，若干学科方向进入世界十强；全面完成学校综合改革，形成卓越的创新人才成长体系、科学技术创新体系、社会服务支撑体系、文化传承创新体系；建成高峰凸现、大师汇聚、人才辈出、学术卓越、制度规范、文化先进的“综合性、研究型、国际化”世界一流大学。到 2030 年，学校整体实力进入世界一流大学前列，主干学科位列世界三十强，若干学科方向具有世界领先地位，产生一批世界级的

① 武汉大学. 2019. 武汉大学一流大学建设高校建设方案（精简版）. http://info.whu.edu.cn/__local/1/D3/15/A95108BB892382B1E7314363B3A_3151EAF4_81800.pdf.

② 华中科技大学. 2017-12-11. 华中科技大学一流大学建设高校建设方案. http://xxgk.hust.edu.cn/info/1165/1933.htm.

原创性研究成果；成为世界级学术大师荟萃的人才集聚地、前沿学术科技的创新主阵地、引领社会进步的思想策源地、各国优秀学子的求学目标地。到2050年，学校全面建成世界一流大学，在国家富强、民族复兴和人类文明进步的进程中做出卓越贡献，学校整体实力稳居世界一流大学前列[①]。

3.3.2 形成了初步的战略控制思想

战略控制思想是大学对战略控制问题进行认识和研究的系统化思维活动成果，先进、科学的战略控制思想对大学取得战略控制良好成效具有重要积极影响。20世纪90年代中期以来，北京大学、清华大学、武汉大学、华中科技大学和上海交通大学分别制定了加快世界一流大学建设的发展战略规划。在实施过程中，五所大学都认识到战略控制是战略管理的一个必需部分，是发展战略实现的关键，需要定期进行调整，不断完善。五所大学在战略控制实施过程中，随着对战略控制问题研究和认识深入，都初步形成了“分段实施，分段控制”的思想，以期稳步实现战略目标。

北京大学在20世纪末提出分两步走的战略设想，第一步，统一办学思想，拓宽学校功能，加快体制改革和结构调整，组建一所真正的综合性大学，创建一批高水平的人才培养基地、知识创新基地和产学研结合基地，取得一批标志性成果；第二步，在完成第一步目标基础上，按照国际公认的世界一流大学标准，全面推进各项事业。清华大学在20世纪90年代提出了“三个九年，分三步走”的战略步骤，以确保重点突破，跨越发展。第一个九年（1994~2002年），初步实现向综合性的研究型大学的过渡；第二个九年（2003~2011年），力争跻身于世界一流大学行列；第三个九年（2012~2020年），努力在总体上达到世界一流大学水平。武汉大学在21世纪初叶制定了“三步走”战略，第一步，初步建立与一流大学相适应的现代大学管理体制和支撑机制，增强服务国家战略需求和地方经济社会发展的能力；第二步，学校综合实力全面提升，研究生整体培养质量达到世界一流，国际影响力显著增强，整体建成世界一流大学；第三步，具备较为完善的中国特色现代大学制度，人才培养质量达到世界一流水平，学校整体实力和核心竞争力进入世界一流大学前列。华中科技大学也在近年提出了“强基础、上水平、占高峰”的三步走战略，第一步，学校综合实力得到显著提升，学校部分学科进入世界一流行列，初步进入世界一流大学行列；第二步，学校一批学科进入世界一流前列，建成世界一流大学，为国家建成世界科技强国和2035年基本实现社会主义现代化做出显著贡献；第三步，进入世界一流大学前列，享有崇高国

① 上海交通大学. 2017-12-31. 上海交通大学一流大学建设方案. https://plan.sjtu.edu.cn/info/1025/1209.htm.

际声誉，为国家建成高等教育强国和全面实现社会主义现代化做出更大贡献。为建设综合性、研究型、国际化的世界知名高水平大学，上海交通大学也调整制定了“三步走”的发展战略，到 2020 年跻身世界一流大学行列，若干学科进入世界一流前列；2030 年进入世界一流大学前列，若干学科方向具有世界领先地位；2050 年建成卓越的世界一流大学。

3.3.3　将战略控制列入战略管理制度

战略管理制度是关于战略管理的规则，其制定旨在规范组织发展战略的规划、决策和实施程序，保证组织战略管理工作的科学性和有效性，确保组织战略管理目标实现。研究型大学制定完善的战略管理与战略控制制度，能够规范大学发展战略实施，为大学战略管理工作的科学性和有效性提供保障，有助于大学战略管理目标达成。

调研发现，在对战略控制初步认识的基础上，北京大学、清华大学、武汉大学、华中科技大学和上海交通大学都将战略控制作为一项重要内容列入学校的战略管理制度之中。五所学校都认为，在大学发展战略的实施过程中，所有的战略规划、专项规划、行动计划都要进行监控，特别要注重分析风险存在的领域，如高新科研项目、工程项目、财务状况等，并以文本的形式在学校发展战略规划及相关文件中对战略控制的主要内容、主要责任者、控制时间等做了简洁的规定。

3.3.4　赋予组织以战略控制功能

战略控制组织是实施战略控制的主体，以战略控制为主要职能。战略的实施离不开组织结构这一实施载体，组织影响着战略的选择与形成过程，通过组织调整手段来推进战略的实施是一种传统的控制方式。为使战略控制落到实处，北京大学、清华大学、武汉大学、华中科技大学和上海交通大学都将战略控制功能赋予相应的组织。这些组织尽管没有统一的名称，因校而异，却实施着大体相同的功能，分别在学校宏观层面、管理层面、财务层面、资源层面、学术层面对落实发展战略的情况进行监控。

北京大学于 1999 年组建的发展规划部是校党委和校行政领导下对学校的发展规划进行研究、论证、贯彻与落实的职能部门。发展规划部下设战略规划办公室，该办公室负责学校五年规划、中长期发展规划、远景规划等综合性、宏观性、战略性规划的编制工作，致力于研究、科学论证学校中长期发展规划和阶段性规划、学校改革与发展的重大问题与重要政策等①。根据创建世界一流大学目标及教育与科学研究的可持续发展要求，战略规划办公室对校园发展规划进行研究，提出方案和建议，组织编制北京大学校园总体规划和校园近期建设规划，制定实施方案。清华大学发展规划处于2015年7月成立，下设事业规划办公室、学科规划办公室、校园规划办公室和综合事务办公室四个办公室，事业规划办公室主要承担事业发展规划编制、二级单位机构设置和变更管理职能；学科规划办公室主要承担"双一流"建设的统筹、学科规划与建设管理的职能；校园规划办公室主要承担校园规划编制（或修订）基本原则的确定、基本建设规划的制定和建设项目立项管理的职能；综合事务办公室负责学科建设专项资金管理相关工作，承担部门日常运转具体工作②。武汉大学于2003年12月成立发展规划与学科建设办公室，负责学校发展战略与学科建设的整体规划及管理工作，从体制机制上将发展规划与学科建设紧密结合，将发展规划与学者、学生、学术紧密结合，将发展规划与重点专项建设紧密结合③。华中科技大学于21世纪初成立发展规划与学科建设处，该处负责学校发展规划组织编制与推进，学科建设规划组织编制与推进，"双一流"建设状态监测与监督等工作④。上海交通大学于1999年成立规划发展处，是国内高校首家战略规划部门，主要职能是研究和制定学校中长期发展战略规划，配合职能部处制定相关的专项规划，组织和指导院系制定中长期发展规划；研究和制定学校学科发展规划，跟踪分析学科发展状况与建设进展⑤。

3.3.5 把信息反馈作为控制的主要途径

信息反馈既是战略控制实施前的决策基础，也是一种响应机制。信息反馈主要为管理者提供组织行为及其结果的相关信息，是管理者进行决策的依据。战略控制的实质是通过信息反馈、发现偏差、分析原因、采取措施予以纠正。通过反馈控制，管理者可以建立目标、衡量执行情况、决定期望值是否背离。学校内部信息沟通状况决定着研究型大学战略控制的成败，战略控制的过程就是信息反馈处理的过程。顺畅的信息沟通反馈可使管理者制定出科学合理的战略控制策略，有利于获得师生对战略控制工作的理解和支持。北京大学、清华大学、武汉大学、华中科技大学和上海交通大学在执行发展战略的过程中都认识到，有效监控的关键是获取有关发展战略实施的准确信息，于是它们都十分重视信息建设，将

① 北京大学发展规划部. 战略规划办公室职责. https://zys.pku.edu.cn/bmgk/zlghbgs/index.htm.

② 清华大学发展规划处. 部门概况. https://www.tsinghua.edu.cn/fzghc/bmgk.htm.

③ 武汉大学发展规划与学科建设办公室. 部门概况. http://fzghb.whu.edu.cn/bmgk/bmjj.htm.

④ 华中科技大学发展规划与学科建设处. 部门职责. http://odp.hust.edu.cn/bm/bgzz.htm.

⑤ 上海交通大学规划发展处. 部门简介. https://plan.sjtu.edu.cn/jggk/bmjj.htm.

信息沟通作为促进战略目标实现的一种主要途径。五所学校不但重视利用报告会、宣传栏、广播、电视等传统媒介，而且积极开发新兴媒介功能——网络的及时互动功能，通过信息反馈，了解发展战略进展情况。

北京大学打破“信息孤岛”，整合数据资源，做好重要数据的归档工作，推进学校数据仓库建设，提取学校发展的关键性指标，形成量化体系、动态更新，实现对学校运行状态的实时监测。清华大学通过学校主页的信息公开专栏以及校内信息门户网站，主动公开清单所列全部事项，并明确相应信息公开负责部门，通过规范完善信息、公开工作流程不断丰富信息公开方式方法，改革探索信息公开平台机制。武汉大学深入推进信息公开，着力推进决策公开、执行公开、管理公开、服务公开和结果公开，通过网络及微平台载体、传统媒介平台、会议平台、特色活动栏目等方式和途径，主动公开信息。华中科技大学注重通过门户网站、文件、文本和其他新闻媒体等形式主动公开信息。上海交通大学重视编制信息化建设总体规划和年度计划，组织落实监督实施。

3.3.6　以评估作为战略控制的重要手段

战略评估是战略控制的基本凭借，也是战略控制的重要手段。一般而言，战略控制是在整体战略实施取得阶段性成果时，运用评估手段衡量整体战略是否需要做出改变。实施控制系统在实施控制之前需要对预设标准或目标做出体系化评估，运用绩效考核指标对发展战略执行情况进行考察、评价和测量。大学只有周期性地回顾和评估自己的发展战略及计划，并进行相应调整和发展，才能保证发展战略及其计划的适应性，有效地实施战略规划、进行战略管理（周巧玲，2009）。

北京大学、清华大学、武汉大学、华中科技大学和上海交通大学都认识到学校应当定期对操作性行动计划进行检查评估，以便对发展战略的实施有一个全面的认识。五所学校都把评估作为一种重要手段检测战略进程，规定与每年一度的年终测评相结合，各个部门汇总各自情况后由学校规划人员或高级管理人员参考发展规划及相关指标，制作出全校每年度的评估报告。其中，学科评估过程和结果对学科建设与发展方向具有参考及借鉴作用，学校通过学科评估对学科建设和学校发展发挥督促与导向作用，推进世界一流大学建设进程（何峰和姜国华，2015）。北京大学组建“双一流”专家委员会，加强对重大项目、重大决策、重大举措的咨询指导和评估论证，借鉴国际标准，突出中国特色和各学科特点，制定学科发展目标和评估体系，推进理工科院系和新体制机构国际同行评议，探索中国特色的人文社科和医学学科评估机制，实现自我发展、自我约束、动态调整。

3.4 研究型大学战略控制问题的调研分析

研究型大学战略控制尽管取得了明显成效，但还存在一些问题。本书通过对五所研究型大学战略控制状况进行调研，发现我国研究型大学战略控制普遍存在着战略控制目标不明确、战略控制理念未入人心、战略控制制度不完善、战略控制组织不健全、信息建设未成系统、战略评估流于形式等方面的问题，阻碍了大学的可持续发展（陈新忠和李忠云，2007b）。

3.4.1 战略控制目标不够确切鲜明

目标定位是高校发展愿景的体现，通过制定和实施大学战略规划将目标定位化为师生的共同愿景已成为我国大学战略管理的重要共识。目标定位在高校战略规划中起着承上启下的作用，是高校使命的具体化，对高校战略规划至关重要。战略控制的第一步就是明确战略控制目标，战略控制目标与战略管理目标一致或相同，是实施战略控制的组织对学校执行战略后所取得成果的预期。战略控制目标是战略控制的核心内容，研究型大学战略控制的重要目的是使研究型大学实际取得的效果尽量符合其战略规划。

尽管北京大学、清华大学、武汉大学、华中科技大学和上海交通大学都以建设“世界一流大学”或“世界知名高水平大学”、“国内外知名高水平大学”作为本校发展的战略目标，但因五所学校情况不同，凭依的条件不同，具体的战略控制目标应有所差异。从问卷调查情况来看，五所学校并没有制定具体的具有自己特色的战略控制目标，战略控制目标因过分趋同而缺乏竞争性，战略控制目标在学校师生中也没有形成广泛的知晓度。如表 3-9 所示，关于学校师生对本校战略控制目标的关心程度，在本书问卷调查的1 935名对象中，90%以上的师生表示对学校战略目标持认真态度，只有 3.67%~9.67%的人对学校战略目标表示出无所谓的态度；但是，参与问卷调查的对象中有 93.33%（即 1 806 人）表示，对本校战略控制的具体目标不清楚，仅有约 3.00%（即 58 人）表示清楚了解本校战略控制的具体目标；综合战略控制的具体目标、当年战略的发展重点、战略控制的重大措施、战略控制的具体手段、个人促进战略的工作五项调查项目结果显示，平均有 83.67%的人不了解战略控制目标的相关内容，因而面对战略目标，有 71.67%的人表示出无所适从，不知道在实现大学战略目标的过程中自己应该做些什么。在对五所学校 310 名师生的访谈中，270 名受访者表示对表 3-9 所列出的五项内容不清楚，25 名受访者表示了解表内的一部分内容，其余 15 名受访者对此持无所谓态度。综合以上分析可以得知，五所学校的战略控制目标不够清晰明确，广大师生不了解本校战略控制目标的相关内容。

表 3-9　五所研究型大学战略控制具体目标及其效度

效度	不清楚	无所谓	清楚
战略控制的具体目标	93.33%	3.67%	3.00%
当年战略的发展重点	85.00%	4.67%	10.33%
战略控制的重大措施	88.33%	5.00%	6.67%
战略控制的具体手段	80.00%	6.67%	13.33%
个人促进战略的工作	71.67%	9.67%	18.67%

3.4.2　战略控制理念还未深入人心

战略控制理念是大学对“战略控制是什么”、“为什么实施战略控制”及“怎样实施战略控制”等一系列问题形成的理性认识，指导着大学战略控制的运行。理念是行动的先导，战略控制的实施需要大学管理者和大学师生在具体战略控制理念指导下共同努力。战略控制理念在全校师生心目中的内化程度直接影响战略控制的实施效果，进而影响大学战略目标的实现程度。

从表 3-10 可以看出，在本书进行问卷调查的 1 935 名对象中，只有 3.31%的师生（64 人）表示了解本校战略控制思想与理念，而约 95.00%的师生（1 838 人）对本校战略控制思想与理念不了解；平均有 82.67%的师生不了解本校战略控制理念的相关内容（即表 3-10 所列战略控制思想与理念、战略控制的具体含义、战略控制的实施原因、战略控制的具体内容、个人在战略中的作用五个方面），仅有平均 12.06%的师生表示了解；75.00%的师生不了解自己在学校实施发展战略中的作用。对五所学校 310 名师生的访谈中，295 名师生不清楚本校战略控制理念及其相关内容，9 人表示了解一些，6 人持无所谓态度，与问卷调查状况相一致。综上分析，五所研究型大学的战略控制理念还没有深入广大师生的心田，说明我国大学战略控制的思想理念还没有真正确立起来，还没有形成和谐的战略控制校园文化氛围，师生参与学校战略控制的积极性没有调动起来。

表 3-10　五所研究型大学战略控制理念及其效度

效度	不了解	无所谓	了解
战略控制思想与理念	95.00%	1.71%	3.31%
战略控制的具体含义	80.00%	8.33%	11.67%

续表

效度	不了解	无所谓	了解
战略控制的实施原因	83.33%	3.33%	13.33%
战略控制的具体内容	80.00%	5.00%	15.00%
个人在战略中的作用	75.00%	8.00%	17.00%

3.4.3 战略控制制度依然有欠完善

战略控制制度是对战略控制行为引导和约束的规范，制度的完善与否影响着行为的正确性、持续性和有效性。研究型大学战略控制中每项措施的实现都需要管理制度予以保障，为保证战略控制与战略措施有效施行，研究型大学需要制定一套完备的战略控制制度文件。研究型大学在实施战略控制过程中既要注重实体性规章制度建设，用制度科学界定参与者的权利与义务，明确各项工作的目标及要求，又要注重程序性规章制度建设，用制度规范战略控制的执行。

制度是执行的有力保证，制度设计和制度建设是学校战略管理工作的基础，是战略控制执行的保证，制度的缺失将造成执行力弱化。如图 3-2 所示，在本书进行问卷调查的1 935名对象中，仅有约3.00%的师生（58人）表示学校有战略控制的具体文件和制度，而 22.02%的师生（426 人）表示学校没有战略控制的文件和制度，约 74.99%的师生（1 451 人）对学校有无战略控制的文件和制度不了解。在对五所学校 310 名师生的访谈中，236 人对本校战略控制的具体文件和制度不清楚，65 人认为学校无此制度，只有 9 人表示本校有此制度。综合以上分析可以推知，五所研究型大学的战略控制制度还不完善，虽然学校针对战略控制制定了相关的文件和制度，但高达约 97.00%的师生不了解该文件和制度，那么该制度也难以发挥出其应有的作用，难以推动各项战略工作开展。

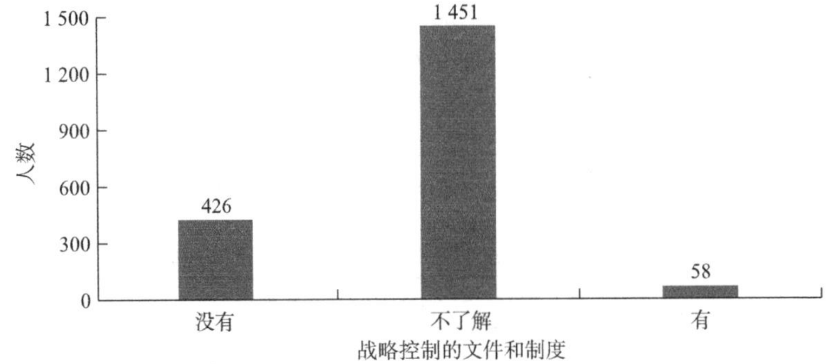

图 3-2 五所研究型大学战略控制文件和制度问卷调查状况

3.4.4　战略控制组织仍不完备健全

组织是指为实现共同目标而进行各种分工、协作活动的结构载体，是由各个分系统有机联系而成的系统体系，战略控制的实施离不开组织这一载体。在复杂多变的内外部环境中，研究型大学要保证战略控制效果和质量，仅仅依靠单一的管理者是不够的，必须要有战略团队配合。研究型大学战略规划的实施是各学科专业规划的实施、各单位的规划实施及整个大学规划实施的混合体，学校战略规划的有效实施有赖于各个组织的密切合作。总而言之，战略控制组织是战略控制的谋划者和实施者，组织的健全与否直接关系到研究型大学战略控制是否能够顺利开展。

与企业、行政部门等组织相比较，研究型大学的突出优势是具有各学科的专业研究人员，具备专业知识的专业人士能够使学校战略控制工作更具科学性。然而，组织的缺位严重影响了研究型大学战略控制的效果。图 3-3 显示，在本书进行问卷调查的 1 935 名对象中，仅有约 5.99%的师生（116 人）表示学校有战略控制的具体组织机构，而约 17.98%的师生（348 人）则表示学校没有战略控制的组织机构，76.02%的师生（1 471 人）对学校有无战略控制的组织机构不了解。对五所学校 310 名师生的访谈也显示，236 人对本校战略控制的组织机构不清楚，56 人认为学校无此组织，只有 18 人表示本校有此机构。综合以上调查可以推知，即使学校存在战略控制的组织机构，不了解该组织机构的师生达到约 94.00%，那么一方面说明该组织机构没有发挥出其应有的功能，另一方面说明相应的基层组织还没有建立，各个部门责任及板块战略任务没有落实到位，战略控制仍然没有真正被重视起来。

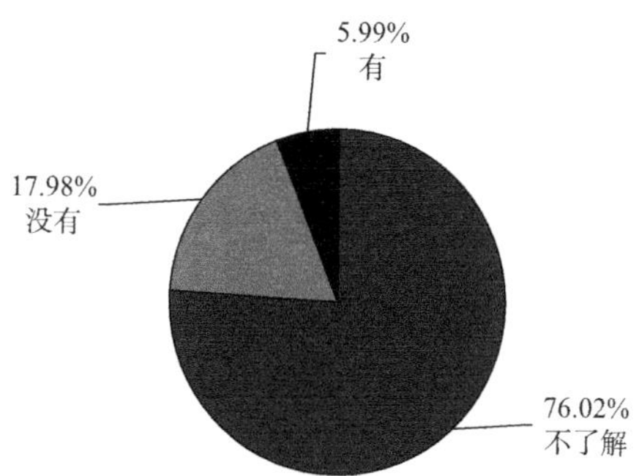

图 3-3　五所研究型大学战略控制组织机构问卷调查状况

3.4.5　信息建设尚未形成系统

准确及时的信息既是研究型大学实施战略控制的重要依据，也是研究型大学战略控制的调节手段。在研究型大学战略控制实施中，准确、全面的内外部信息是实现战略目标的重要保障。强化信息系统建设、改善信息沟通状况，是研究型大学战略控制实施的基础和前提，也是做好战略控制工作的重要保证。

然而，图 3-4 显示，在本书问卷调查的 1 935 名对象中，约 23.00%的师生（445 人）认为所在学校没有为实现战略目标而设置信息反馈系统，75.66%的师生（1 464 人）对学校有无战略控制的信息反馈系统不了解，仅有 1.34%的师生（26 人）认为学校设有战略控制的信息反馈系统；图 3-5 显示，97.16%的师生（1 880 人）没有为所在大学实现战略目标提过意见和建议，仅有 2.02%的师生（39 人）表示为所在学校实现战略目标私下进行过讨论，表示提过意见和建议的只有 0.83%的师生（16 人）。对五所学校 310 名师生的访谈显示，226 人对本校战略控制的信息反馈系统不清楚，65 人认为学校无此系统，只有 19 人表示本校有此设置。查看五所大学的校园网显示，网页上很多数据和信息没有及时更新，少则滞后几个月，多则落后一两年，大学与外界的信息沟通工作还不到位。以上调查表明，五所研究型大学战略控制信息反馈网络还没有完全建立起来。

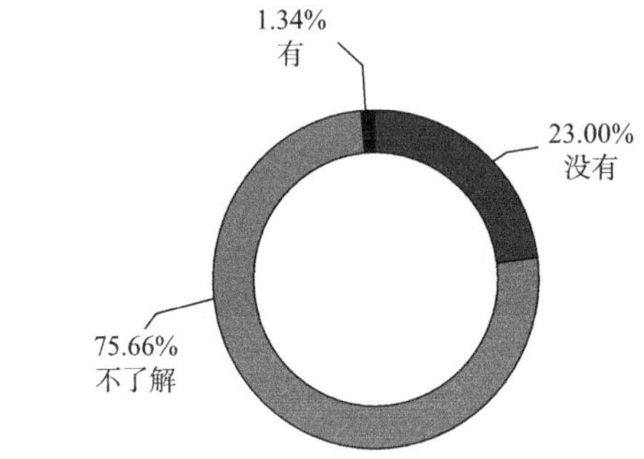

图 3-4　五所研究型大学战略控制信息反馈渠道问卷调查状况

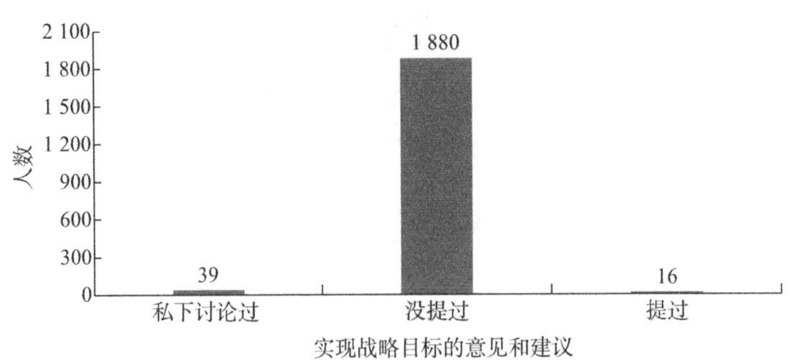

图 3-5　五所研究型大学中师生对战略目标实现的意见和建议问卷调查状况

3.4.6　战略评估较多流于形式

战略评估是为战略控制而做的必要准备工作，以便摸清战略进展，调整战略措施。对研究型大学的战略进展进行评估，可以让研究型大学更加清楚地认识学校发展战略规划的执行情况。

如图 3-6 所示，在本书进行问卷调查的 1 935 名对象中，85.01%的师生（1 645 人）对所在大学有无对战略目标进度进行考评不了解，约 11.99%的师生（232 人）则认为所在学校没有对战略目标进度进行过考评，仅有约 3.00%的师生（58 人）认为学校对战略目标进度进行过考评。对五所学校 310 名师生的访谈也显示，251 人对本校有没有进行战略目标进度考评不清楚，40 人认为学校无此考评，只有 19 人表示本校进行过这种考评。综上调查表明，五所研究型大学没有对学校发展战略进度进行深入、专门的评估，评估状况和结果也没有及时告知广大师生。

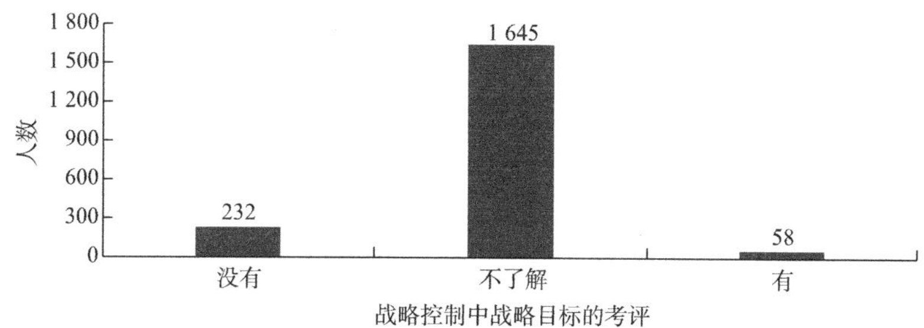

图 3-6　五所研究型大学战略控制中战略目标考评问卷调查状况

3.5　研究型大学战略控制症因的调研分析

战略管理源于企业，研究型大学在借鉴企业战略管理的实践过程中出现了盲目照搬企业管理模式现象。研究型大学在实施战略管理中，不同的实践者基于不同的认识从各自立场出发，从不同角度借鉴企业战略管理来指导大学战略管理实践，致使局面混乱（陈新忠和李忠云，2007b）。彼德森指出，在不断变动的高等知识产业环境中，研究型大学应该重新考虑其角色、定位与外界关系，并且主动地改变外部环境和大学内部安排以成为新的知识产业中更为有效的竞争者（Peterson，1999）。目前，研究型大学战略控制主要局限于依据战略规划目标考察目标任务的完成程度，监控各项工作不偏离既定战略目标，依据发展变化分析、评估、微调发展战略规划，还未从根本上反思研究型大学战略管理的本质追求。当前我国研究型大学战略控制出现的问题，既有内部原因，也有外部原因，是内外因共同影响的结果。

3.5.1 原有战略规划科学论证不足

战略规划是对组织定位及其实现途径的谋虑，战略规划科学与否影响到实施中一系列环节的相应效果。对于发展战略目标，研究型大学在制定战略规划过程中，负责大学战略规划的领导者及其团队应该考虑到以下问题：目前大学前进的方向是否恰当？对于大学发展主要趋势和变化的假设是否正确？我们所做的都是关键且必要的事情吗？从近几年教育部本科教学水平评估反馈意见综合来看，受各种因素影响，我国许多大学战略规划所确定的学校发展目标还不够明确，尚有完善的空间。当前，战略控制在我国高等院校尚未全面铺开，部分高校领导对战略控制认识还不充分，缺少一定的经验总结和正确指导，战略管理实施能力比较有限。究其深层原因，研究型大学战略规划缺少科学理论及方法指导，导致已有发展战略规划欠缺科学性和系统性，引发了一系列负面连锁反应。

北京大学、清华大学、武汉大学、华中科技大学和上海交通大学的已有战略规划不科学主要表现如下：①战略目标相同或相似。五所研究型大学都将“世界一流大学”“世界知名大学”作为战略取向，目标雷同，如出一辙；②战略定位没有反映特色。五所大学没有通过研究世界一流大学的教育教学水平、科研水平等，结合自身特点，制定出像“美国西南航空公司代表‘单一经济舱飞行’、微软代表‘PC软件’、英特尔代表‘电脑芯片’、思科代表‘网络产品’、IBM代表‘集成电脑服务’、吗丁啉代表‘强效胃药’、江中健胃消食片代表‘助消化’、王老吉代表‘罐装凉茶’”等一样具有独特性、个性化的战略定位；③战略目标缺乏系统性。战略目标应包括总目标及其指导下的子目标，五所大学没有制定相应的具体、明确的子战略，最终将可能导致抽象、笼统的战略总体目标延期完成或无法实现。谈到学校“双一流”发展战略，北京大学党委书记郝平表示，“北京大学办学特色不够鲜明，没有完全形成自己的风格和学派，没有在全体师生中牢固树立教育与学术自信”（叶雨婷，2017）。由于战略规划不科学，规划的落实工作很难开展，战略控制的相关制度很难完善。

3.5.2 战略管理思想文化建设薄弱

战略控制是高教领域的新生事物，要想卓有成效地开展，一定要有促进其成长的思想文化氛围。我国大学发展战略规划专家别敦荣（2010）指出，大学战略发展规划有助于大学形成一种系统理性的发展哲学、一套全员主动参与的管理理念和一个注重效率的发展观；能够使大学明确发展方向，凝聚人心，为人们提供工作依据。研究型大学战略控制是在高等院校校园组织文化所规范的精神和价值观指导下形成的，实施学校战略控制绝不仅仅是学习高层领导及其团队的事情，也不是学校规划部门人员的事情，而是大学相关利益群体全员参与的任务。如果战略控制的地位在战略管理中没有得到体现，战略控制就得不到广大师生的支持，将导致学校师生对战略控制缺乏深入了解，对自己在战略控制中的作用也不会有深入认识。

北京大学、清华大学、武汉大学、华中科技大学和上海交通大学现有战略管理思想文化建设薄弱主要表现如下：①认知上不足。五所高校对学校战略管理还没有形成系统成熟的认识，也没有将其贯彻到广大师生之中；②思想上不够重视。五所高校现在已经是国内一流大学，享有得天独厚的生源、教师和资金支持，一些管理者认为学校不进行战略管理就能较好发展，所以即使制定了发展战略，也没有全力予以实施和推进；③文化上缺乏建设。五所高校没有围绕学校战略管理开展广泛的思想宣传、完善的制度建设、妥帖的人文塑造等，没有用战略管理文化来凝聚师生之心。在研究型大学战略控制中，师生的参与源于对战略管理及控制的认可，师生的参与能够促进战略控制共识文化的形成。当前我国研究型大学对战略控制没有给予足够重视，思想文化建设上的薄弱使得广大师生对学校战略管理和战略控制认识淡漠，战略控制的制度未能深入人心，师生不能主动适应并促进其发展。

3.5.3　战略控制理论研究滞后

战略控制理论是战略控制行动的先导，理论上的不完善必然会导致行动上的茫然和混乱。我国高校战略管理起步较晚，战略控制尚属于经验摸索阶段，主要是借鉴企业管理和国外高校成功经验，战略控制理论在战略管理研究中还没有统一的核心概念和研究路径。

北京大学、清华大学、武汉大学、华中科技大学和上海交通大学战略控制理论研究滞后主要表现如下：①复制企业战略控制程序。五所高校在制定发展战略规划实施文件时只是仿照企业战略控制过程，象征性地提到了战略控制程序，如收集信息-进行评估-采取控制措施等；②探索高校特色战略控制体系者较少。五所高校的高教理论工作者大多探索战略规划如何制定、战略管理如何开展等，对作为最后环节的战略控制很少探讨；③未有高校战略控制的成熟理论出现。无论是五所高校，还是五所高校之外，目前还没有发现有关高校战略控制的成熟理论。研究型大学战略控制理论上的滞后，使得研究型大学战略控制工作开展举步维艰。

3.5.4 战略控制实践探索较少

实践出真知，邓小平“摸着石头过河”为中国人民找到了一条改革开放的富裕之路。战略控制实践上的探索能帮助我们发现和解决问题，实践中的畏缩不前则只能延缓战略实现的进程。目前，我国研究型大学尽管实施战略管理多年，但是尚未有完全建成世界公认一流研究型大学的完整案例。

北京大学、清华大学、武汉大学、华中科技大学和上海交通大学战略控制实践探索不够充分主要表现如下：①战略控制实践止于文件制定。五所高校大都只将战略控制作为一项内容写入战略规划实施的相关文件之中，然后束之高阁；②战略控制实践止于职能划分。五所高校为落实战略规划，大都在战略管理工作的分工中对控制职能做了相应的划分，因为战略管理处于探索阶段，加上高校管理者思想认识上的偏差，战略控制工作几乎没有相应开展；③战略控制实践止于总结。五所高校都以年度总结或其他总结形式重提战略目标，“报喜不报忧”地检查和回顾战略工作，然后将其搁置一旁，实践上不敢开拓进取致使高校战略控制的各项工作滞后，影响了高校战略目标如期实现。

3.5.5 战略控制实施能力不及

战略控制的有效性不仅取决于所制定发展战略的科学性和合理性，更取决于能否将制定的发展战略转化为行动，这对高等学校战略控制的实施能力提出了挑战。实施能力是战略控制开展的基础，战略控制实施能力的高低影响着战略控制的效果。高等学校战略控制实施能力普遍与预期能力存在一定差距，主要有两个方面的原因：第一，重视战略控制措施制定，轻视战略控制措施实施。重规划、轻实施是大学战略管理中较为普遍的情况，“规划、规划，墙上挂挂”就是其现实写照。部分高校领导管理层认为战略规划及控制措施就是撰写文本，忽视了对其实际可行性的深层次考虑。第二，重视整体规划，忽视权责分配。战略规划及其控制所关注的、要解决的是高等学校实际发展与发展规划文本相一致的问题，部分高等学校在实施战略控制时，只模糊笼统地关注大学总体战略目标实现情况，而忽视了对实施战略控制中各项权责的界定，最终影响了战略控制实施成效。

北京大学、清华大学、武汉大学、华中科技大学和上海交通大学战略控制实施能力不足主要表现如下：①战略控制理论知识薄弱。由于战略管理是一门新兴科学，五所高校的管理者对企业尤其是高校战略控制理论知识积淀较少；②战略控制实际操作经验较少。由于没有先前经验，在实际运作中，五所高校的管理者有的关注整体性战略问题而忽视具体的战略措施和行动计划，有的只重视具体举措而忽略全局性战略，难以协调和两全；③战略控制措施较少施展。知识上的欠缺和实践上的缺乏使得五所高校的管理者不敢轻举妄动，较少采取控制措施。战略控制实施能力不足影响了战略控制的开展，使得战略控制的效果大打折扣。

3.5.6　传统管理体制影响深远

高校管理体制是高校战略控制开展的重要凭借条件之一，管理体制的科学化程度影响着战略控制的成效。我国高校管理体制受计划经济体制影响深远，尽管近些年进行了持续改革，但计划经济时代的管理体制痕迹仍然存在。

北京大学、清华大学、武汉大学、华中科技大学和上海交通大学现行管理体制中的问题主要表现如下：①旧的管理体制影响深刻。五所高校虽然逐渐建立了面向市场经济的管理体制，但仍然存在着依赖政府行政指导和财政支持的惯性思维，享受着国家的管理和给予，自我谋求生存的竞争意识不强。②新的管理体制还不完善。作为一种新的运行方式，战略管理是一种截然不同于传统计划经济体制和现行市场经济体制基础上当前高校管理的经营方略，在五所高校中，适宜于高校战略管理运作的学校管理体制还没有建立和健全，没有高度重视战略管理相关组织的设置及其职能的发挥。③高校管理体制改革缓慢。清华大学 1994 年便制定了建设“世界一流大学”的战略规划，其他高校相继出炉类似发展战略，但研究型大学管理体制却没有相应及时进行改革，战略管理机构姗姗来迟。关于传统体制带来的影响，北京大学党委书记郝平认为，“现有体制机制不能很好地适应发展需要。在一些领域，改革推进比较迟缓，有的领域甚至矛盾叠加。要实现新旧体制的顺利融合，还有大量耐心细致的工作要做”（叶雨婷，2017）。研究型大学管理体制中存在的问题影响了战略控制的正常进行，使得战略目标难以按计划实现。

3.6　本 章 小 结

研究型大学战略控制是在学校战略规划实施过程中，通过多种监督和纠错手段，保障发展战略的如期实施，最终达到预定目标的管理活动。我国研究型大学战略管理与控制情况显示，各高校发展规划实施均取得了一定效果，但已建立的评估机制还未制度化，缺乏评估标准和更为科学有效的评估与控制方法，使得研究型大学发展战略更多停留在文本规划上，发展战略目标与学校发展实际相符度不高，失去了制定战略规划应有的价值与意义。

透过北京大学、清华大学、武汉大学、华中科技大学和上海交通大学五所研究型大学战略管理及控制发展脉络可以发现，研究型大学发展历程中战略控制是促使学校快速发展的助推器。研究型大学战略目标难以实现或实现程度不高，与缺少有力的战略控制直接相关。由于起步较晚，我国研究型大学战略控制尚处于发展初期。课题组对北京大学、清华大学、武汉大学、华中科技大学和上海交通大学五所研究型大学的综合调研暴露，我国研究型大学战略控制普遍存在战略控制目标不够确切鲜明、战略控制理念还未深入人心、战略控制制度依然有欠完善、战略控制组织仍不完备健全、信息建设尚未形成系统、战略评估较多流于形式等方面的问题，阻碍了研究型大学可持续发展。当前我国研究型大学战略控制出现的问题，既有内部原因，也有外部原因，是内外因共同影响的结果。其中，原有战略规划科学论证不足、战略管理思想文化建设薄弱、战略控制理论研究滞后、战略控制实践探索较少、战略控制实施能力不及和传统高校管理体制影响深远是引发研究型大学战略控制现存问题的主要原因。

研究型大学战略规划实施是一项复杂的系统工程，把战略控制作为学校战略规划的一个内在手段与制度，有利于学校整体掌握战略规划所面临的内外部环境、战略实施进度和实施进展效果，及时为学校管理人员和战略决策者提供战略动态调整的决策依据，保证学校战略管理顺利推进、发展战略规划如期实现。战略控制是在对学校发展现状和学校内外部环境分析、评估的基础上实施的，可以使学校战略定位更加明确。只有根据内外部环境变化不断推进战略控制，才能最大限度地使学校发展战略与学校发展状况相融合，促使学校发展战略在学校发展中真正发挥主导作用。研究型大学要想获得长足发展，必须采取科学有效的战略控制。面对国际国内激烈竞争环境，为赢得竞争优势、获得更好发展，研究型大学必须更加重视学校战略管理中的战略控制效能。

第4章　美国研究型大学战略控制的经验与启示

20世纪80年代，“战略规划”在美国被引入高等教育领域，美国大学纷纷开始实施战略规划活动。战略控制为大学战略规划实施规定了范畴，也为战略规划实施提供了可资借鉴的评价标准。研究型大学战略控制不同于战略管理的过程控制，既具有动态性特征，又蕴含着大学发展的核心命题。目前国内对大学战略控制的相关研究较少，还未形成该领域深层次系统化成果。世界一流大学的崛起大多得益于战略领导，普遍关注战略规划实施和评估，重视通过战略控制不断调整和完善规划，以更好地适应内外部环境变化（张梦晨，2021）。鉴于此，本书选取了美国具有代表性的四所知名世界一流研究型大学——耶鲁大学、哈佛大学、宾夕法尼亚州立大学和威斯康星-麦迪逊大学，解读四所研究型大学战略规划文本，综合分析四所研究型大学的战略控制环节，总结四所研究型大学战略控制的特点及经验，以期对我国研究型大学实施战略控制提供借鉴与参考。

4.1　耶鲁大学战略管理与控制的案例分析

21世纪是耶鲁大学的第四个世纪，也是经济和文化全球化的扩张世纪。耶鲁大学是一所坐落于美国康涅狄格州纽黑文（New Haven）的世界著名私立研究型大学，也是美国东北部老牌名校联盟——常青藤联盟的成员，还是八所常春藤盟校（这八所院校包括哈佛大学、宾夕法尼亚州立大学、耶鲁大学、普林斯顿大学、哥伦比亚大学、达特茅斯学院、布朗大学及康奈尔大学）中最重视本科教育的大学之一。耶鲁大学作为美国最古老的大学之一，曾一度被认为是保守的代名词。但是在国际化问题上，耶鲁大学率先迈出了前进步伐，提出了放眼世界的发展愿景，制定了“全球化教育领导者的旗舰级大学”战略目标。时至今日，耶鲁大学已成为世界上国际化程度最高的大学之一。耶鲁大学的国际化转型战略使其在国际化发展中取得了伟大成就，也为其他大学提供了借鉴。

4.1.1 耶鲁大学战略管理与控制概况

耶鲁大学以倡导通识教育、培养领袖人才、开展卓越研究而著称，尤其以坚持文化品格上的“保守性”而区别于美国其他研究型大学。耶鲁大学最初由康涅狄格州公理会教友于 1701 年创立，1716 年迁至康涅狄格州的纽黑文。耶鲁大学作为美国最具影响力的私立大学之一，是美国历史上建立的第三所大学，其本科学院与哈佛大学、普林斯顿大学本科生院齐名，历年来共同角逐美国大学本科生院国家前三名的位置，本科排名位列 2016~2017 年《美国新闻与世界报道》排行榜第三名（与芝加哥大学并列）。历史上，耶鲁大学走出了包括威廉·杰斐逊·克林顿（William Jefferson Clinton）、乔治·赫伯特·沃克·布什（George Herbert Walker Bush）在内的5位美国总统、15位美国最高法院大法官和多个国家政治要员，另有 230 位罗德学者是学校的师生或校友。截至 2020 年 10 月，在耶鲁大学的校友、教授和研究人员中，共有 65 位诺贝尔奖得主、5 位菲尔兹奖得主、3 位图灵奖得主和 16 位亿万富翁。2021 年 8 月 15 日，在全球领先的高等教育评价机构——上海软科教育信息咨询有限公司发布的“2021 软科世界大学学术排名”中，耶鲁大学位列第 11 位。

21 世纪，耶鲁大学将迈进第四个百年，也将面临更加复杂的经济文化全球化激烈竞争环境。世界各国经济相互依赖，资金跨国转移瞬间即可，产品和人员快速自由流动，但伴随着全球环境污染加速，仅靠国家层面已不可能实现经济的全面管理。全球性文化的突然出现引起世界许多地方保护价值观的防御性反应，不同种族、宗教和文化之间的关系日趋紧张。面对经济文化全球化引发的新挑战，耶鲁大学及时调整战略，进一步巩固和发展其世界一流大学的领先地位（周雁和奚丽萍，2009）。耶鲁大学将大学发展战略的目标设定为真正的全球性大学。围绕这一目标，耶鲁大学设计并实施了一系列国际化发展战略，以优先发展领袖培养和强势学科的传统为特色，并在此基础上根据全球化需求延伸和扩展大学发展，颁布实施了《耶鲁大学国际化：2005~2008年战略新框架》和《2009~2012年国际化战略框架与行动计划》，内容涉及资源、学科、人才、科研和社会服务等方面，从而在国际化发展中取得了显著成就。

4.1.2 耶鲁大学战略管理与控制的背景

20 世纪 90 年代之后，随着高等教育资源日益紧缩和大学竞争加剧，美国研究型大学兴起了战略规划热潮。1994 年，南加利福尼亚大学制定了周期为四年的战略规划。2011 年 7 月，该校又启动了第二期战略规划。以南加利福尼亚大学为开端，美国研究型大学的战略规划逐渐成燎原之势。1995 年秋季，宾夕法尼亚州立大学提出要在 1995~2002 年成为全国乃至全世界最优秀的研究型大学，并为此积极进行规划。2002 年 4 月，宾夕法尼亚州立大学董事会正式发布了名为“建立在卓越之上”的战略规划。此后，以耶鲁大学、普渡大学、加利福尼亚大学、艾莫瑞大学、加利福尼亚大学洛杉矶分校和威廉与玛丽学院等为代表的一批研究型大学纷纷启动了战略规划（陈超，2008）。

20 世纪 90 年代初，信息技术革命席卷而来，国家与国家之间的界限被彻底打破，传统交流模式被迅速取代，全球化时代应运而生。全球化进程成为时代发展的巨大推动力，经济市场和劳动力市场的全球化对高等教育提出了国际化要求，高等教育国际化成为影响国家财政、外交和社会文化的重要因素。对大学组织来说，学校的进步、教学科研水平的提高和师生个人的发展都离不开国际化。美国作为这场全球化运动的中坚力量，意识到知识的较量已经成为国家间竞争的筹码，高等教育改革在雄厚资金支持下迅速展开。耶鲁大学在这次改革中走在世界前列，分别在 2005 年制定了《耶鲁大学国际化：2005~2008 年战略框架》、2009 年发布了《2009~2012 年国际化战略框架与行动计划》。21 世纪初，全球化、多元化成为“光明与真知”追求道路上的机遇与挑战。莱文校长上任后，耶鲁大学便开始招揽世界上最优秀的学生和教师，扩大图书馆馆藏资料，建立在线学校，提供世界人才交流平台，致力于培养本科生和研究生层次各专业的领袖人物，尤其是在环境、医学等全人类领域中取得卓越成绩的领军人才，为学生进入全球化社会做好充足准备。

4.1.3　耶鲁大学战略管理与控制的过程

面对外部环境的激烈变化，耶鲁大学不断推进战略管理，增强对环境的适应能力。在耶鲁精神的指引下，耶鲁大学颁布了一系列策略来保障世界一流大学的地位。早在 1828 年，耶鲁大学便颁布了独特的《耶鲁报告》，该报告标志着耶鲁大学办学的主要特色方向——文科教育的确立。2005 年的《耶鲁大学国际化：2005~2008 年战略框架》和 2009 年的《2009~2012 年国际化战略框架与行动计划》，宣告了耶鲁大学在 21 世纪的崭新发展目标。融合着保守与开放精神的发展战略是耶鲁大学在发展变革过程中累积的财富，深厚的历史文化底蕴为耶鲁大学成为世界名校打下坚实的基础（武翠红和赵丹，2016）。学校发展战略规划要根据学校的基础特点，进行学校发展战略定位，确定重点发展方向和目标。对于任何一个学校，学校发展战略规划都是至关重要的。耶鲁大学是“领袖的摇篮”，在全球化时期，耶鲁大学的使命是为全世界培养领袖人才和世界公民。耶鲁大学进行战略规划的原则是明确学校使命，评估学校的强项和弱项，确定机会和约束，确立中长期目标和具体指标。耶鲁大学进行战略规划的策略是有选择地发展；追求卓越，而不是全面；带动相关学科发展。根据上述规划原则，耶鲁大学制定了未来五年所要实现的九个主要学术目标，分为三类：第一类是保持现有优势和领先地位的学科，包括保持耶鲁大学作为全美最好的本科教育学院的地位，保持耶鲁大学艺术学院作为全美最优综合性大学内艺术项目的地位，保持耶鲁大学法学院的领先地位。第二类是需要“建设得更好”的学科，即尚没有处于领先，但是可以争取进入领先地位的学科，具体包括提高自然科学和工程学的国际地位，扩大和深化医学院的优秀诊所教育，把管理学院发展成为第一流的商学院。第三类是确保耶鲁大学在21世纪的领导力，包括拓展耶鲁大学在国际化中的领导力，树立在环境教育、研究和实务中的全球领导力，使耶鲁大学成为学术研究数字传播的领导者。

面对全球化和多元化的时代环境，耶鲁大学于2005年制定了《耶鲁大学国际化：2005~2008 年战略框架》。这一战略共包含 3 个核心目标、16 项战略措施和60 多个实践项目，分别从课程设置、招生政策、教师结构和科学研究等方面开展全方位全球性大学建设转变。在课程设置上，耶鲁大学有众多跨文化研究课程及50 多门语言课程，课程内容极具国际性；在招生政策上，耶鲁大学评判的唯一标准是学生是否优秀，并且面向全世界招收最优秀的学生，促使国际学生比例逐渐上升；在教师结构上，耶鲁大学广纳贤才，招收来自全球最优秀的教师到校任教，向这些教师提供最好的科研条件和生活质量；在科学研究上，耶鲁大学针对许多全球性问题加强相应学科建设，不仅对环境学和医学增加资金投入，还建设完善的网络平台，为研究者提供全球性的交流机会。2009 年，在总结国际化战略发展经验的基础上，耶鲁大学颁布《2009~2012 年国际化战略框架与行动计划》，重点通过网络资源的建立和共享，不断提高耶鲁大学国际化项目的质量、开阔学生的国际视野、为师生营造一个国际化的教学和学习氛围，不断提高耶鲁大学国际知名度和影响力，以及耶鲁大学师生在国际事务方面的参与力。该项战略框架与行动计划不仅是 2009~2012 年耶鲁大学发展的指导方略，而且明确提出了在21世纪的前十年里，国际化是耶鲁大学的第一要务，要集全校之力来推进耶鲁大学的国际化。2009 年起，耶鲁大学采取了一系列措施，制定了一系列项目，革新了一系列战略管理制度，有力推动了耶鲁大学国际化之路。将国际化明确确定为学校的第一要务，是耶鲁大学在经过多年摸索与总结的基础之上形成的共识（吴莉娜，2011）。

耶鲁大学国际事务委员会提出了三大战略目标，分别是让耶鲁大学成为最能培养学生成为全球公民和领导力的大学，成为全球重要问题的全球研究领导者和成为拥有最有效全球网络的大学。以此为基础，耶鲁大学国际事务委员会提出了 9 项行动计划：①创建耶鲁杰克逊全球事务学院，2022 年开学，目标是成为世界领先的研究和教学中心之一；②继续耶鲁大学对国际学生的坚定承诺，让学者为国际社会提供杰出的支持，让校园成为来美人士的首选目的地；③支持耶鲁大学所有学校层面的国际倡议和活动，包括课程开发、在线教育和机会，提升耶鲁大学的全球教育影响力；④启动耶鲁大学全球健康研究所（The Yale Institute for Global Health，YIGH），通过高影响力研究为全世界人民提供健康、健康公平和教育；⑤推进世界领先的耶鲁大学教师在国际上的研究和实践；⑥倡导国际合作，特别是在大学科学战略优先考虑的领域，成为拥有最有效全球网络的大学；⑦加强纽黑文校区大学专业的向外开拓与联系，继续开展海外合作，建设相关项目或中心，如耶鲁-新加坡国立大学学院、耶鲁北京中心和耶鲁大学英国艺术研究中心等；⑧加强国际交流，深化与耶鲁大学校友、朋友、未来的学生和其他海外利益相关者的联系；⑨扩展互惠互利的全球伙伴关系和网络，尤其是耶鲁大学已经拥有的历史联系和成功合作。这九项主要行动涵盖各个方面，将形成耶鲁大学全球工作的重点。

4.1.4　耶鲁大学战略管理与控制的特点

在国际化趋势日益强劲的背景下，耶鲁大学围绕创建“全球性大学”的目标，制定了一系列战略推进措施，在国际化发展中取得了重大成就。与其他学校相比，耶鲁大学的国际化战略有着鲜明的特点，注重目标的具体化，坚持以优质第一来进行规模控制的战略原则、注重以广泛参与来进行整合治理的战略管理、构建以互利共赢为目标的区域战略协作模式、建立科学的战略决策机制、设立特色机构、实施高效配套举措，并在推进过程中注重控制、保证质量、循序渐进。耶鲁大学的战略管理与控制给世界其他国家的大学进行战略控制积累了诸多宝贵经验，提供了不少有益的启示。

1. 明确具体的战略发展目标

与以往任何时候不同，互联网时代为耶鲁精神传播开辟了一条崭新道路。耶鲁大学先后制定的两大国际化框架在体制模式上保持一致，都是按照“目标—战略—项目”的模式来制定，即目标通过战略来实现，战略通过项目来进一步具体化。耶鲁大学在 2005 年的战略规划框架中共设定了 3 大目标、16 项战略和 60 多个项目，2009 年的战略规划框架延续了上一框架中的 3 大目标，战略和项目数略有增加，包含了 21 项战略和 73 个项目（夏俊锁，2013）。其中，耶鲁大学明确提出了三个国际化目标：①培养学生为相互依赖性不断增强的世界提供领导和服务的能力；②从世界各地吸引最有才能的学生与学者；③树立耶鲁大学全球性大学的声誉与定位。这三个目标围绕着一个目的——培养全球领导者，这是耶鲁大学的机构使命在全球化时代的定义与表达。

2. 优质第一的规模控制原则

耶鲁大学坚持“学术塔尖”的追求，即耶鲁大学设置的一切学科都必须办成美国乃至世界一流的学科，达不到这一目标的就要坚决停办。虽然1891年耶鲁大学就开设了第一门教育学科课程，并于1920年建立了教育系，但鉴于其暂时或一定时间内未达一流目标，1956年坚决将其予以关闭。与此相同，1958年，耶鲁大学取消了护理学院的护士培养计划，将护理学院提升为护理研究院。时至今日，耶鲁大学医学院仍是其最为主要的学院。

耶鲁大学在发展战略上，坚持优质第一、规模控制和累进变革，反对盲目综合化，对学校学科结构进行动态调整，实行有所为有所不为的战略选择，剔除一些发展水平与耶鲁学术声誉不相符的学科专业，追求设置的所有学科都达到美国乃至世界一流水平。同时，耶鲁大学形成了严格的学习制度和高标准的学术要求。20世纪20年代，耶鲁大学处于极好的发展势头，学生蜂拥而至，但时任校长安吉尔（Angell）却决定放慢扩大规模的速度，坚持质量优先的原则，在一流大学中第一个选择了限制招生数量来保证学校教育质量的发展战略。格里斯沃尔德（Griswold）校长在 1955 年年度校长报告中曾特别强调了这一发展战略。他提出，要尽可能提高教师和学生之比，绝不能降低质量去大规模招生，由此形成了耶鲁大学较低的生师比和学生与教师之间积极双向交流的办学特征。2021年耶鲁大学在校学生有12 223人，各类教师达4 171人，生师比为2.93∶1，这在美国一流大学中是非常低的。

3. 广泛参与的整合治理架构

耶鲁大学是私立大学，但是并不属于任何私人。耶鲁大学的外部权力主要是董事会。根据耶鲁大学章程，耶鲁大学董事会由三位当然成员（校长、州长和副州长）、六位校友代表（校友选举产生）和十位由前任托管人董事选择的现任托管人董事组成。董事会每年召开 5 次会议，每次一天半，讨论决定重大事项。董事会最主要的职能是选任校长，以及讨论决定学校的财务和基建投资问题，董事会不干预学校的日常工作。其他一些非官方的组织机构，如各种咨询委员会、认证委员会、捐资人、协会等，可以通过各种渠道对学校办学产生一定影响，但都不能直接影响学校决策。政府也不直接干预大学工作，但是高度重视并通过各种方式促进高等教育发展。在这样的架构下，耶鲁大学有很大的办学自主权，可以根据自己的具体情况和战略规划，在学科重点、学生结构、培养方案、财务体制等方面办出自己的特色和水平。如今在耶鲁大学，董事会及其委员会负责学校大政方针制定与监督，校长负责执行，基层学院实施教授治理。共同治理、人人参与的大学组织治理结构营造了良好氛围，为学校发展和战略实施打下了良好基础。

4. 科学多元的战略决策机制

国际化战略的成功实施需要各相关人员充分发挥积极主动性，科学合理地进行决策。耶鲁大学在国际化战略决策过程中，将校长的积极性与教师的主动性结合在了一起。大学校长作为学校的灵魂，在国际化战略中主要发挥解读、倡导和行动的作用。校长作为学校国际化战略的代言人，通过各种途径对学校国际化战略进行解读并传达给校内的师生员工及行政官员，通过学校国际化综合门户网站将大学国际化战略文本公布给校友、家长、各级政府、媒体和全体公众，以便在更大范围内获得支持和接受监督。世界一流大学国际化战略除了需要发挥校长的积极性，还要充分发挥教师的主动性。耶鲁大学在国际化战略中明确指出要使教师发挥主动性并保持能动性，因为教师不仅是国际化战略的参与者，也是国际化战略的领导者。耶鲁大学的国际化战略和政策都是由“国际事务咨询委员会”制定的，通过邀请各院系教授代表组成学校国际事务咨询委员会，让广大教师为学校的国际化战略出谋划策。

5. 互利共赢的区域协作模式

耶鲁大学的影响力既是本地的，也是国际性的。它与学校所在地康涅狄格州纽黑文合作，以加强该市的社区影响力和经济。它与世界各地的人们和机构合作，寻求促进文化理解，改善人类状况，更深入地研究宇宙的秘密，培训下一代世界领导人。研究型大学的成功让耶鲁大学的目光放眼于知识成果的转化，在市场竞争中发现新的知识，创造属于耶鲁大学的产业链。耶鲁大学走上现代研究型大学之路后，无论是人文学科还是自然、社会学科都取得了非凡的成就，并积极促进了学校所在地纽黑文的经济发展与国际化。耶鲁大学针对纽黑文的不同企业设立科研合作项目，加强学校与企业的合作，转化科研成果，带动当地经济的发展，这一举措吸引了大批投资资金。此举不仅有利于学校的发展，而且为当地的经济发展做出了重要贡献。在过去的二十多年间，耶鲁大学投资的科技生化产业给纽黑文带来了新的面貌，使其成为一个重要的文化中心和旅游中心。耶鲁大学还设立专门的机构处理与学校、企业、政府之间的事务，如合作研究办公室、纽黑文经济发展公司等，这些机构为校企之间的合作提供交流的平台，并且逐渐走向国际化。

除此之外，耶鲁大学还选择重点区域进行国际战略合作。耶鲁大学根据学校发展的需求，选择若干重点国家和区域进行战略合作，其中全球高等教育大国成为其国际化战略的重点合作对象，学校加大力度与这些国家的高校开展科研合作（冯倬琳和刘念才，2013）。目前，耶鲁大学在这些国家实施了众多国际化项目，如耶鲁—复旦大学生物医学研究中心、耶鲁—北京大学植物分子遗传学及农业生物技术联合研究中心、耶鲁—北京大学微电子与纳米技术联合研究中心、耶鲁—中国科技大学高可信软件联合研究中心、耶鲁—加纳大学全球传染病研究所和耶鲁—智利大学天文学研究中心等。

6. 分工协作的战略规划实施

战略实施是将战略规划转化为现实绩效的行动过程，在行动中需要运用管理的力量，广泛协调行动者之间的关系。战略规划制定是大学战略管理基础，战略的高效实施是学校战略管理关键（冯倬琳和刘念才，2013）。耶鲁大学十分重视国际化战略实施，在战略规划中将它作为重要主题之一，制定详尽的实施规划，通过分解目标和责任、优化资源配置、调整组织结构、完善相应的制度和机制、加强战略领导等措施进行有力推进。耶鲁大学的相关行政部门主要负责国际化战略中涉及导向性、制度性、服务性、评选性的部分，院系等学术实体机构是国际化战略项目的实质行动机构。在耶鲁大学国际化项目实施中，开展科研人员与国内外工商界间合作、举办知名国际会议、增强学校国际科研优势、扩大学校科研国际知名度等行动项目的主要负责机构是院系，遴选学校战略伙伴、组织并支持各类国际研讨会、建立国际合作的体制、评审国际合作相关奖项等行动项目的负责机构是学校董事会等行政部门。

7. 专门配套的特色机构设置

耶鲁大学为自己的国际化战略展开了一系列努力，整合组织力量进行管理，以实现战略目标，其中为此特别建立了不少专门机构与配套项目，这也正是耶鲁大学国际化战略中的重要特色所在。例如，成立国际事务办公室，专门负责国际化事务的管理与行政工作；成立国际学生与学者办公室，为国际学生、学者提供服务；成立国际教育顾问委员，为耶鲁大学国际教育提供咨询、建议和帮助；成立国际活动校长理事会，为耶鲁大学校长安排与实施国际活动；成立全球化研究中心，为耶鲁大学国际化实践提供理论支撑。专门设立的机构与项目有致力于推动与整合有关国际事务、社会与文化的教学与研究机构——耶鲁大学国际化与区域学习中心，专门给国外学生和教师提供语言帮助的语言学习中心，专门设立的全球化学习中心，为耶鲁大学国际教育提供咨询与建议。这些机构、组织或项目为耶鲁大学国际化开展了各项实际且有效的活动，为推进耶鲁大学国际化做出了贡献。

4.1.5　耶鲁大学战略管理与控制的经验

作为一所历史悠久、特色鲜明的世界一流大学，耶鲁大学的战略管理与控制进程既发扬了传统的耶鲁精神，又利用科学的战略推进措施保障了学校发展。耶鲁大学制定的大学发展战略既顺应历史潮流，又简明具体，专业化特色鲜明，在战略管理与控制中关心多元群体的广泛参与，注重实施战略改进，以此保证战略规划和战略实施的连续性与有效性，并积极整合校内外资源，促使校内外各种力量为学校国际化建设出谋划策、贡献力量。耶鲁大学国际化战略富有成效，其战略管理与控制对我国实施合理有效的大学战略管理、推进研究型大学国际化进程具有一定的借鉴和参考意义。

1. 确立顺应历史潮流的发展战略目标

顺应历史既包括适应大学自身发展的历史特色，又包含适应当前大学所处的社会历史大环境。在当前知识化社会和全球化社会大背景下，致力于国际化是世界各所大学谋求生存与向前发展的必然战略选择，不同的大学都在采取各式各样的措施与方法来寻找和扩展自己的国际化之路。国际性是世界一流大学的重要本质特征，缺乏国际性的大学是不可能成为世界一流大学的。耶鲁大学的全球性战略是适应历史发展的需求而提出的，形成了学校自身的发展特色。从耶鲁大学制定全球性大学发展战略目标的原因和基础可以看出，制定大学战略目标必须适应学校发展的过去、现在和未来。适应过去和现在，即尊重大学自身的优势、劣势和传统，分析学校近期和现有的结构、财政、资源、教学计划和人员等情况，保证学校运行现状良好；适应未来，即了解大学外部环境的发展变化和未来需求，不陶醉于以往的辉煌，能够抓住和利用未来的趋势及机遇。耶鲁大学在坚持自由教育的同时，不拘泥于传统，在高等教育国际化的浪潮中走在了时代前沿。

2. 制定具体而易操作的大学战略规划

耶鲁大学全球国际化战略具体、简洁、明了，极易转化为师生员工的行动。在国际化战略规划中，耶鲁大学将各个目标具体化，通过分解目标和责任、优化资源配置、调整组织结构、完善相应的制度与机制、加强战略领导等措施有力地推进战略进程。在《耶鲁大学国际化：2005~2008 年战略框架》中，耶鲁大学将国际化战略逐层分解为 3 大核心目标、16 项战略措施和 60 余个实践项目，分别由不同学院、研究中心或项目小组分阶段、分步骤地执行落实。为了统筹国际化活动的总体计划及战略安排，耶鲁大学依据战略规划设计，特别设立了耶鲁国际事务办公室；为了向国际学生和学者及其家庭日常生活提供细致的个性化服务，耶鲁大学根据战略规划建议，设立了国际学生和学者办公室。卓有成效的规划设计和组织机构安排有利于学校战略实施落地，保证了学校战略目标一一实现。

3. 谋求师生员工及校外人员战略认同

耶鲁大学国际化战略不是一项指令性计划，而是一项得到广泛共识基础上的战略性活动。耶鲁大学在实施战略管理与控制过程中，校内外关心学校发展的多元群体广泛参与。这种现象的出现源于耶鲁大学在战略规划制定之初的谋划，是学校发展战略规划的追求之一。耶鲁大学在学校发展战略规划过程中，充分利用教师、行政人员和学生的开创精神及思想创新，谋求师生员工参与。这样使最终制定出来的战略规划既符合学校各项事业发展的实际，也提高了规划工作效率，且极易为师生员工认同。除了校内人员参与战略规划工作，耶鲁大学还邀请其他大学一流的学术和财政战略专家、校友研讨学校的发展。耶鲁大学每年召开多次校外人员会议，探讨学校走向和目标，制定国际化战略。耶鲁大学用学校战略规划统一全校教职员工思想，将国际化举措深入学院、教师和学生的日常活动中，推动学校国际化战略发展。

4. 推动学校战略规划与实施连续有效

耶鲁大学采取长期目标与阶段性策略相结合的分阶段规划方式，有效保证了战略规划的连续性。首先，耶鲁大学制定与学校整体发展战略相契合的国际化长期目标，目标的设定追求能够为大学使命的实现和竞争力提升提供助力，而不只是某些指标数量的提高，或是独立于大学主要工作之外的附加任务。其次，耶鲁大学制定阶段性策略与行动计划，定期评估策略执行情况和有效程度，根据大学发展的实际需要及时调整和更新策略，使大学的国际化进程能够有计划地稳步推进。

耶鲁大学于2005年制定发布了《耶鲁大学国际化：2005~2008年战略框架》，明确了国际化目标，确立了阶段性发展重点。2009 年，在之前经验与实践进步的基础上，根据学校整体发展思路与方向，耶鲁大学又制定发布了第二个三年规划《2009~2012 年国际化战略框架与行动计划》。两个框架均是从组织机构的建立、国际化课程的开设、师生的国际交流、科研合作、后勤保障等方面来推进国际化，具有很强的延续性。2009 年框架是对 2005 年框架的传承与发展，这两个战略框架从整体上规划了耶鲁大学国际化发展的重点、方向与途径，为耶鲁大学国际化发展奠定了基础。从内容来看，两个框架在国际化目标上基本保持一致，只是具体策略有所调整。2005 年的战略框架注重扩大学生、教师交流机会，而 2009 年的战略框架重点放在提高项目质量、开阔学生国际视野、营造国际化氛围等方面。此外，2009 年的战略框架注重数字和网络资源，以此扩大耶鲁大学的国际影响力。耶鲁大学采取了长期目标和阶段性目标相结合、在计划中逐步深化的策略，反映了耶鲁大学稳中求进的文化特征。

5. 动员校内外力量合力推进战略实施

面对经济全球化和高等教育国际化，高等学校要想在国内外激烈的竞争中赢得宝贵的资源，获取长足发展，就必须在现有资源条件下善于利用环境，注重大学内外部环境考察。耶鲁大学充分有效地利用与整合各类资源，发挥优势资源的杠杆效应，解决单个学院无法克服的困难，有效地推进学校整体的国际化。耶鲁大学的经验说明，跨学院、跨学科合作是实现研究与教学国际化的重要措施。大学的附属单位、校友会可以在拓展国际联系、提高国际能见度方面发挥重要作用，学科优势可以成为国际化的重要资源，利用大学已有学科优势和学科特长可以形成对国际学者、项目和机构的吸引力，有利于拓展合作机会、推进实质性的国际合作。耶鲁大学对于这些校内资源进行较好协调和整合，并以此为契机发掘相关学科和学院的国际合作机会。

在人力与物力上，耶鲁大学不吝使用庞大的校友资源，在每一个国家建立自己的校友基地，让其成为耶鲁大学国际宣传、招生等工作的重要帮手。除此之外，耶鲁大学积极拓展各项可能的资源来为其国际化所用：将耶鲁大学的访问学者、博士后等人员聚集起来，在各个国家建立各式各样的分会组织；注重与其他一流大学联盟与合作，共享国际化的经验与策略；等等。另外，耶鲁大学充分利用大学的国际形象与声誉，竭力参与重大国际性组织与项目，如联合国、世界贸易组织、国际货币基金组织、欧盟、博鳌亚洲论坛等开展的活动，甚至帮助自己的学生和校友等，使其成为它们的一员；与世界各国的政要、重要媒体等建立密切的联系。这些不仅使耶鲁大学能在重大组织与项目、重要的国际事务中发挥自己的力量与作用，而且也是耶鲁大学充分利用各项资源促进其国际化的表现所在。

4.2　哈佛大学战略管理与控制的案例分析

哈佛大学简称“哈佛”，坐落于美国马萨诸塞州波士顿剑桥市，是一所享誉世界的私立研究型大学，也是常春藤盟校、全球大学高研院联盟成员。哈佛大学是美国本土历史最悠久的高等学府，建立于 1636 年，最早由马萨诸塞州殖民地立法机关创建，初名“新市民学院”。为了纪念在成立初期给予学院慷慨支持的约翰·哈佛牧师，学校于 1639 年 3 月更名为“哈佛学院”（Harvard College），1780 年哈佛学院正式改称“哈佛大学”。哈佛大学在文学、医学、法学、商学等多个领域拥有极高的学术地位及广泛的影响力，被公认是当今世界最顶尖的高等教育及研究机构之一。由于自身在全国乃至全世界的影响力，哈佛大学行政和学术方面的管理与控制经验经常为其他国家高校学习及借鉴。

4.2.1 哈佛大学战略管理与控制的概况

哈佛大学的成就与地位得益于战略管理与控制，其战略管理与控制自成体系。战略管理方面，哈佛大学的科学研究实施高端的科研定位战略和以科研为主导的筹款战略，人才培养实施追求卓越的质量保障战略和改革各级教育的课程发展战略，社会服务突出表现为大学发展增强社会服务意识和提高社会服务能力。战略控制方面，哈佛大学的层次定位高远，直指追求真理、服务人类社会福祉；文化发展追求学术自由、校长引领，营造多元向上的文化氛围；办学实践强调务实落地，资源整合，推动战略实施。从各个方面看，哈佛大学在战略管理与控制上立足当前，着眼长远，把握重点，统筹全局，结合哈佛大学自身拥有的丰富人才资源与独特校园文化，通过有层次、有秩序的系统科学布局推动战略的初始设计与实施实现。在系统布局下，哈佛大学战略管理与控制积累了可资借鉴的实践经验。

1. 哈佛大学战略管理概况

哈佛大学十分注重战略管理，以战略管理提升学校发展竞争力和综合实力。科学研究上的科研引领战略，人才培养上的质量领先战略和社会服务上的造福人类战略有力提升了哈佛大学在美国乃至全球的地位，使哈佛大学变得越来越与众不同。

首先，在科学研究上，哈佛大学实施科研引领战略。其一，以基础研究为核心。诺贝尔奖是衡量基础研究的重要标志，哈佛大学迄今已有 158 位学者（包括校友）获得了诺贝尔奖。在世界科研能力排行榜中，哈佛大学成绩显著，远远高于第二名的美国得克萨斯大学。其二，是以国家的安全与发展为方向。纵观哈佛大学的研究院及科研计划项目，大多是以保障国家安全发展和切实服务于人民为己任。在生物工程领域，哈佛大学主要致力于利用工程和技术手段解决生物与医学问题，哈佛大学重点方向是仿生机器人、生物力学和运动控制、生物材料与疗法等。在环境工程与科学领域，哈佛大学的研究涵盖从大气科学到微生物、气候、海洋、环境化学、水资源管理及全球环境政策等方方面面。同时，哈佛大学研究中心加强了学校对国家发展的使命感和责任感，保障国际化接轨过程中的国家安全需要。其三，以关注民生的科学研究为支撑。哈佛大学医学院、卫生公共学院分别致力于基础科学、社会科学和临床医学、世界健康和心理保健相关方面研究，主要目的在于提高人民安全保障意识，解决难以突破的心脏病、癌症等相关方面的问题，推动地区内人民自我保障意识提高（李志峰和周璇，2007）。哈佛大学工程与应用科学学院（以下简称哈佛工学院）科研发展战略是面向人类以解决人类面临重大挑战的前沿科学为重点发展方向的。在工业化时代加速到来、自然界各种资源被人类过度开发利用的背景下，人类开采了各种可利用资源，用于服务经济社会发展、造福人类。但是，人类在机遇到来的同时也面临着这一实践带来的挑战，即人类需要面对能源安全与危机、环境保护与发展、气候异象、物种保护等问题。哈佛工学院认为，开展解决人类面临重大挑战的前沿科学研究已经成为应对这些危机的重要基础，学院继续维持传统优势领域的同时将培养创新型人才，实现技术转化。20 世纪 80 年代以来，学科交叉与融合在哈佛大学办学过程中越来越受重视，哈佛工学院建立了一套从学校层面到学院自身的机制体系，通过实践进行不断地改进，在机制结构上为学科交叉融合提供保障。在学校层面，哈佛大学建立了大学理科与工程科学规划委员会（University Planning Committee for Science and Engineering，UPCSE），主动谋划学科战略布局，并设立特别的"跨学院系"（cross-school departments）或者"系间委员会"（inter-departmental committees），赋予它们招聘与推荐员工晋升的资源及权力。在学院层面，哈佛工学院积极创新体制机制，一是学院采用有利于交叉的科研组织模式，不设传统的系，专任教师可以根据研究兴趣参与或成立一个或多个研究小组，教师之间可以相互合作，也可以与哈佛大学其他学院的学者合作；二是教师招聘过程中更加关注多学科背景人才的招募，学院大多数专任教师都具有多个且领域跨度较大的研究方向；三是教师聘用采用"双聘制"，哈佛工学院的许多教师，也同时是文理学院或其他研究机构的成员（原帅和贺飞，2018）。

其次，在人才培养上，哈佛大学实施质量领先战略。其一，追求卓越为导向的质量保障战略。1869 年出任哈佛大学校长的化学家查尔斯·威廉·艾略特（Charles William Eliot）在上任伊始，就宣布了他对于哈佛大学的宏伟目标："我们要在这里稳步建立一所最伟大的大学"（刘宝存，2003）。美国研究型大学在使命的定位上都较为宏大，其目的和意图主要为培养人才，哈佛大学作为世界一流高水平大学也不例外。在历史的积淀与积累下，哈佛大学的使命定位是培养人才、引领文化发展、推动社会进步。哈佛大学教育研究生院的使命是"培养教育领导者，创造知识，以提高学生的机会、成就和成功"（刘宝存，2003）。该院践行的使命与哈佛大学的宗旨一脉相承，哈佛大学从建校以来就一直致力于"进行卓越的教学、学习、研究等，致力于培养不同领域具有全球影响力的领导者，推进人类知识发展"。哈佛大学教育研究生院坚信研究和改善教育事业对社会的健康发展极为重要，1920 年建院以来就一直致力于培养领袖以改善美国和全世界的教育。其二，改革各级教育的课程发展战略。19世纪80年代，校长艾略特想要把哈佛大学建成一所既不同于英国大学又不同于德国大学的美国式大学。他重视大学的学术研究，倡导大学在教学的基础上承担起科学研究的职能；实行选课制，发展研究生教育，初步奠定了哈佛大学的研究型大学地位。随后的几位哈佛校长如阿伯特·劳伦斯·洛厄尔（Abbott Lawrence Lowell）、詹姆斯·布莱恩特·科南特（James Bryant Conant）等，更是立志高远，锐意改革，改进本科生教育，完善专业学院，强化科学研究和研究生教育，推行核心课程计划。这些不但巩固了哈佛大学的研究型大学地位，而且使哈佛大学成为一所世界一流大学。

最后，在社会服务上，哈佛大学实施造福人类战略。哈佛大学建校以来为社会输送了政治、文艺、化学、物理各领域各层次的人才，有力支持了美国乃至世界建设。纵观美国研究型大学发展路径，大多是通过为社会提供更好的服务争取到社会的更大支持，从而才拥有了极好的条件为那些对21世纪的重大问题有研究兴趣的学生提供优良的学术环境和大量的经济援助项目，进而实现了跨越式发展。以哈佛大学教育研究生院为例，仅其教育领导博士的培养，就获得了华莱士基金会提供的 1 000 万美元资助。目前，美国研究型大学都在积极地将教育的内在理想紧密结合社会的现实需要，主要教育活动、资源等都能主动延伸到社会，拓展多元的社会服务功能，直接参与社区活动和基础教育实践中。美国社区联结中心通过约翰·W. 加德纳青少年及其群体研究中心、慈善和公民社会研究中心等多个项目将教育工作者与社区联系起来，支持教师、学生、政策制定者及其他专业人员参与社区及哈斯公共服务中心，将学术研究与社区和公共服务联合起来以强化社区意识。通过社会服务，哈佛大学师生普遍表现出强烈的社区和实践意识，积极加强与社区或所在地区的联系，在服务社区、教育实践方面大都有积极行动（包水梅，2013）。

2. 哈佛大学战略控制概况

哈佛大学将战略控制作为战略管理的重要手段，以战略控制促进战略目标实现。在战略控制中，哈佛大学重点检查和监控学校是否在追求真理、服务人类社会福祉，是否学术自由、营造了多元向上的文化氛围，是否务实落地、逐一实现了既定目标，以此推动学校战略管理和完成战略目标。

首先，在层次定位上，哈佛大学战略控制瞄向战略定位是否高远，学校是否在追求真理、致力于为人类福祉服务。哈佛大学前校长洛厄尔在 1934 年指出，“大学的存在时间超过了任何形式的政府，任何传统、法律的变革和科学思想，因为它们满足了人们的永恒需要。在人类的种种创造中，没有任何东西比大学更经受得住漫长地吞没一切的时间的考验”（孙霞，2015）。大学与社会环境和谐相处，社会为大学发展提供了养分，同时大学发展也推动了社会进步。大学发展的关键在目标，是否拥有清晰的目标是建成世界一流大学的先决条件。在清晰和高远的大学目标指引下，大学的发展方向更加明确，发展战略更加清晰，在机遇和挑战面前大学会朝着既定的目标迈进，而不至于偏离或迷失。1636 年，哈佛大学由一批具有冒险和创新精神的清教徒创立，其目标是在荒蛮的美洲大陆“建立一所与英国剑桥大学一样优秀的高等学府”。此后，在漫长的岁月里，哈佛大学不忘初心，继承和发扬了清教徒们的伟大教育梦想，认真学习并借鉴英国、德国等欧洲国家的大学发展模式及美国新兴大学的先进举措，终于与剑桥大学比肩甚至实现了超越。哈佛大学的华丽转身回应和满足了创立者们最初的远大梦想与希冀，同时也增添了哈佛大学继承者们的信心和勇气。大学是探索高深学问的场所，世界一流大学致力于追求真理。在这里，学者与现实世界保持了一定的距离以维护其学术自由权利。美国加利福尼亚大学伯克利分校前校长克拉克·克尔（Clark Kerr）曾经指出，“现代美国多元化大学为什么能够存在？历史可以给我们一个答案，与周围社会环境的和谐相处则是另一个答案。除此之外，它在维护、传播和研究永恒真理方面的作用简直无与伦比，在探索新知识方面的能力独一无二；纵观整个高等教育史，它在服务文明社会众多领域方面所做的贡献也是无与伦比的”（Kerr，1963）。哈佛大学校训由最初的“追求基督教与教会意义上的真理”到“与真理为友”的演变，不仅揭示出哈佛人的科学精神，也表达出世界人民对于“真理”“真实”“真相”等的永恒追求。在这一精神理念的指引下，哈佛大学师生敢于挑战未知世界，从而做出了有益于人类社会的伟大贡献。在学校发展的历史长河中，哈佛大学不断反思和重构自己的使命，促使自我定位始终高远，师生始终将探索真知和为人类谋求福祉作为毕生追求，自觉不自觉地实现了自我战略控制的历史任务。

其次，在文化发展上，哈佛大学战略控制注重检查和监控是否做到文化引领、学术自由，是否营造了多元向上的文化氛围。哈佛大学在学术上注重营造学术自由的氛围，让学校师生充分发挥创造精神。艾略特校长把欧洲特别是德国大学的学术自由精神引入哈佛大学，哈佛大学从此形成了学术自由的传统。艾略特曾指出，“（一位哈佛教授）在他的领域内是主人。他既可以采用一种纯粹的讲座方法，也可以要求学生翻译、背诵或回答问题。他既可以严格要求课堂纪律也可以放松课堂纪律。他既可以培养学生与社会广泛联系，也可以不讲课堂以外的任何东西。因为他的学生中有不同的观点和背景——宗教的、政治的和社会的——所以，他将自然而然地给予其他人自己享受的同样的自由”（刘宝存，2003）。学生在哈佛接受了创造性的学术精神，学校也在人才培养上注重质量保障，竭力培养高水平、高质量、有教养的人。哈佛注重培养有创造精神的人才，国际化和多元文化融合程度很高，招收留学生、接受访问学者、合作研究、教育培训和召开国际会议等是其国际化的常见表现形式。例如，哈佛大学教育研究生院在 2011~2012 学年共招收研究生 984 人，其中女生 697 人（70.83%），外国留学生

125 人（12.70%）（包水梅，2013）。如果将哈佛大学比喻为一台复杂而精巧的庞大机器，那么必须同时具备“硬件”和“软件”两大要素才能使这台机器良好运转。这台机器的硬件便是哈佛大学建立已久的现代大学制度，它是多元、自由的支撑，依据该制度框架可以对哈佛大学章程进行修改与完善，使哈佛的治理有章可依，保证与维护办学秩序，提高治理效率与质量（郭键，2000）。与此同时，软件作为这台机器的重要部件也不可或缺。这台机器的软件是指哈佛大学“软文化”，如校长理念、校风校训、师生风采、建筑风格、学校精神面貌等精神理念的集成体现。作为学校发展战略管理与控制的主导者和决策者，校长领导风格对学校办学有着至关重要的作用与影响，从根本上主导和支配着庞大的硬件设施。当校长能够理智而明确地为哈佛大学判断出其应该坚定不移的前进方向，能够领导哈佛大学控制落实战略实践时，战略目标才能实现。

最后，在实践环节上，哈佛大学战略控制重视检查和监控学校战略是否务实落地，战略管理是否逐一实现了既定目标。为确保科研引领带动教学和社会服务，哈佛大学实施以科研为主导的筹款战略。一方面，哈佛大学以争取政府拨款为主，奠定科研基础。政府拨款是保证哈佛大学正常运作的先决条件，每年政府拨给哈佛大学的经费流入医学院、公共卫生学院和文理学院。哈佛大学积极争取政府科研项目，科研项目经费主要来自联邦政府，由美国国家自然科学基金会、国防部、联邦政府所属的国家卫生研究院等机构提供。丰厚的政府资金不仅保障了哈佛大学内部正常运转，而且为科研工作提供了最先进的环境和最充裕的经费。另一方面，哈佛大学利用校友资源，推动科研发展。哈佛大学的科研资金除了政府、慈善机构（如洛克菲勒基金会和卡耐基基金会）之外，校友会是哈佛大学争取办学资源的一道特色风景线，毕业生回母校慷慨解囊也是校友会一大项目。据统计，哈佛大学的校友捐款为哈佛成千上万的优秀学子提供了经济支持，学校还利用这些资金将始建于 1878 年的纪念讲堂扩建成了世界一流大学中最大的图书馆。2005 年，哈佛大学项目运行资金 31%来自外界人士资助，2007 年，哈佛大学的社会捐助更是高达 356 亿美元（李志峰和周璇，2007）。截至 2021 年 6 月 30 日，哈佛大学捐赠基金规模有史以来首次突破 500 亿美元，从 2020 年年报公布的 419 亿美元上涨至 532 亿美元。来自政府和校友的资助不仅保证了哈佛大学科研经费充裕，而且保障了各项战略举措落地完成，促进了学校战略管理与控制目标实现。

4.2.2 哈佛大学战略管理与控制的背景

第二次世界大战后，哈佛大学能够从一所现代普通大学成长为走在世界前列的一流大学，并稳居顶尖位置，得益于哈佛在独特时代背景下推出了一系列发展战略。探究哈佛大学发展战略的成功之处，我们不能不把目光聚焦到其所处的时代背景上。

1957 年 10 月，苏联发射的世界第一颗人造地球卫星“伴侣号”的发射震撼了世界。美国各界都产生了深深的危机感，认为造成美苏科技落差的重要原因是美国教育事业未得到应有发展。此后，美国加强了对教育事业发展的重视程度，在资金、师资、物力上加大了对教育的投入，使得大学由重“学”轻“术”转变为教学与科研相结合，并且科研作为学校的重要职能发挥着越来越重要的作用。哈佛历任校长都非常重视科学研究在学校发展中的地位，在人才战略上招聘科学研究水平更高的老师，提高师资队伍质量的标准；在质量战略上加强大学课程改革，转变通识教学模式，重构专业核心课程；在科学研究战略上以学术为根基，发展科研为社会服务，以科研为主导的筹款战略为哈佛科学研究积蓄了更多支撑资源。哈佛大学以传递真理为己任，坚持学术自由原则，保持通识教育特色，创新专业核心课程，培养高质量科技人才，打造优秀师资队伍，开辟多元资金渠道，在激烈的竞争格局中抢占了优势地位，获得可持续发展。

哈佛大学在战略管理中实现卓越绩效，在卓越绩效下成就组织战略。具体而言，哈佛大学做好战略管理与控制工作实现了以下几个目标：一是为哈佛大学共同体成员与学院之间实现战略联盟建立了稳定的协作框架；二是通过确立清晰的期望目标、给予人员辅导和促进战略发展，使学校战略管理人员成为广大教师学生的战友；三是强化战略共识达成与科研潜能开发，帮助师生个人成长，保持和加强了组织能力。对于高等教育机构这类智力高度密集的非营利组织而言，制度失败所造成的精神损失要远远大于物质成本。事实上，制度效率的产生、保持与提高不仅需要活动主体的艰苦努力和客体的积极参与及合作，而且需要及时评估、不断修正和长期改进。哈佛大学较为完善的战略管理与控制制度保证了学校发展战略正常实施，避免了战略管理进程中的巨大失误，全程检查、监控、评价和纠偏激发了师生员工参与战略管理的活力。

4.2.3　哈佛大学战略管理与控制的过程

面对美国不同时期社会环境和高等教育发展变化，哈佛大学历任校长都十分注重发展与改革。尽管不同时期的哈佛校长所强调的发展战略侧重点各有不同，但哈佛大学始终坚守追求真理、强化服务社会、拓展国际视野、倡导学术自由四个方面的战略指导思想。20 世纪 90 年代后，哈佛大学加强适应美国社会与高等教育的发展变化，不断变革发展战略指导思想及其发展定位。从时间推进看，哈佛大学在战略管理与控制进程中凭依美国社会政治、经济、文化条件，与时俱进，为哈佛大学长远发展奠定了坚实基础。从发展动态看，哈佛大学历任领导者在战略管控上持续完善不足，增强优势，灵活应对变化，增强了战略发展的内生动力。

1. 第二次世界大战后至20世纪90年代哈佛大学的发展

第二次世界大战结束后，美国社会经济、政治、文化既充满着机遇，又面临亟须发展的挑战，大学的重要地位愈加明显。许多研究型大学之间展开了激烈竞争，美国大学进入了创建世界一流大学时代。在当时，哈佛大学处于科南特校长（1933~1953年）领导时期。面对激烈的竞争，科南特恢复艾略特时期的传统，重新把研究生教育和科学研究置于学校的中心地位。在大学发展战略上，哈佛大学向研究生教育倾斜，鼓励各研究生院增设新专业，扩大研究生招收数量。此外，科南特还建立了博士后研究中心。从此，哈佛大学的研究生数量一直超过本科生的数量（马利凯和赵俊芳，2010）。20世纪60年代，哈佛大学的发展战略主要集中在师资力量的培养提升上，教师质量关系到学生的发展、人才的培养、学校的社会服务功效。此时科学研究十分重要，是学校发展工作的主要内容，因而教师的学术研究水平得到了重视。20世纪70年代至90年代，由于招收了不同经济、文化和族群背景的学生，哈佛大学通识课程模式的传统元素不再符合学校发展的新形势。因此，在人才培养战略上，哈佛大学改革传统通识教育课程，重建哈佛大学本科生课程体系，在本科生教育中建立了一套共同的基础课程——专业“核心课程”体系。20世纪90年代起，在校长陆登廷（Rudenstine）（1991~2001年）领导时期，哈佛大学继承延续了培养既专又博的“有教养的人”的人才培养战略。

2. 20世纪90年代后哈佛大学发展战略选择

20世纪90年代后，保持世界一流大学地位是哈佛大学的发展战略目标。第二次世界大战结束后，顺应美国社会政治、经济和科技的飞速发展，美国众多大学迅速崛起，哈佛大学便是其中的佼佼者。哈佛大学坚守追求真理、强化服务社会、拓展国际视野、倡导学术自由四个方面的战略指导思想，脚踏实地推进学校各项工作，使学校快速稳步地成长为世界一流大学。哈佛大学坚守的这一战略指导思想是学校发展进程中具有全面性、长远性和根本性的谋划方略与指导方针，是其办学思想的精神表现，是建立在师生共同价值观和共同信念基础之上的一种群众意识，是哈佛校风的浓缩、传统文化的积淀、办学思想的核心，是其发展战略的灵魂。20世纪90年代后，哈佛大学进一步确立了发展战略指导思想，不断进行战略调整和教育改革，竭力让培养的人才能够适应美国社会对人才的需求。哈佛大学打破地方主义所造成的狭隘思想限制，逐步确立开展国际教育的理念，使哈佛大学的教育视野从美国本土扩大到全球范围之中，学校因此逐渐成为“全球专家国际服务中心”。从发展战略选择来看，哈佛大学是在适应美国社会与高等教育的发展过程中，不断变革其发展战略指导思想及其发展定位，使其成为美国乃至世界一流大学的翘楚，巩固了其取得的成就与地位。

4.2.4　哈佛大学战略管理与控制的特点

哈佛大学在社会服务、科学研究和人才培养上具有明确的战略定位，各项工作日益切合社会需要。哈佛大学校长对于战略管理与控制进行顶层设计，发挥着愈加重要的作用，其个人管理风格和领导特色对哈佛整体战略布局产生深远影响。作为哈佛大学的政策改革者，校长与教师在战略管理与控制中紧密联系，需要教师作为支持者落实学校战略与教育实践，使教育系统中的学生受到益处，从而使人才培养的实施方案与战略设计融会贯通，形成有效的统一整体。

1. 注重学校对社会的引领

在战略管理与控制上，哈佛大学具有明确的社会使命和愿景。哈佛大学一直以服务国家社会需求为使命，以世界一流大学的办学水平与标准要求自身发展，以大学特有的文化功能来引领社会。哈佛大学立足社会发展需求，培养社会各学科领域的人才，针对国家安全维护、能源危机、环境保护等问题建立专门小组开展科学研究。为充分引领社会，哈佛大学在校内营造学术自由氛围，打造优质师资队伍，在校外宣传哈佛故事和哈佛形象，调动各项资源为服务社会需求做储备。杰出的英国教育家和评论家埃里克·阿什比曾经说过，“美国对高等教育的贡献是拆除了大学校园的围墙。当威斯康星大学的范海斯校长说校园的边界就是国家的边界时，他是在用语言来描述大学演变过程中的一个罕见的改革创举。历史已说明这是一次正确的改革，其他国家现在已开始纷纷效仿这种美国模式”（王战军和娄枝，2020）。实用主义在美国大学办学过程中占据着重要的地位，各大学注重办学实践与这一精神理念的契合，强调为社会需求服务、为人类文明进步做贡献。同时，这种理念与实践精神指导下的改革实践通过文化传播与交流，对世界各国的大学办学文化产生了深远影响。就哈佛大学来说，该校花费了近 300 年的时间由一个地方性的学院发展成为全国性的研究型大学，再花费近半个世纪的时间由美国的大学发展成为举世公认的世界一流大学。它以开放的胸怀接受先进的理念，将美国的实用主义精神贯彻到大学的课程教学和科学研究活动之中，实践探索无不立足于美国的社会生活和生产实际，在此基础上树立了全球范围的影响力。

2. 重视学校课程体系改革

西方大学理念来自两个传统，均与现代大学高深专门知识的教与学密切相关。一个是英国大学理念，该理念维护纽曼所说的大学是一个教授普遍知识的场所——这正是大学的本质所在。另一个传统则是德国大学理念，该理念下大学被看作最高级和最好的学问与科学的家园，即大学的本质是研究高深学问进而发展知识。大学课程是大学理念的寄托和化身，哈佛大学十分注重通过大学课程传递大学理念。哈佛大学的课程改革以大学理念为指导，总是在两种理念传统中进行抉择与创新。一方面，艾略特的选修制改革是对英国传统大学理念的背离（王一军，2020）。与殖民地学院和美国建国时期的小型学院不同，美国大学热衷于选择英国大学理念，但其中历史最悠久的哈佛大学却反其道而行之。艾略特通过选修课程体系发动了一场运动，与英国大学理念渐行渐远。选修课程改变了大学教授普遍知识的传统思维，开始定义大学知识的创新使命。基于知识创新，选课制的实施为推行教学模块开辟了道路，在19世纪初期，这一制度成了一种标准的教育实践。模块化课程针对并解决了一个古老的教育问题：如何改革本科教育课程并允许加入新的学科。模块制课程适应了美国文化不断变化的现实要求，尽管这种变革有违欧洲的教学结构观念，却成为美国当时大学的实践标准，对美国大学理念进行了新的诠释。另一方面，科南特的通识教育课程是对英国传统大学理念的一种回归。作为哈佛大学一种课程模式，通识教育课程的形式、模式及改革创新具有自身特色，体现了哈佛大学对人类已有普遍知识的重视和尊崇。作为学校特色传统课程，通识课程随着招收学生类型增加、学校本科生教育改革等原因逐渐失去了原创作用，于是哈佛大学以通识课程为基础，进行课程体系改革。博克（Bork）任哈佛大学校长时期，创建了本科生教育的课程体系——核心课程体系。在课程改革中，哈佛大学从来没有忘记大学因学生而存在，尽管课程在变、理念在变，但为学生发展服务的本质却没有改变。哈佛大学一直坚守为学生服务的永恒使命，社会对学生发展的需要和学生自身发展的需要是课程结构、比例和模式调整变革的强大动力，解决旧的传统课程与新的时事形势要求之间的矛盾问题是哈佛课程改革的基本问题导向。之后，哈佛大学校长科南特站在国家民族的高度重新审视课程问题，在学术与现实的纷扰混乱中提出重建课程与学术秩序，并以此作为哈佛大学的重要使命。

3. 发挥校长战略推进作用

校长是一所大学的统帅，在大学可持续发展建设中起着关键作用。大学校长作为大学的最高行政首脑，对大学发展方向的影响直接而重大。世界一流大学校长大都要有开先河的创举，这样的校长在哈佛大学的历史上并不在少数。1848

年，爱德华·埃弗里特（Edward Everett）决定招收一名黑人学生。在那个种族歧视尤为严重的年代，这一举措引起白人学生的不满，他们到校长办公室抗议：如果招收黑人学生，他们将退学。爱德华·埃弗里特校长平静地回答，“如果这位黑人学生通过考试，他将会被录取。如果你们退学，哈佛大学的收入将会被用作这位黑人学生的教育费用”（向洪等，2005）。爱德华·埃弗里特校长使这名黑人学生被成功招收，也因此成为哈佛历史上第一位招收黑人学生的校长，为哈佛大学战略性推进教育公平迈出了极为关键的一步。1869 年，年仅 35 岁的化学家艾略特被选为哈佛大学校长。他在就职演说中说，公众应将学校教育归功于社会精英，“归功于那些有能力，而且通过努力工作证明有必要的恒心和耐力的人们”。他坚信哈佛人属于贵族，这种贵族气质是指天才和美德。正是为了彰显天才们的“贵族气质”（王一军，2020），哈佛大学近期的 3 任校长，从鲁登斯坦（Rudenstine）到萨默斯（Summers）再到福斯特（Faust），对学校可持续发展建设的支持是一贯的。历任校长在办学宗旨、方针上接力传承，形成了哈佛独有的治校文化体系。这套文化体系包括服务文化、本科教育文化、通识教育文化等特色文化，即坚守哈佛使命、改革本科生教育和变革通识课程，推动着哈佛作为世界一流大学与时俱进，以更高水平引领社会发展。

2000 年，哈佛第 26 任校长鲁登斯坦支持成立哈佛绿色校园行动组织（Harvard Green Campus Initiative，HGCI），并为该组织提供经费。2004 年 10 月，哈佛第 27 任校长萨默斯发表讲话指出，“使我们的校园以环境可持续的方式运转，这不仅仅是一个公民应该做的正确之事，也是指导我们事业的富有经济成效的途径”（许洁，2017）。2007 年 5 月，第 28 任校长福斯特在公开信中提出，哈佛大学在环境保护中有着重要作用，在自己的任期内要努力使哈佛大学成为可持续发展的榜样。2008 年，福斯特校长又提出，哈佛大学的研究和教学必须产生可以利用科学技术和政策分析为美国与全世界创造一个可持续未来的知识（Faust，2008）。正是校长们这种明确而一贯的坚持与跟进，推动哈佛大学从绿色校园行动逐渐深化到全面可持续发展的大学建设。

4. 打造世界一流教师队伍

大学作为非营利组织，无论公立还是私立，存在与发展的目的都在于创造“公共价值”（public value）。大学实现这一目的的途径有三条：人才培养、科学研究和社会服务。无论通过哪一条途径，活动主导者和绩效决定者都是教师及教学科研人员。执掌哈佛大学长达 41 年的哈佛第 21 任校长艾略特认为，大学的真正进步必须依赖教师，哈佛的发展在于建设一支其他任何学校都无法相比的高质量的教师队伍。哈佛校长科南特在哈佛大学历史上最大的贡献在于他的远见卓识，确切地说就是回答了：大学应该是什么样子的？他对哈佛大学在科学研究上的裹足不前意见很大，一上任就形成了自己的一套计划。这套计划不像 20 世纪 30 年代大多数美国大学校长所设计的那样，重在保护传统和维持生存。相反，他试图建立一所前所未有的“精英型”大学，吸引那些在智力和性格上出类拔萃的学生和教师，而非出身显赫的人。不断追求卓越，不断提升科研共同体的品质是在艾略特校长之后科南特、普西和陆登庭三任哈佛大学校长一以贯之的办学理念。三位校长在将这一理念付诸实践时，均无一例外地将打造一支优良的教师队伍作为首要考虑。因为在他们看来，“除非在大扩张时期，如果没有长期持续聘用最有发展前景的年轻学者的计划，就无望建立一支卓越的教师队伍”（M. 凯勒和F. 凯勒，2007）。正是由于三任校长的不懈努力，令哈佛人不无骄傲的精英教师群体终于在20世纪五六十年代崛起，并广泛分散在哈佛大学各个学科和院系之中。此时期内最具革命意义的举动就是科南特所实施的终身教职制度，“为了创立一支精英教师队伍，大学必须建立一套更加客观、有序的教授任命制度，特别是要建立一套有效的终身教职制度。进校 8 年后还未升教授者，实行‘非升即走’的制度”（刘易斯，2007）。科南特还建立了校外专家审查制度，以监督教授的晋升情况。此举旨在消除学术上的任人唯亲和教授过分重用自己博士生的做法。另一个决定教师队伍质量的关键要素，在于哈佛大学院系所拥有的悠久而强大的自治权力。哈佛大学各个院系在财政和管理上的独立性令哈佛大学校长也只能通过间接方式来向院系提出建议而无法直接干涉，这使得“其与大学的关系犹如美国各州政府与联邦政府的关系”（郑志刚，2006）。哈佛大学院系的自治权力使其拥有了自我招聘教师的决定权，保证了教师队伍的专业性和先进性。

4.2.5 哈佛大学战略管理与控制的经验

借鉴与学习他国优秀教育经验，“以我为主、为我所用”是人类命运共同体理念下中国教育的战略抉择。以更加具体深入的交流合作、更加开放包容的心态推动战略管理与控制经验学习，是当下持续破除教育壁垒、推动世界一流大学建设的重要方式。作为世界一流大学，哈佛大学在发展过程中积累了丰富的战略管理与控制经验。汲取哈佛大学战略管理与控制经验，我国研究型大学建设世界一流大学可以少走弯路，使战略管理富有成效。

1. 哈佛大学战略管理的经验

建校以来，哈佛大学始终以宏大战略构想未来，跳出自我办学的窠臼，在与国家及世界融合中走向强大。哈佛大学屹立于世界大学之林，成为世界一流大学的战略管理经验值得我们借鉴。

首先，坚定求是崇真的研究型大学办学理念。哈佛大学成立于1636年，是美国研究型大学的典型代表。哈佛大学崇尚学术，创建宗旨可以从其校徽和校训中得到体现。哈佛大学校训的原文是用拉丁文写的，译作汉语即“以柏拉图为友，以亚里士多德为友，更要以真理为友”。哈佛大学的校徽和校训昭示着该校以求是崇真为办学宗旨，体现了师生对真理的憧憬和向往。在随后的三百多年间，哈佛大学虽历经变革，但一直固守着寻求真理的办学宗旨，只是在不同的时期表述及侧重点不同而已（刘宝存，2003）。哈佛大学能够始终定位好自身的办学宗旨，认清大学本身的性质，值得我国研究型大学学习借鉴。大学是探索普遍学问的场所，我国研究型大学在办学过程中也应坚守大学使命与初心，坚持大学是探索知识、寻求真理的场所这一理念。

其次，强调学术自由、创造与环境、条件支持。学术自由是人才培养和科学研究的重要前提与必要条件，有利于扩大学校成员的创造发展空间。哈佛大学在制度上给予学术自由保障，学院制的不断改进为哈佛学术为导向的科研、培养“有教养的人”提供了制度基础。学院制中的监察委员会为学校的各项建设工作提出评价、改进意见，对哈佛大学的学科建设与课程改革、办学质量起到督促、推动作用。这一制度传承着哈佛大学多元、自由的学术理念，为学校发展营造了自由的学术氛围。在思想引领上，哈佛大学校长以其个人领导艺术运用校长在一所学校中的枢纽作用发挥着重要的自由精神调节作用。哈佛大学诸任校长针对不同的时代背景进行学科、课程的改革，坚守学术自由这一重要导向，将人的积极性调动起来，引领学校营造一流大学的学术自由氛围。除此之外，为完成每一阶段的战略追求，哈佛大学高度重视对校内外资源的协调与争取。哈佛大学通过各种努力争取到的政府资金和校友捐助，为学校实现战略目标提供了有利的条件支持。

最后，以追求卓越作为学校战略发展的质量保障。哈佛大学一直以高标准的定位，担负着国家的重大使命。一流的科研团队，丰厚的资金来源，保障了哈佛大学作为世界优秀人才培养基地的坚实地位。在全球化的浪潮下，哈佛大学的发展走向多元化，在适应社会和坚持独立的同时不失风范地走在世界前列，不断追求卓越，在探索科研和课改方面千姿百态，力求用最好的方式培养人才，重在质量的训练方式使哈佛大学的毕业生成为推动社会发展的有力引擎（李志峰和周璇，2007）。在科学研究方面，哈佛大学同样以追求卓越为目标，用全球最卓越的质量衡量学校的科研水平，有效保证了学校科研成果的世界领先性。

2. 哈佛大学战略控制的经验

哈佛大学在战略控制中围绕学校使命、宗旨和办学方向开展监控工作，加大制度执行力度，争取充裕资源支持，保证了战略控制顺利开展。战略控制是战略管理的关键环节，哈佛大学战略管理的成功归功于目标明确的战略控制。

一是明确的发展使命与方向。哈佛大学以剑桥大学为参照，具有明确的办学目标与愿景。哈佛大学之所以能在美国众多大学中脱颖而出，与其独特、明确的使命确定和践行不无关系。哈佛大学在建校之初便明确了追求真理的办学宗旨，对自身未来发展有较清晰的定位。哈佛大学办学使命的相关表述尽管在学校发展的几百年间稍有变动，但都没有脱离其宗旨与目标的根本。同时，哈佛大学在办学实践的环节、过程中不遗余力地进行目标落实，在学科建设、课程改革、研究生教育改革等各层次、各部分的实践中将宏伟蓝图转化为具体实施措施。哈佛大学将发展使命与人才培养、知识生产和社会服务等大学基本职能严格紧密地联系在一起并践行，避免了“假大空”的形式主义，保证了学校使命和方向的具体化。

二是强大的制度执行力度。哈佛大学拟定的发展战略规章制度力避空泛，比较具体。由于比较易于操作，哈佛大学的战略举措大都能落到实处。在战略举措落实过程中，哈佛大学的战略管理规章制度执行力度强大。严格按照规章制度办事的风格和强大的政策执行力度有效地保障了哈佛大学能够在可持续发展中逐步完成战略目标，实现学校的使命和愿景。例如，为了让学生强化为社会服务的理念、提升学校为社会服务的功效，哈佛大学一直视输送人才、改造社会、促进经济繁荣和高质量服务社会为己任，强力推动学生的学习与实践紧密联系社会，各个学院都设立了社会服务中心，服务社区也作为必修课程计入哈佛学子的考核成绩和计分范畴。

三是充裕的后备资源支持。哈佛大学以为社会提供服务赢得社会回报，再以社会回报促进学校跨越式发展。哈佛大学教育研究生院为美国社会培养了数以万计的研究生，赢得了美国社会的认可、赞誉和支持，仅教育领导博士培养就获得了华莱士基金会提供的 1 000 万美元资助。在哈佛大学，所有考取教育领导博士的研究生都能获得全额学费资助，还能享受到前两年的生活津贴，这就免除了学生上学的经济负担，强有力地保障了研究生教育质量。除了经费支持外，哈佛大学的师资力量等教育资源也非常强大，仅哈佛大学教育研究生院就有 154 名教职员工，远超斯坦福大学教育学院教职员工近 50 人（包水梅，2013）。总之，哈佛大学将战略控制做好的重要做法是积极调动、运用校内外资源，团结社会各界力量共同举办好哈佛大学的教育发展事业。在财力方面，社会各界支持教育事业是美国大学的优良传统，哈佛大学办学资金来源渠道广、校友赞助力度、各基金会对哈佛的支持力度大。并且，校友会影响力大，知名校友声誉较好，影响范围广，对哈佛大学争取更多的人力、物力、财力资源起到了积极作用。争取到了这些丰富资源之后，哈佛大学拥有了更加雄厚的物质基础，能够更好地为全校成员提供更加优良的教育条件，进而提升哈佛大学作为世界一流大学引领社会、追求卓越的水平与质量。

3. 哈佛工学院战略管理与控制的经验

哈佛工学院是哈佛大学的典型代表学院，在战略管理与控制方面既具有哈佛大学的普遍特征，又彰显出自身学科的优势特点，其经验值得我国拥有工科的研究型大学参考借鉴。当今和今后一段时期，我国工程教育要以提高人才培养质量为核心，树立创新型、综合化、全周期工程教育新理念，构建新兴工科和传统工科相结合的学科专业新结构，建设完善中国特色工程教育的新体系。如何在新时代推进新工科建设，哈佛工学院的经验具有重要启示意义。

其一，立足服务国家战略，适应未来需求，促进学科深度交叉融合。高等工程教育通过技术与国家的发展、社会的进步密切结合在一起，其重要性不言而喻。面对全球环境危机和技术危机，我们应当认识到能源、环境、健康等种种重大危机的解决需要学科的深度交叉与融合。近年来，哈佛工学院大力发展交叉学科，充分运用学科交叉力量和优势解决了环境、能源和健康方面的诸多实际问题，树立了新时代工科发展的新样板。我国工科研究型大学建设需要从战略高度出发，为国家战略发展需求服务，精准对接前沿技术领域发展，服务解决国家危机问题；以学科交叉、融合为导向，着力推动学科建设，如农业、农林类研究型大学要建立与其他专业型学校的合作关系，在与其他各类学科的交叉、融合发展过程中共同助力产业结构多元化，促进我国产业结构和布局优化。

其二，强调融入区域社会，优化空间布局，推动产学研一体化发展。新时代新工科的发展离不开基础设施支撑，基础设施是产生新技术、诞生新成果的基本条件。哈佛大学在建设新时代新工科过程中获得了政府、社会和校友等方面的诸多支持，拥有得天独厚的设施资源，面向地方和国家产业建设的新技术设计与突破取得了重大成就。然而，我国许多工科研究型大学面临着发展学科需要设施资源巨大投入的天花板问题，限制了学科的进一步发展。当前，我国工科研究型大学与区域的关联愈加密切，大学发展能够带动区域发展，同样区域也在积极给予大学发展所急需的支撑。借鉴哈佛工学院成长经验，我国工科研究型大学发展需要以融入区域发展为原则，借助区域发展契机优化自身资源建设，从而达到大学与区域互相促进、共同发展的目标（原帅和贺飞，2018）。

4.3　宾夕法尼亚州立大学战略管理与控制的案例分析

作为战略管理历史最悠久的学校之一，经济危机中的宾夕法尼亚州立大学在社会生存成本不断增长、学校收不抵出的背景下开始进行战略管理与控制，通过与时代发展相结合不断调整与实施发展战略，最终形成了独具特色的公立研究型大学，被誉为美国的“公立常青藤”名校。宾夕法尼亚州立大学是拥有战略管理历史最长的大学之一，该校从 1983 年开始实行战略管理，在近四十年时间里取得了辉煌成绩，从入不敷出、濒临破产转变为美国东北部最好的大学，其战略管理与控制经验值得研究与学习。

4.3.1 宾夕法尼亚州立大学战略管理与控制概况

宾夕法尼亚州立大学建于 1855 年，主校区位于美国宾夕法尼亚州斯泰特科利奇，在宾夕法尼亚州内还拥有 23 个分校区，是一所美国知名的公立研究型大学。从 1983 年开始，宾夕法尼亚州立大学便实施战略管理，是美国拥有战略管理历史最长的大学。鉴于多年战略管理取得的辉煌成绩，宾夕法尼亚州立大学成功地进入了美国高水平研究型大学俱乐部——美国大学协会。宾夕法尼亚州立大学的成功，主要源于它在多年的实践中探索出了一条适合自己发展特色的战略管理机制（张艳敏，2010）。

4.3.2 宾夕法尼亚州立大学战略管理与控制的背景

宾夕法尼亚州立大学特许状（charter）指出，该校是“与州相关的”（state related），而不是“州所有的”（state owned），因此宾夕法尼亚州立大学反对成为州政府的附属或下属机构。与大多数美国公立院校相比，宾夕法尼亚州立大学从州政府收到了较少份额的拨款但享有更高程度的自主管理权（张艳敏，2010）。1956~1970 年是宾夕法尼亚州立大学快速发展时期，学生人数增长了接近三倍，教师人数增长接近两倍，总体日常财政预算额增长了五倍。州政府对此予以慷慨支持，1965~1970 年拨款增长的比例分别是 21%、31%、22%、22%和 17%。然而，在 20 世纪 70 年代，经济危机给宾夕法尼亚州带来重大打击，70 年代末州政府对大学拨款的增长变得相当缓慢，1977~1980 年的州财政拨款增长比例分别是 4%、0.5%、7%和 8%。在当时，各种社会生存成本不断增长，宾夕法尼亚州立大学开支增长远超州拨款增长，这间接导致了大学学费增长（张艳敏，2010）。为增强对环境的适应能力，宾夕法尼亚州立大学开始推进战略管理与控制。

4.3.3　宾夕法尼亚州立大学战略管理与控制的过程

根据战略规划制定和推进的程度，本书将宾夕法尼亚州立大学实施战略管理与控制的过程分为三个阶段：1983~1991 年为初始阶段，1992~2015 年为重组阶段，2016 年至今为再造阶段。

第一阶段：初始阶段（1983~1991 年）。从 1983 年开始，面对学校外部环境的变化，宾夕法尼亚州立大学为增强对环境的适应能力开始实施战略管理。借鉴企业战略管理，宾夕法尼亚州立大学在当时校长布莱斯·乔丹（Bryce Jordan）的领导下拉开了战略管理的帷幕。宾夕法尼亚州立大学大学委员会起草了一个名叫《对规划的规划》（Plan to Plan）的文件，乔丹校长成立了规划咨询委员会，成员由管理经验丰富的系主任、副系主任和教师评议员等构成。这个委员会的主要任务是制定《对规划的规划》，该规划在某种程度上成为宾夕法尼亚州立大学进行战略管理的基础。1984 年，校长办公室起草《战略规划纲要》，概括描述了宾夕法尼亚州立大学战略规划的目的，说明战略管理过程将如何起作用，为各个单位提供原则性方针来指导它们的战略规划活动。这个指导性文件的突出贡献是指出了战略管理与控制的规划将会是一个循序渐进的过程，每年都要根据内外部环境的变化进行战略规划的相应调整。宾夕法尼亚州立大学及下属单位都要在这个文件指导下，对学校内部的优势和劣势、出现的机会与承受的压力进行系统、持续地评估，进而对战略规划进行调整。针对跨组织边界的战略规划问题，乔丹校长任命了战略规划研究组来解决，小组成员由相关领域的教师组成。1984 年 8 月，乔丹校长指定战略规划研究组分析在宾夕法尼亚州立大学建立信息学院（The School of Communications）的可行性，小组成员由信息相关学科的教师和规划办公室的职员组成，这是学校制定战略规划后的第一个尝试。当年 10 月，研究小组把报告上交给校长，强烈支持建立信息学院，并讨论了六个建设方案的优点和缺点。1985 年，宾夕法尼亚州立大学董事会批准进行了一次大的学术重组：新建了信息学院、生物工艺学院、健康与人类发展学院；取消了社区学院的项目和系科，把这些资源分散到其他单位中；在分校的资金支持下，建立了技术部；对多个行政性和学术性的运行单位（包括学生服务和支持项目、计算和信息技术服务及研究生院）进行了重组（盖格等，2017）。宾夕法尼亚州立大学的学术发展与战略管理制定及实行密切相关，主要通过每年对战略规划进行更新及实行由教务长任主席的委员会听证会制度予以落实。听证会上，委员会进行战略分析，确立财政优先性，进而对学校决策产生重要影响。宾夕法尼亚州立大学战略规划过程主要体现为，通过改变资源配置的方式重点发展一些学校项目（张艳敏，2010）。学校战略管理与控制在帮助保持和提高学术质量的同时也减少了成本，创造了一个更加有效率和效益的运行方式。通过战略管理与控制，宾夕法尼亚州立大学把数百万的资金从行政转移到优先发展的学术项目方面，如增加教师，更好地支持教学、研究和服务；还取消了一些重复的项目和服务，把资源用到最有前途和最有效的项目当中。1989 年，宾夕法尼亚州立大学完成了第一个五年战略规划，向国家顶尖公立研究型大学目标迈进。在此期间，宾夕法尼亚州立大学成功举办了有史以来最大的公立大学筹资运动，在不到五年的时间内就筹集到 3 亿美元，建立了荣誉学院。在信息学院的成功试水后，宾夕法尼亚州立大学又创立了信息科学和技术学院。五年内，宾夕法尼亚州立大学研究生入学数同比增加了 26%，非白人种族学生入学增加了 70%，非白人种族教师数量增长了 70%，女性教师的数量增长了 1/3。1989 年 10 月，宾夕法尼亚州立大学收到了参加“十大联盟”（Big Ten）的会议邀请，加入了“美国最好的十所大学联盟”当中。这一时期，宾夕法尼亚州立大学新闻与大众传媒的规模从全国第 25 名跃为第 2 名，再一次通过了认证，吸引了很多杰出的学生和教师（张艳敏，2010）。

第二阶段：重组阶段（1992~2015 年）。1992 年以来，宾夕法尼亚州立大学 58 个专业被取消和合并。同年开始，学院和支持单位每年对预算中的 1%进行重新分配。1996 年，宾夕法尼亚州立大学在战略管理上迈出了重要一步，将战略规划与质量和评估直接挂钩。1998 年，宾夕法尼亚州立大学开始制定关于学校发展战略规划水平指标的年度报告，要求每个计划指定单位也将同样的内容纳入年度计划之中，对战略实施状况进行评估，以便将战略实施效果更为直接地反馈给大学规划咨询委员会，为战略控制和资源配置请求的审核提供依据。战略制定以后，在宾夕法尼亚州立大学实施过程中对实施计划进行审核是确保战略方向和调整战略重点的有效措施（张艳敏，2010）。

第三阶段：再造阶段（2016 年至今）。为应对 21 世纪的复杂挑战，2016 年宾夕法尼亚州立大学发布了 2016~2025 年的战略规划——“我们对影响力的承诺”，确定并阐明了宾夕法尼亚州立大学到 2025 年的优先事项和目标。在这份战略规划中，宾夕法尼亚州立大学首次提出将弹性作为一个统一的概念，大学社区和社会将有效地应对逆境，甚至更有影响力地“向前反弹”，创造新的解决方案。愿景、使命和价值观在整个计划中交织在一起，促进教育机会、吸引学生、促进包容性、公平性和多样性、加强全球参与、推动经济发展、确保可持续的未来是该规划实施的主要内容。该规划的五个主题优先事项如下：教育转型、增强健康、管理地球资源、推进艺术和人文学科与通过数字创新赋能。该规划的支持要素包括对卓越组织概念的关注和加强、组织流程、基础设施和支持、选民外联和参与。该规划明确了十年内的任务，作为一所多校区、赠地和公立研究型大学，宾夕法尼亚州立大学将教育来自世界各地的学生，并通过教学、研究和服务的综合计划支持个人和社区；教学任务包括本科生、研究生的专业教育、继续和扩展教育，将通过教师指导和远程学习提供，教师、学生和员工的才华、知识、多样性的创造力及教学与研究敏锐度将进一步丰富教育计划；以发现为导向，协作与跨学科研究将通过扩展知识及其在自然科学和应用科学、社会和行为科学、工程、技术、艺术和人文科学及无数专业中的应用中来促进经济发展、专业实践、全球发展和人类的进步。作为宾夕法尼亚州的赠地大学，宾夕法尼亚州立大学提供无与伦比的教育和公共服务机会，与世界各地的私营部门、教育和政府合作伙伴开展协作活动，以产生、整合、应用和传播对社会有价值的知识①。

总之，宾夕法尼亚州立大学的每个战略规划以五年为周期，有三个主要组成部分：综合规划、单位规划和大学一级规划。其一，综合规划汇集了招生、人员配备和设施数据，以支持宾夕法尼亚州立大学校园的战略规划、决策和控制。作为此过程的一部分，综合规划向校园提供与招生和入学、人员配备、资本项目、资本金、学费收入、工资支出、部门分配和工资相关的基准年和历史数据，然后校领导与工作人员合作制定出相关四年的预测数据以支持战略规划。其二，单位规划是指单位层面的规划，其指南由执行副总裁兼教务长办公室制定，该规划建立在综合规划过程提供的基础之上。最新指导方针要求宾夕法尼亚州立大学的 48 个预算单位中的每一个都要提供：对未来 5~10 年的明确愿景；实现愿景的策略；学习成果评估的计划、进度和举措（仅限学术单元）；战略绩效指标；讨论与多样性规划有关的进展和解决的问题，以及指导大学促进多样性框架的七项挑战；讨论学术计划和行政服务审查核心委员会的建议如何继续纳入单位规划和管理；有关促进诚信和道德行为做法的信息；讨论该部门如何为宾夕法尼亚州立大学的可持续发展目标做出贡献；战略举措与预算规划的相关性②。其三，大学一级的规划比单位规划晚一年，这是因为大学级的规划在参与过程中广泛利用了单位规划和其他资源的相关数据进行支持。自上而下和自下而上的规划相结合是宾夕法尼亚州立大学战略管理的基本特征。在共同的指导方针中，每个单位定义自己的规划方法、实施策略和绩效指标，然后将其纳入大学规划过程。这种混合性的基础战略规划和单位规划过程不仅保证了本身的价值，并为大学级规划提供了支柱。2016~2025 年的战略规划——“我们对影响力的承诺”，是宾夕法尼亚州立大学战略规划委员会通过广泛包容的过程制定的。1983~2015 年，宾夕法尼亚州立大学战略规划走过了一个独立而平行的多样性框架规划过程。自 1983 年实施战略管理初始框架以来，宾夕法尼亚州立大学在建立一个真正多元化、包容性和公平的机构，以及建立基础设施以促进有效的多样性规划、实施和报告流程方面取得了相当大的进步。2016 年，宾夕法尼亚州立大学将其多元化战略规划合并到大

---

① The Pennsylvania State University. Our commitment to impact——The Pennsylvania State University's strategic plan for 2016 to 2025. https://sites.psu.edu/strategicplan/files/2016/12/Our-Commitment-to-Impact-2016-2025- R1.pdf.

② The Pennsylvania State University. Penn State's strategic planning process. https://strategicplan.psu.edu/planning-resources/planning-at-psu/.

学总体战略规划流程中，以实现协同效应，发挥学校更大的优势。这项全面计划在宏观层面上确定了宾夕法尼亚州立大学愿景，为宾夕法尼亚州立大学的前进方向设定了具体路线。

4.3.4 宾夕法尼亚州立大学战略管理与控制的特点

作为一所多校区公立研究型大学，宾夕法尼亚州立大学在持续三十多年的三个阶段的战略管理与控制中，以教育、科研和社会服务为宗旨，致力促进经济发展、人类进步、世界各文化互相融合。作为一所除主校区外还拥有23个分校区的大学，宾夕法尼亚州立大学在战略管理与控制中形成了群体参与式的意见征集、自上而下和自下而上的规划相结合的特点；作为一所政府关联资助，但私营为主的公立大学，宾夕法尼亚州立大学在战略管理与控制中形成了规划与财政相联系、区别于公立学校也有异于私立学校的特点；作为一所利益相关者众多、资金来源复杂、校区情况各异等矛盾相互交织的大学，宾夕法尼亚州立大学的战略管理与控制只能也必须是弹性的。

1. 通过群体参与式的意见征集收集信息

宾夕法尼亚州立大学实施战略管理以来，规划制定的意见来源于利益相关者，包括受托人、教职员工、本科生和研究生、工作人员、学术和行政领导及校友。大学层面的战略规划由每个学院、校园和主要行政单位的战略规划提供信息，绝不遗漏一个单位。在整个规划和实施周期中，宾夕法尼亚州立大学通过多种机制征求和接受了众多支持者的大量建设性反馈意见。随着战略规划发展，所有反馈都经过仔细考虑。这一举措使得宾夕法尼亚州立大学的战略规划更加贴合实际，满足利益相关者的需求。

2. 自上而下和自下而上的规划相互结合

鉴于利益相关者群体较多，宾夕法尼亚州立大学的战略管理采用了自上而下和自下而上相结合的模式。自上而下是指宾夕法尼亚州立大学的战略规划是由校长发起，由战略研究小组制定相应发展规划，战略研究小组成员由管理经验丰富的系主任、副系主任和教师评议员组成。自下而上是指宾夕法尼亚州立大学的战略管理控制是根据规划具体实施情况进行的，每个阶段都会对战略实施状况进行评估，以便将战略实施的效果更直接地反馈给大学规划咨询委员会，为战略实施和资源配置的审核提供依据。自上而下和自下而上的战略管理与控制模式不仅确保了正确的战略方向，而且保证了及时采取有效措施调整战略重点。战略研究小组的成员都在相关领域经验丰富，因此相关战略都是基于正确的宏观方向提出的，重点开发项目也是基于当下世界发展趋势与潮流进行的。例如，2016 年提出的战略规划——“我们对影响力的承诺”，将促进教育机会、吸引我们的学生、促进包容性、公平性和多样性、加强全球参与、推动经济发展、确保可持续的未来列为实施该计划的主要内容，将教育转型、增强健康、管理我们星球的资源、推进艺术和人文学科、通过数字创新赋能列为该计划的五个主题优先事项。其中，加强全球参与与可持续未来的观念都是当今世界发展趋势，管理地球资源和通过数字创新赋能是新的发展方向，这些思想与项目的提出进一步保证了宾夕法尼亚州立大学在未来发展中继续保持领先地位。自下而上的战略管理控制确保了学校每一步规划都能落到实处，及时反馈，促使学校每年都根据内外部环境变化调整相应战略规划，保证了规划方向的正确性。在该文件指导下，宾夕法尼亚州立大学对学校战略规划进展进行系统持续评估，促进了战略目标超预期完成。

3. 学校战略规划和财政供给状况相联系

宾夕法尼亚州立大学在财政压力下采取战略管理，决定了其在战略管理中每一步规划都与财政密切相关。在宾夕法尼亚州立大学战略管理进程中，战略规划的优先性和资源分配决定紧密相连。在 1984 年开展的第一个战略规划中，宾夕法尼亚州立大学将筹资运动列为优先项。为保证科研和教学质量，宾夕法尼亚州立大学把数百万的资金从行政预算转移到优先发展的学术项目方面，如增加教师，更好地支持教学、研究和服务。在 2016 年宾夕法尼亚州立大学战略规划中，学校把寻求为奖学金提供慈善支持列为核心优先事项。战略规划和财政状况紧密相连确保了战略规划实施有足够的资金支持，加强了有限资源合理配置。宾夕法尼亚州立大学采用鼓励发展战略，运用跨部门协作大创意模式，利用大学筹款进行战略控制活动。在宾夕法尼亚州立大学，主要利益相关方帮助确定应优先考虑哪些需求，授权决策者采取相应行动。宾夕法尼亚州立大学战略规划实施要求根据证据和数据做出行动选择，判断优先事项，分配相应资源，帮助学校减少不必要支出，并借机寻找新的收入来源。

虽然在“我们对影响力的承诺”战略规划中只阐明了战略管理与控制的目标，而不是实现这些目标的具体举措，但宾夕法尼亚州立大学已经确定了几种支持该计划的实施方法。在支持经济发展和社区复兴计划中，宾夕法尼亚州立大学将投入关键资源、知识和经验来解决当地社区、宾夕法尼亚州和全球有关的问题。宾夕法尼亚州立大学拥有 24 个校区，接受了这些校区所在社区的福利，用来完善校区机构健康运行，承诺对社区发展负有至关重要的责任。在基础设施和支持计划中，宾夕法尼亚州立大学创造性思考并大胆行动，以确保其学术基础设施与大学的使命和愿景保持一致。因为基础设施不仅仅是大学的土地、建筑物和设备，也是大学的财产。宾夕法尼亚州立大学的基础设施（包含硬、软性动产不动产设施和无形基础设施）与学术和行政在大学的运作与知识的创造中起着至关重要的作用。人员、资金、空间、信息技术、物理工厂、企业系统、业务流程和服务、课程工作流程、教学法和人力资源服务都构成了宾夕法尼亚州立大学的核心学术基础设施。先进的学术基础设施对于推进宾夕法尼亚州立大学的战略管理与控制至关重要，于是宾夕法尼亚州立大学大胆采取行动，对基础设施进行必要战略投资，以提高学校相关质量，进一步实现卓越发展。宾夕法尼亚州立大学优先考虑对员工的投资，努力招聘和留住最优秀、最多样化的人才。资源是有限的，因此宾夕法尼亚州立大学在战略管理中尤其注重系统地、创造性地投资资源。首先，确定可能需要投资的领域，以提供新的物理基础设施或者补充和加强现有投资，因为物理性基础设施会不可避免地过时，这将会防碍宾夕法尼亚州立大学教育学生和进行研究的能力。其次，宾夕法尼亚州立大学还对研究性和学术性基础设施采取结构化和协调的方法，向高优先级领域项目进行资源倾斜。

4. 战略管理与控制根据变化弹性地开展

战略管理始终是动态的，这是因为外部环境是不断变化的，内部环境也不是一成不变的。鉴于内外部环境的动态性，宾夕法尼亚州立大学的战略规划在制定时便充分考虑了一定的弹性。到了21世纪，新时代背景下大学发展的机遇与挑战并存，对研究型大学来说，战略管理更难是一个静态的、以具体目标为导向的、按预设路线不再变更的演进过程。因此，2016年宾夕法尼亚州立大学发布的战略规划更具适应性，使用实时信息发展，明确提出了战略管理与控制的弹性原则。该规划不确定采取的具体举措，也不定义衡量成功的指标，只是告知和指导宾夕法尼亚州立大学朝着最有效的方向发展。

5. 学校战略管理与控制有别于私立院校

宾夕法尼亚州立大学作为一所公办的赠地大学，接受来自州政府的拨款，同时接受州政府的管辖。区别于美国私立院校，宾夕法尼亚州立大学的战略管理全权由学校董事会负责，自负盈亏；宾夕法尼亚州立大学接受宾夕法尼亚州的拨款，同时大学的教育计划、相关研究和外展活动将在从地方到全球的社区经济发展方面产生可衡量与有意义的差异。通过利用校园规模、广泛的研究优势、研究园区和经济发展资产，宾夕法尼亚州立大学将推动创造宾夕法尼亚州的就业机会、经济发展和学生职业成功；宾夕法尼亚州立大学也将加快将新思想转化为新能源、食品安全与营养工程、环境保护、医疗保健、制造工业、教育技术、医疗设备和制药等领域的有用产品和新工艺。与私立大学不同，宾夕法尼亚州立大学是宾夕法尼亚州经济上的重要贡献者，其年度 77 亿美元的运营预算（2021~2022 年）[①]被杠杆化为全州范围的经济活动，为该州经济贡献了超过 116 亿美元，并在 2017 财年直接或间接地支持宾夕法尼亚州超过 105 000 个工作岗位[②]。宾夕法尼亚州立大学的收益大大超过支出，规划中大学将在未来几年产生更大、更积极的经济影响。秉承为公共利益而研究的使命，宾夕法尼亚州立大学将拥抱创新思想并制定相关战略规划，以促进宾夕法尼亚州的经济发展。除经济发展外，宾夕法尼亚州立大学提倡鼓励和奖励企业家精神文化，不仅鼓励科学、技术、工程和数学等领域的发展，而且提倡艺术、健康和人类发展、教育和新兴学科方面等方面的发展。学校与立法者、商界领袖、社区和其他合作伙伴合作，分别进行短期和长期投资，这将会使几代宾夕法尼亚州人从中受益。宾夕法尼亚州立大学反对成为州政府的附属或下属机构，与大多数美国公立院校相比，仅从州政府收到了较少份额的拨款，但享有更高程度的自主管理权。在宾夕法尼亚州立大学，学校战略管理从规划到控制都由校内董事会负责。

4.3.5 宾夕法尼亚州立大学战略管理与控制的经验

作为公立性质学校，宾夕法尼亚州立大学战略管理与控制经验对我国研究型大学更具借鉴价值。宾夕法尼亚州立大学在战略管理与控制中强调自上而下和自下而上双向沟通，注重校园文化和软实力建设，突出优先事项，管理责任分层，战略控制渐进持续性进行等，都给我国研究型大学以有益启示。

1. 强调自上而下和自下而上的双向沟通

宾夕法尼亚州立大学战略规划与控制是一个自上而下和自下而上的相互联结过程，上下双向沟通保证了战略规划实施的有效性。自上而下是指战略规划由上层管理者策划，进行制定。每次规划制定之前，宾夕法尼亚州立大学的中心行政部门都会发表《规划指南》（Planning Guidelines），指导规划编制工作；宣传规划方向，广泛征集校内各单位、所有师生员工和学校利益相关者的意见和建议；要求校内各级财政单位要制定新的单位一级的战略规划或者修改旧的战略规划，上交所属委员会。1997 年，宾夕法尼亚州立大学发布了《宾夕法尼亚州立大学 1997》，制定了 1997~2002 年度的战略规划，阐明了五年内战略管理的最高目标和规划背景。大学规划委员会每年都会评估每个学术和支持单位的战略管理报告，考虑其所需资

① The Pennsylvania State University. Board of trustees approves 2021-22 operating budget，tuition schedules. https://www.psu.edu/news/administration/story/board-trustees-approves-2021-22-operating-budget-tuition-schedules.

② The Pennsylvania State University. Study：Penn State contributes $11.6 billion to PA economy. https://www.psu.edu/news/impact/story/study-penn-state-contributes-116-billion-pa-economy/.

源要求并给予相关建议。自下而上是指校内所属各级单位向学校提交所在单位规划，学校汇总形成校级战略规划。宾夕法尼亚州立大学在制定战略规划中，每个战略规划单位都具有相对自主性。单位一级的战略规划不仅指导本单位本周期的相关战略实施与控制，同时也要为上一层级的战略规划提供数据支撑。我国研究型大学的战略管理与控制多采用单一方向规划模式，一般自上而下完成。自上而下单行的战略规划优点是制定速度快，但容易不切合实际，成为“空中楼阁”，不利于实施；自下而上单行的战略规划优点是各单位制定的规划针对各单位实际情况，便于实施与控制，但容易导致各自为政，不顾大局，各单位目标和愿景难以统一。因此，在战略管理中，我国研究型大学应摒弃自上而下或自下而上单行的模式，借鉴宾夕法尼亚州立大学做法，选择“双通道”，将自上而下和自下而上有机联结。

2. 注重战略管理校园文化与软实力建设

2016 年，宾夕法尼亚州立大学在学校战略规划——“我们对影响力的承诺”中确定了六个核心价值观，不仅确保了战略规划的执行与控制，并为成功完成学校使命提供了必要的文化背景。这六个核心价值观是正直、尊重、责任、发现、卓越、社区。正直是指学校相关人员（包括教职员工、学生、其他工作人员等）按照最高的学术、专业和道德标准以正直与诚实的方式行事；尊重是指宾夕法尼亚州立大学尊重每个人，尊重公民话语权，并培养一个多元化和包容性的社区；责任是指宾夕法尼亚州立大学人以负责任的方式行事，并对采取的决定、行动及其后果负责；发现是指宾夕法尼亚州立大学寻求和创造新的知识并进行理解，培养学生创造能力和创新能力，以造福社区、社会和环境；卓越是指作为个人、机构和高等教育的领导者，宾夕法尼亚州立大学在所有努力和行动中都追求卓越；社区是指宾夕法尼亚州立大学人共同努力，改善大学，服务社区和世界。作为全校战略规划对教育变革承诺的一部分，宾夕法尼亚州立大学制定了具有包容性、公平性和多样性的四个规划目标：①培养尊重和包容的文化，重视教职员工和学生的经验和观点；②制定开展质疑社会问题和激发社会责任的课程，并实施奖学金；③评估和纠正导致差异影响的组织结构、政策和做法，并限制宾夕法尼亚州立大学教职员工和学生的访问和机会；④招募、支持和推进多元化的学生团体和教职员工团体。包容性、公平性和多样性是宾夕法尼亚州立大学作为公立高等教育机构的义务与承诺的核心，旨在为社区中的所有人提供有效的教学，不仅来自宾夕法尼亚州和美国其他各地，而且越来越多地来自世界各地。学生与教职员工理所当然地要求大学在各个方面展示其对包容性、公平性和多样性的承诺，包括但不限于研究、学生学习、课外活动、工作环境和社区外展。包容性是指尊重所有人，承认多元化社区中存在的多种身份和其发表的观点；公平性要求注意不同社区是否存在不同影响、不同的准入和机会，以及消除限制潜力和可能性的结构和系统障碍；多样性是指校园内拥有不同社会身份、背景和经验的教职员工与学生。宾夕法尼亚州立大学战略规划指出，学校应坚定地将包容性、公平性和多样性纳入学校各级的研究、教学、学习、外展、评估、运营和决策的方方面面。规划要求，校园应营造和维持一个尊重和包容教职员工、学生与社区成员的环境；创造性地提供拥抱多样性的计划和环境，促进对差异的接受和重视；坚定不移地努力确保公平以获得设施、计划、资源和服务；通过吸引和培养来自不同背景的有才华的教职员工与学生来壮大校园人员队伍。

3. 在战略管理中根据财力突出优先事项

宾夕法尼亚州立大学在 2016 年发布的战略规划——“我们对影响力的承诺”中突出了五个主题优先事项：教育转型、增强健康、管理地球资源、推进艺术和人文科学、通过数字创新增强能力。这些重点战略领域体现了宾夕法尼亚州立大学的优势和机遇，代表了宾夕法尼亚州立大学的专业深度和广度。这些优先事项是战略规划中学术潜能与资助财力权衡较量的结果，如果能够获得持续投资，宾夕法尼亚州立大学就可以做出深刻且可衡量的贡献。这些主题优先事项与单位一级战略规划相交，通过协调能源和资源，它们将发挥巨大作用。主题优先事项是有远见的，而不是硬性规定的。学校战略规划必须成为为未来指明方向的灯塔，但并不意味着需要扼杀创新性。在整个规划中，宾夕法尼亚州立大学拥有专业力量和相配套的资源，为实现优先主题提供了途径。这些重点优先事项并非意味着排除或无视大学中非优先事项的重要性，各学科的基础研究和应用研究仍然是大学的核心。实质上，优先事项是被认为在短期内值得更多关注和投资的机会领域，在资源有限的情况下它们才会被优先投资。研究型大学资源的有限性决定了很多学校都会像宾夕法尼亚州立大学一样，在战略管理中根据财力突出优先主题事项，以保障大学战略的可行性、特色性和有效性。

4. 实施战略管理与控制的管理责任分层模式

宾夕法尼亚州立大学在实施战略规划过程中，大学委员会致力于支持 24 个校区的不同目标和独特需求。宾夕法尼亚州立大学委员会分为监督委员会、执行委员会和指导委员会，职能分工和结构分层显示了不同委员会工作在规划实施过程中的不同作用。监督委员会在战略规划实施中向执行副总裁兼教务长报告，推动整个宾夕法尼亚州立大学规划框架的实施。它定期向校长、董事会和其他大学领导人提供进度报告，并整合执行委员会的工作，为大学社区提供进展的整体视图。监督委员会还确定并通报战略规划的主题优先事项与资助要素之间的协调点和潜在合作点，协助执行委员会就优先事项和资源分配做出决定（张艳敏，2010）。执行委员会负责确定大学战略目标的关键战略，并调拨资源支持这些战略。每个执行委员会监督一个相关的指导委员会，负责确定和审查潜在的战略和采取成功措施。宾夕法尼亚州立大学有六个执行委员会，其中一个侧重于主题优先事项，一个负责战略规划中的资助内容。每个执行委员会都包括不同机构和不同领域的大学领导人，为实施过程带来相关经验和专业知识。这些人有能力将战略规划目标转化为可实施的战略，并取得成果。根据战略规划的五个主题优先事项和支持要素，执行委员会向监督委员会报告。这六个委员会在审查和支持其相应指导委员会确定的目标和倡议时，倡导各自的主题领域（张艳敏，2010）。指导委员会向其相应的执行委员会报告，推动在其相应专题领域执行战略管理举措，确定机会、目标和目的、行动计划、绩效指标或衡量标准的相关领域。这些委员会还举办公共论坛，报告战略规划的进展情况，并让教职工、学生和校友参与实施过程。宾夕法尼亚州立大学的委员会制度使得学校战略规划得以顺利实施，并形成完美闭环，层层相扣，奠定了学校战略管理与控制成功的基础。

5. 促使战略管理实施与控制渐进持续性进行

1983 年之后，宾夕法尼亚州立大学战略规划实施是一个持续渐进的过程，所有单位一级战略规划都以一年为周期进行预算。1991 年以来，宾夕法尼亚州立大学致力于持续提高质量，创建了一个持续提高质量办公室，向首席学术官员报告，学校行政部门鼓励规划单位把持续提高的原则整合到各个单位的战略规划当中。1997 年，宾夕法尼亚州立大学采取措施把质量、规划和评估明确地联系起来。这些措施包括建立一个新的行政中心（质量和规划中心），把质量提高整合到评估当中去。1997 年之后，宾夕法尼亚州立大学才产生了第一个大学总体范畴的战略规划（张艳敏，2010）。

为防止综合战略管理与控制超出许多学院承受能力，宾夕法尼亚州立大学减少战略规划的范围而不是削减组织的参与幅度，主张所有的学术和行政单位都应该参与进去，组织中的任何成员都有机会参与战略规划并在某种程度上获益。宾夕法尼亚州立大学管理者认为，实施战略管理从小范围开始是有利的，因为范围小相对阻碍也会少，从而更容易获得政治上、经济上、人力等方面的支持。宾夕法尼亚州立大学进行的第一次重大组织重组是创立信息学院，当时的参与者包括接近 30 名教师和 800 个学生，其对两年之后的更大程度战略重组（如健康和人类发展学院的建立）有很大贡献。战略管理是一个长期的过程，战略管理与控制需要渐进地和持续地进行才能获得成功。宾夕法尼亚州立大学从 1983 年开始制定战略规划，间断持续推进的每一个五年计划及其执行都会为下一个五年计划打下基础并提供支撑，形成了良性循环，这是其战略管理和控制成功的关键。

4.4　威斯康星-麦迪逊大学战略管理与控制的案例分析

20 世纪 80 年代以来，美国高校尝试制定某种形式的战略方针与规划，通过一系列富有创意的决策使之接近校园的主流文化、领导机构的管理风格和学校内部的管理过程，从而赢得了更有活力的教师队伍、更精明的管理团队、更好的声誉、更高的教学质量、更多的学生和更大的资金投入。威斯康星-麦迪逊大学，简称“麦大”或“UW”，1989~2001 年连续制定了三个发展规划，通过健全组织、广泛宣传、定期评价等措施全程监督实施，圆满完成了战略目标，一跃跻身美国研究型大学前列。本书基于威斯康星-麦迪逊大学多个发展规划分析其战略控制在目标设计、组织安排、信息反馈等方面的特点，探讨了其战略管理与控制的经验。

4.4.1　威斯康星-麦迪逊大学战略管理与控制概况

威斯康星-麦迪逊大学是威斯康星州立大学系统的第一个校区，建于 1848 年，次年 2 月开始招生。1862 年《莫雷尔法案》颁布后，这所大学成为法案的主要受益者之一，学术实力逐渐增强，在 20 世纪初即成为美国最具影响力的州立大学之一。威斯康星-麦迪逊大学位于美国威斯康星州首府麦迪逊，是一所世界顶尖的著名公立研究型大学，共有 13 个学院，24 186 名教职员工，2019 年研究经费全国排名第 8 位。威斯康星-麦迪逊大学位列 2022 年 QS 世界大学排名第 75 位，2021 年《美国新闻与世界报道》世界大学排名第 41 位，2021 年《泰晤士高等教育》世界大学排名第 49 位。威斯康星-麦迪逊大学是美国最受尊敬的名校之一，在多个学科和领域均享有盛誉，产生了 25 位诺贝尔奖得主，38 位普利策奖得主，12 位美国国家科学奖章得主。该校拥有 87 位美国国家科学院院士，26 位美国国家工程院院士，61 位美国艺术与科学院院士，8 位美国国家医学院院士。威斯康星-麦迪逊大学的研究经费常年高居全美前四，近年来每年高达 10 多亿美元。170 多年以来，威斯康星-麦迪逊大学作为世界高等教育史上具有划时代意义的“威斯康星思想”发源地，对美国和世界的教育、科技、经济及社会发展做出了杰出贡献。依靠卓著的学校声誉、浓厚的学术氛围、一流的科研实力、强大的校友网络、多元的文化生活和优美的自然环境，威斯康星-麦迪逊大学吸引着世界各地的一流学子前往深造。

本书之所以选取威斯康星-麦迪逊大学进行案例分析，主要基于以下四方面考虑。其一，威斯康星-麦迪逊大学是一所公立性研究型大学，不仅在美国一流大学中具有一定的代表性，而且与我国研究型大学办学性质相同。其二，威斯康星-麦迪逊大学实施战略管理与控制之前，面临着与我国研究型大学相似的困境和问题。其三，20 世纪 80 年代末至今，威斯康星-麦迪逊大学已开展战略规划与管理实践三十余年，其中不乏值得我们反思与借鉴的经验。20 世纪 80 年代以来，威斯康星-麦迪逊大学陆续出台了三部具有重要意义的战略规划，即《未来方向：21 世纪的大学》（1989 年）、《未来目标：威斯康星-麦迪逊大学未来十年的工作重点》（1995 年）、《威斯康星-麦迪逊大学战略规划》（2001 年），通过健全组织、广泛宣传、定期评价等措施全程监督实施，圆满完成了战略目标，一跃跻身美国研究型大学前列。此后，威斯康星-麦迪逊大学战略规划每五年制定一次，近十几年的战略规划包括了 2009~2014 年和 2015~2019 年两个阶段。其四，我国研究型大学战略管理迄今还没有完整成功的实践案例，亟须借鉴国外研究型大学战略管理与控制经验予以改进和完善。

2020 年，威斯康星-麦迪逊大学最新发布了《2020~2025 年战略规划框架》，在过去优先事项成功的基础上再接再厉，朝着成为 21 世纪模范公立大学的愿景迈出大胆步伐。该战略规划框架保留了威斯康星-麦迪逊大学在研究、教学和公共服务方面的核心遗产，促进学校进一步发挥潜力，在五个方面做出了战略规划①。

1. 卓越的教学和教育成就

威斯康星-麦迪逊大学在教育教学方面的目标是提供一个世界一流、负担得起的教育体验。为此，威斯康星-麦迪逊大学将加强所有学生的教育成果、职业发展和大学经历，利用新的授课模式与学生进行终身互动并扩大教育机会，在学生需求高的领域扩大教育规划并保持基础实力，继续培养教职员工的卓越教学。

1）加强所有学生的教育成果、职业发展和大学经历

其一，兴趣小组。威斯康星-麦迪逊大学提供数十个专为新生设计的学习社区，第一年兴趣小组（A First-Year Interest Group，FIG）将学生注册到由一个共同主题与一小群同龄人连接的班级集群。该计划允许学生探索专业的学术兴趣，并有助于缓解他们向大学的社会过渡。

其二，SSTAR 实验室。学生通过 SSTAR（The Students Succeed Through Applied Research）实验室，参加多种小型科学研究及其应用活动，学习研究方法和研究创新。该实验室为学生提供经济援助，包括巴基学费项目（Bucky's Tuition Promise），涵盖了符合收入水平标准的州内本科生四年学费。SSTAR 实

① The University of Wisconsin-Madison. Strategic framework 2020-2025. https://strategicframework.wisc.edu/.

验室与学生资助办公室（Student Financial Assistance Office）合作，威斯康星-麦迪逊大学是美国大学中唯一有此类实验室的大学。

其三，成功工作中心。成功工作中心（Success Works）是威斯康星-麦迪逊大学建立的面向文理学院学生的先进职业中心，服务内容包括职业发展课程和研讨会、模拟面试、简历审查、工作机会指导和薪资谈判，以及校友和雇主网络活动。

其四，转学参与中心。转学参与中心（The Transfer Engagement Center）是威斯康星-麦迪逊大学专门帮助转学生的机构，旨在帮助转学生过渡到威斯康星-麦迪逊大学。该中心提供学习空间、社区建设活动、咨询和其他支持服务，而且监督 Badger CETE（Badger CETE 是一个由学生主导的每周讨论部分，旨在连接新的转学生并提供领导力培训）。

2）利用新的教学模式扩大教育机会并进行终身互动

其一，南麦迪逊合作企业。威斯康星-麦迪逊大学与南麦迪逊合作企业（The University of Wisconsin-Madison South Madison Partnership，UWSMP）位于村民购物中心（Villager Mall），将大学与南麦迪逊社区联系起来，每月接纳 1 300 多个学生和游客，每周安排 83 小时活动。该合作计划包括健康和法律服务、UW Odyssey 项目等，主要为经济障碍的成年人提供免费大学课程，为记忆障碍、失语失用的老年人提供帮助服务。UWSMP 成立于 2015 年，从 2020 年扩大规模，以提高其教育和服务能力。

其二，巴基学费项目。巴基学费项目成立于 2018 年，是对威斯康星州学生的承诺。该计划为家庭年收入 60 000 美元及以下的新生提供四年的学费，或转学教育两年的费用。巴基学费项目实施仅两年，便为近 3 500 名威斯康星州学生提供了学费支持。

其三，在线学习计划。威斯康星-麦迪逊大学致力于增强和扩展在线学习，增加传统学生的灵活性，扩大非传统学生的教育机会。在线学习计划（Online Learning Initiative）正在为开发在线课程的教师提供支持，继续教育部（The Department of Continuing Studies）正在扩展其专业课程，为成人学习者提供数百个课程。此外，威斯康星-麦迪逊大学正在准备为成人学习者提供第一个完全在线的本科学位课程。

其四，PEOPLE 计划。威斯康星-麦迪逊大学的 PEOPLE 计划即卓越学习机会计划（The Precollege Enrichment Opportunity Program for Learning Excellence），始于 1999 年，当年有 66 个威斯康星州的高中生获得了卓越学习机会。目前，从八年级学生到大学四年级学生，人数已经增长到 1 000 多人。该计划为威斯康星州的中学生在威斯康星大学系统中取得成功做好准备，重点是威斯康星-麦迪逊大学的入学。该项目有两个组成部分——一个是预科学生计划，另一个是本科学生计划。被威斯康星-麦迪逊大学录取并注册的卓越学习机会获得者，有资格获得四年学费奖学金。

3）在需求量大的领域扩大教育计划并保持广泛实力

其一，建立计算机、数据和信息科学学院。威斯康星-麦迪逊大学将在文理学院创建计算机、数据和信息科学学院，以加强相关研究和教育，满足不断增长的学生需求，保持新兴技术领先。

其二，满足在线硕士学位需求并扩大其规模。威斯康星-麦迪逊大学的硕士学位课程正在解决美国高增长工作领域的培训需求和认证要求，学校心理学、临床营养等课程完全在线提供，允许在职工作学生获得硕士学位。

其三，继续加强建设跨学科共享的人文中心。威斯康星-麦迪逊大学人文中心是公共人文学科的国际领导者和跨学科倡议中心。该中心提供奖学金、访问学者的公开讲座和研究研讨会，其经典世界文本倡议（Great World Texts Initiative）倡导通过共享阅读经典小说将大学教师与高中教师联系起来。

其四，持续改进本科学生获得学位的时间。威斯康星-麦迪逊大学学生完成学位的时间趋少，创下了衡量学生成功的关键指标。2018~2019 学年学士学位获得者平均获得学位的时间为 3.96 个学年，这是该大学自 20 世纪 80 年代跟踪调查以来学生获得学位的最短年限，该数字也是首次降至 4 学年以下。

4）继续培养和改进麦迪逊大学教职员工的卓越教学

其一，麦迪逊卓越教学计划。麦迪逊卓越教学计划是一个为期两个学期的计划，通过培训早期职业教师如何成为卓越教师来改善学生学习。少数教员每周与辅导员会面，学习循证实践，然后在课堂上应用和评估。

其二，顶级教师多样性倡议。威斯康星-麦迪逊大学的顶级教师多样性倡议（Top Faculty Diversity Initiative）正在为各个部门提供新的工具和财政支持，促进代表性不足的群体在全球招聘优秀教职员工，大大提高学术部门的质量和多样性的潜在教员。该倡议旨在使学术部门能够聘用优秀的教员，鼓励院长、系主任和中心主任与其同事合作，寻找能够为校园社区增添多样性的优秀教师。

其三，学生参与率提高计划。威斯康星-麦迪逊大学将重新设计课程参与率达标及提升计划，把高入座率、以讲座为基础的课程转变为更积极、更具包容性的学习环境。据调查和报道，2020 年之后威斯康星-麦迪逊大学学生的课程讲座出勤率和参与度正在显著增加。该计划旨在通过增加学生对主题的探究和参与，使大型讲座课程更具互动性，将此类课程将转变为以学生为中心的体验，激发学生更大的学习责任。

其四，教学改进协作计划。教学改进协作计划（Collaborative for Advancing Learning and Teaching）是一项教师培育计划，包括为教师提供专业发展机会、研究指导培训、计划和课程评估、学术咨询和课堂技术协调。

2. 卓越的研究和学术

威斯康星-麦迪逊大学开展卓越的研究和学术，目标是通过支持发展世界级研究企业和多种形式知识传播，为发现创造提供引领。威斯康星-麦迪逊大学不仅发展研究事业，扩大全球影响力，支持教师、员工和学生的学术，继续培养教职员工的卓越研究，而且提供现代研究支持结构，促进创新和跨学科协作，推动对未来研究挑战的发现，以确保研究生和专业课程持续保持活力、竞争力和实力。

1）发展研究事业以期扩大全球影响力

其一，发展数据科学研究。美国家庭保险数据科学研究所于 2019 年成立，在数据科学基础方面进行前沿研究，并与行业伙伴开展合作应用，其跨学科研究将推动人工智能、遗传学、药物开发和材料科学等新兴领域的发展。

其二，发布 UW-Madison 2020 倡议。在威斯康星-麦迪逊大学校友研究基金会的支持下，UW-Madison 2020 倡议拟资助威斯康星-麦迪逊大学的高度创新和开创性研究，优先考虑有可能从根本上改变研究领域的合作研究项目，以及在申请外部资金之前需要重大开发或设备采购的项目。

其三，实施 OVCRGE 研究资助计划。研究生教育副校长办公室（The Office of the Vice Chancellor for Research and Graduate Education，OVCRGE）负责监督十多个研究资助机构，负责管理教授职位评聘、职业中期奖项、教师奖学金和会议的资金，研究人员可以获得将技术从实验室转移到市场的支持。

其四，推动临床试验研究。威斯康星-麦迪逊大学已将临床和转化科学发展为一门独特的学科，成立了临床和转化研究所（The Institute for Clinical and Translational Research，ICTR），正在加速临床研究进程——从调查到发现再到现实生活中的实践。在临床和转化科学研究中，威斯康星-麦迪逊大学将自身定位为循证政策和实践的主要催化剂。

其五，积极推进贫困研究。威斯康星-麦迪逊大学贫困研究所是美国知名的无党派研究机构，致力于研究贫困的性质、原因和治疗方法。该研究所将与一系列研究人员、政策制定者和从业人员合作，继续制作和传播严格的证据，为美国消除贫困和不平等的政策与计划提供信息。

2）继续培养教职员工的卓越研究能力

其一，实行秋季研究竞赛支持计划。威斯康星-麦迪逊大学每年都会通过秋季研究竞赛为数十名教师的研究提案提供直接资助，数百份提案由代表该大学教师的生物科学、物理科学、社会科学及艺术和人文科学四个研究委员会审查确定。

其二，倡议推行“集群招聘计划”。威斯康星-麦迪逊大学的集群招聘计划招募对高需求研究领域有共同兴趣的跨学科教职员工，由教务长办公室管理，该倡议将扩大教师队伍并创造新的知识领域。

其三，颁发教授职位和教师奖学金。威斯康星-麦迪逊大学的研究和研究生教育副校长办公室管理着享有盛誉的奖学金、命名教授职位和职业中期奖项，为表彰和鼓励卓越教师，将继续推进颁发教授职位和教师奖学金工作。

3）支持和促进创新及跨学科合作研究

其一，整合资源研究核心振兴。随着全国范围内研究资金的竞争加剧，威斯康星-麦迪逊大学正在集中资源加强对研究人员的支持。校园研究核心办公室协调共享设备、技术、培训、数据和其他服务，努力节省成本和提高生产力。

其二，推行图书藏书增强计划。为加强学校研究能力，威斯康星-麦迪逊大学推行图书馆馆藏增强计划，为学校图书馆提供资金，满足教职员工提出的与其工作相关的一次性购买。该倡议响应了研究发展对馆藏的要求，得到了学校校友研究基金会与研究和研究生教育副校长办公室的支持。

其三，对跨学科研究争取校外奖励。威斯康星-麦迪逊大学研究和研究生教育副校长办公室为自然科学、社会科学、艺术和人文科学的多学科研究中心与研究所建立了一个行政中心，每年为其争取超过 1.6 亿美元的校外研究奖励，并支持研究生教育和推广。

其四，促进合作企业对创新奖掖。工业界和威斯康星-麦迪逊大学之间的合作企业支持教师的重要研究，重视新技术和发现，更快地将产品推向市场，并为学生创造未来的就业机会。威斯康星-麦迪逊大学成立商业参与办公室作为企业的学校联络人，将企业与学校的潜在研究联系起来。

其五，推动跨学校学科整体研究。威斯康星-麦迪逊大学建立的威斯康星发现研究所（The Wisconsin Institute for Discovery，WID）是一所最先进的研究机构，旨在促进来自学校数十个系的教师之间的跨学科科学合作。WID 专注于数据科学、精准医学和新兴技术等跨学科领域，是跨学校研究团队的集中枢纽，每年举办若干场次促进探究的论坛。

4）确保研究生和专业课程的持续活力

其一，资助开发研究生助理。威斯康星-麦迪逊大学致力于在全国和全球范围内招募顶尖的研究生，凭借具有竞争力的薪酬方案投资于 4 500 多名持有校园任命的研究生，包括教学、项目和研究助学金。研究生助理占研究生总数的 33%以上，每月获得津贴，享有学费免费和综合福利资格。

其二，开辟研究生学者社区。威斯康星-麦迪逊大学创建研究生研究学者（graduate research scholar，GRS）社区，为研究生提供一系列与其学科相关的社会、学术、专业发展和研究相关活动，设立奖学金支持学生。

其三，赢取博士生对于课程的好评。2018 年，威斯康星-麦迪逊大学授予的博士学位在美国机构中排名第三，超过 80%的即将毕业的博士生将他们的研究生课程和学术经验评为优秀或非常好。未来 5 年，威斯康星-麦迪逊大学将继续提高课程活力，提升博士生对学校研究生课程和学术经验的美誉度。

其四，争取并用好 NSF（National Science Foundation，美国国家科学基金会）拨款。授予威斯康星-麦迪逊大学一项为期五年、价值 1 000 万美元的 NSF INCLUDES（inclusion across the nation of communities of learners of underrepresented discoverers in engineering and science，全国工程和科学领域代表性不足的探索学习者社区）联盟拨款，将该大学定位为旨在吸引和留住更多 STEM（science，technology，engineering and mathematics）大学课程中代表性不足学生的综合性国家计划的共同领导者。未来5年，威斯康星-麦迪逊大学将用好这笔NSF拨款，努力争取下一轮 NSF 拨款建设。

3. 践行威斯康星理念

威斯康星-麦迪逊大学秉承赠地学院时代建校初期确立的服务社会的威斯康星理念，目标是与社区及州政府合作，扩展和应用学校的研究、教育与实践知识，以促进学习并支持威斯康星州的创新和繁荣。为实现这一目标，学校将与社区进行积极合作，在威斯康星州内外提供积极的社会、文化和经济影响，促进威斯康星州内外的创业、创新和经济发展，在威斯康星州内外分享世界一流教学和研究型大学的好处。

1）在与社区互动中提供积极的社会、文化和经济影响

其一，实施梦想威斯康星州计划。美国梦联盟选择威斯康星-麦迪逊大学作为其四个大学合作伙伴之一，以促进当地社区的共同繁荣。梦想威斯康星州（Dream Up Wisconsin）计划资助创新提案（政策理念可投资概念），将 10 000 个戴恩县家庭的净收入增加 10%。

其二，开展莫里奇公共服务中心服务。莫里奇（Morgridge）公共服务中心通过服务和学习将威斯康星-麦迪逊大学的学生、教职员工与当地及全球社区联系起来，该中心的志愿者计划将学生团队与当地社区组织配对，开展为期一学期的服务项目。大约800个威斯康星-麦迪逊大学学生每年合计服务超过30 000小时。

其三，扩展威斯康星-麦迪逊大学。作为 2018 年威斯康星大学系统重组的一部分，推广部重新加入威斯康星-麦迪逊大学。威斯康星-麦迪逊大学推广部在每个县都设有办事处，将通过研究支持和社区外展加强大学与该州 72 个县之间的联系，根据当地需求制定实用计划。

2）促进威斯康星州内外的创业、创新和经济发展

其一，推进研发生产一体化。作为校园企业家的集中支持网络，威斯康星-麦迪逊大学 D2P（from development to production，从开发到生产）为学校有远见的教职员工和学生提供免费咨询、指导与教育课程，帮助校园发明者完成从构思、规划、开发到启动的整个过程的每一步。

其二，设立校友研究基金会。威斯康星–麦迪逊大学校友研究基金会（The Wisconsin Alumni Research Foundation，WARF）是一个隶属于大学的非营利组织，负责管理学校的研究、发现和产品商业化。在全国最成功的技术转让办公室中，WARF 以精准帮助教师获得专利及其许可、保护大学教师的科学发现获得高度赞誉，管理着从学校教师科研收入中获得的大量效益资金及其组合。它每年向威斯康星–麦迪逊大学提供数千万美元的资助，推动了学校持续创新。

其三，加强学校商务参与工作。威斯康星–麦迪逊大学商业参与办公室成立于 2018 年，旨在帮助州和国家工业与威斯康星–麦迪逊大学的庞大资源建立联系。未来，该办公室将继续帮助促进创纪录的行业研究合作企业、赞助机会、学生招聘工作和高管教育计划。

3）在威斯康星州内外分享学校世界一流教学和研究型大学的好处

其一，设立威斯康星乡村医学学院。威斯康星州农村地区的医生严重短缺，该州 72 个县中有 60 个县被指定为医疗服务不足。威斯康星–麦迪逊大学医学与公共卫生学院将通过威斯康星乡村医学学院缩小这一差距，针对乡村医学学院的为期四年计划拟招收打算从事农村医学的医学生，并根据农村地区的需要量身定制课程。

其二，实施奥德赛教育援助项目。威斯康星–麦迪逊大学奥德赛项目将为面临大学经济困难的成年学生提供免费的大学水平人文课程，给这些孩子读更多的书，为他们提供更好的指导，促使他们对自己的未来更有希望，并因此受到启发去攻读大学学位。

其三，协作开展地方实务问题研究。2016 年以来，威斯康星–麦迪逊大学通过大学城联盟（Univercity Alliance）与指定的威斯康星州城市和县合作，以应对当地挑战并开展高影响力项目。威斯康星–麦迪逊大学教师、学生与社区合作伙伴致力于协作解决各种各样的问题，如防洪、儿童保育负担能力和监狱囚犯再入狱防范策略等。

4. 高校社区充满活力

威斯康星–麦迪逊大学学校社区建设战略的主要目标是建立一种促进参与、包容、多样性和公平的组织文化及氛围。为此，威斯康星–麦迪逊大学将为师生学习和工作提供包容、安全、健康与丰富的环境，促进学生和员工的身心健康；通过课堂内外促使学生融入大学，促进学生全面发展；增强学生、教师和员工的多样性，并在对多样性的坚定承诺基础上，创建一个热情、有能力和包容性的社区。

1）提供包容、安全、健康与丰富的学习和工作环境

其一，大力开发讨论项目。威斯康星–麦迪逊大学创建了讨论项目，以帮助

教师促进高质量的课堂对话，并让他们的学生为参与其中做好准备。未来，威斯康星-麦迪逊大学将提供讨论项目培训课程促进讨论项目开发，加强校园创造温馨、引人入胜和学术严谨的课堂环境能力。

其二，扩展 UHS 心理健康教育。威斯康星-麦迪逊大学健康服务中心（University Health Services，UHS）为员工增加了十几家心理健康教育提供者。未来，UHS 将延长营业时间，增加获得服务的机会，其中包括个人和团体咨询、24 小时危机热线等。

其三，实施多样性框架跟进计划。威斯康星-麦迪逊大学致力于营造一个温馨的环境，让所有学生、教职员工都能茁壮成长。该大学于 2014 年发布了多样性框架，并继续通过名为 REEL（retain、equip、engage、lead，预留、武装、参与、领导）的 10 年实施计划来跟踪进展情况。未来，威斯康星-麦迪逊大学将跟进推动这一计划全面深入实施。

其四，扩建校园文化学生中心。威斯康星-麦迪逊大学致力于创造空间，让每个人都能找到社区并感到像回家一样。多元文化学生中心开设了新的文化中心，提供社区节目和支持空间，包括黑人文化中心、拉丁文化中心和亚太岛民德西美国学生中心。

其五，发布 U-Well 倡议。U-Well（即让威斯康星-麦迪逊大学更好）倡议是威斯康星-麦迪逊大学为促进整个校园社区的福祉而共同努力的成果，侧重于影响健康和福祉结果的政策、系统和环境战略，将学生和员工、校园和社区资源、健康活动联系起来。

2）以课堂内外促进学生融入大学与全面发展

其一，加强威斯康星体验。威斯康星-麦迪逊大学将学生对学校的整体体验与对课堂内外学习的体验结合起来，该体验衡量学生在校期间如何成长为学者和公民，重点关注四个领域：同理心和谦逊、好奇心、智力自信和有目的的行动。

其二，支持学生领导力训练。威斯康星-麦迪逊大学的领导与参与中心支持学生发展领导能力，学校领导力证书授予记录至少 100 小时专注于领导力发展经验的学生。

其三，强化本科生领导力培育。威斯康星-麦迪逊大学建立本科生领导力活动平台——Leadership@UW 项目（威斯康星-麦迪逊大学领导力沟通培育项目），有计划经常性组织与学生领导力相关的学术课程、培训和研讨会。

其四，大力推进留学参与工作。威斯康星-麦迪逊大学在 60 个国家或地区提供 200 多个留学项目，在出国留学参与方面名列前茅。2017~2018 学年，威斯康星-麦迪逊大学的留学学生总数排名第 18 位，学期参与率排名第 2 位。未来，威斯康星-麦迪逊大学将大力推进学生留学项目，促进留学工作再上新台阶。

其五，发布十字路口倡议。威斯康星-麦迪逊大学的十字路口倡议（UW

Crossroads Initiative）将多元文化学生中心、性别与校园中心的资源和规划联系起来，解决学生在性别、身份及其他方面的生活和学习需求。

其六，开发查森艺术博物馆教育。威斯康星–麦迪逊大学的查森艺术博物馆拥有威斯康星州第二大艺术收藏品——超过 22 000 件常设和临时展览作品。该博物馆作为教育资源，将加强提供与课程相关的展览、画廊参观、艺术家和学者讲座及其他学习活动。

3）以师生多样性创建热情、有能力和包容性的社区

其一，发布教师多元化倡议。威斯康星–麦迪逊大学的教师多元化倡议致力于通过开发招聘渠道、提供薪酬支持、为新教师补充招聘方案及通过支持教师的研究和教学来留住教师，创建一个包容性的校园社区。学校相关部门为该倡议提供了评价工具和财政支持，以从各自领域代表性不足的群体中招聘教职员工。

其二，实施弱势群体大学生扶持计划。威斯康星–麦迪逊大学设立 Mercile J. Lee 学者计划（MJLSP，即 Mercile J. Lee 奖学金项目，是前校长和鲍尔斯·克纳普奖学金项目），认可、支持和发展来自弱势群体的杰出威斯康星大学学生。在该奖励计划中，学者可以受益个性化的建议、支持性的同行网络、领导力发展、指导机会和有竞争力的财务奖励。

其三，提出高素质教职员工招聘倡议。威斯康星–麦迪逊大学的财务和行政副校长（the vice chancellor for finance and administration，VCFA）倡议致力于招募和留住高素质的教职员工，增强校园的多样性。VCFA 的努力得到了包容和多样性委员会（The Engagement，Inclusion and Diversity，EID）的支持，该委员会为启动和维持广泛的组织变革提供建议和帮助。

其四，实行“我们的威斯康星州”计划。我们的威斯康星州是威斯康星–麦迪逊大学的一项包容性计划，旨在一年级学生中建立社区。该计划为住在大学宿舍的学生提供关于多样性和包容性的深入研讨会，营造鼓励学生自由分享他们的经历和身份的环境。

其五，推行大学预科提升学习机会计划。威斯康星–麦迪逊大学的大学预科提升学习机会计划是为低收入家庭第一代大学生提供的支持和奖学金渠道。该计划拟招募八年级学生并帮助他们为大学申请程序做准备，决定就读威斯康星–麦迪逊大学的学生将有资格获得四年学费奖学金。

5. 建设高绩效的组织

威斯康星–麦迪逊大学高绩效组织建设战略的目标如下：在我们所做的一切中不断改进，为我们服务的人提供更好的服务。为此，威斯康星–麦迪逊大学将加强财务业绩、增加收入、控制成本，提供创新方式投资战略重点，同时保持对最高道德标准的承诺；建立并进一步支持学校高素质和忠诚的员工队伍，推进威

斯康星-麦迪逊大学的使命并体现其价值观；扩大和深化与关键合作伙伴及利益相关者的关系，保持对共享治理的承诺；在校园资源管理中实践可持续性原则，承担起对人类和地球的环境责任。

1）通过增强财务绩效保证战略重点投资

其一，推动行政转型计划。威斯康星-麦迪逊大学拟通过行政转型计划，积极应对快速发展的高等教育格局。该计划正在制订解决方案，降低管理复杂性，构建灵活的基础设施以应对变化，并加强数据可用性、财务控制和信息安全。

其二，积极寻求收入创新。威斯康星-麦迪逊大学开展广泛努力，以释放学校运营中的增量收入和利润，加强对核心优先事项进行再投资。这项努力反映了全球大学的早期趋势，许多大学都在寻找创造性方法来产生新的收入来源以支持它们的使命。

其三，广泛开辟筹款活动。2015 年，威斯康星-麦迪逊大学发起了“一路向前运动”（all ways forward）筹款活动，超过 200 000 名校友和朋友捐赠了约 30 亿美元。这些资金支持了数千名学生的奖学金，设立了数百名新的教职员工岗位和教授职位以吸引与留住世界上最优秀的教师，并建造了最先进的设施。

其四，探索 IT（information technology）优化和创新。威斯康星-麦迪逊大学正在投资信息技术，以促进全球合作、前沿研究和个性化的教育体验。技术和数据的战略性使用加速了更有效的校园管理流程开发，威斯康星-麦迪逊大学的未来努力包括标准化 IT 系统、共享云存储和协作工具。

其五，注重规范师生道德行为。威斯康星-麦迪逊大学合规办公室促进道德行为，监督师生遵守所有适用的州和联邦法律、法规和政策。该办公室特别要求师生在校期间遵守与其生活息息相关的具体法律法规和政策，包括美国残疾人法案、HIPAA（Health Insurance Portability and Accountability Act，健康保险流通与责任法案）隐私、民权法案和威斯康星州公共记录法等。

2）支持忠诚的高素质教职员工队伍建设

其一，招聘创造性教师。威斯康星-麦迪逊大学重点招募那些具有创造性工作、研究、教学和服务的人员，其将为校园社区的多样性做出贡献。为了帮助各部门实现教师多元化，学校对教师多元化倡议以招聘和外展资金的形式提供支持。

其二，推进职称和薪酬项目。职称和总薪酬项目是威斯康星-麦迪逊大学的一项全面人力资源工作，旨在使大学的职称、薪酬和福利计划现代化。为了帮助招聘和留住优秀员工，该项目将创建清晰、一致且相关的职位和描述，基于市场的薪酬和福利结构及职业发展框架。

其三，实施财务和人力资源工作轮岗计划。威斯康星-麦迪逊大学的工作轮换计划是指把参与者安排在财务和人力资源部门及校园内的职能部门，在两年内进行一系列轮换。该计划将通过为早期职业的专业人士提供广泛的经验来促进其职业发展，同时通过培养强大的管理人才队伍使大学受益。

其四，推行全员专业发展计划。威斯康星-麦迪逊大学人力资源办公室为所有教职员工提供专业发展机会。学校每年举办数以千计的专业发展课程、研讨会、会议、在线培训和活动，并提供资金资源。

3）深化关键合作伙伴和利益相关者关系

其一，注重州内关系。威斯康星州州关系办公室倡导威斯康星大学的公共利益，并经常向该州公民展示其价值。威斯康星-麦迪逊大学在制定战略时，要推进大学与州立法机关、州长和其他州政府机构建立密切关系，并将与州政府相关的事项列为优先事项。

其二，重视联邦关系。联邦关系办公室倡导影响威斯康星-麦迪逊大学的联邦政策和问题，是大学与联邦政府之间的主要联络人。学校行政人员要密切联系联邦关系办公室工作人员，共同致力于促进威斯康星-麦迪逊大学在威斯康星州的利益，并分享可能影响该大学研究、教育和外展工作的政策与资金发展。

其三，强化社区关系。社区关系办公室是威斯康星-麦迪逊大学与当地麦迪逊社区之间的主要联络人。社区关系办公室工作人员在许多市和县委员会任职，并致力于通过南麦迪逊伙伴关系等倡议进行对大学场地、资源和专家的访问及帮助，学校行政人员要加强与社区关系办公室工作人员的联系。

其四，设立社区顾问。威斯康星-麦迪逊大学校长的社区顾问小组成立于2016年，旨在加强与校园和社区合作伙伴的关系。成员定期开会讨论校园相关问题，并充当社区成员的联络人，以确保听到他们的声音。

4）校园资源管理体现可持续的发展原则

其一，致力于大学宿舍的可持续发展。威斯康星-麦迪逊大学的大学住房部拟采用整体方法来实现可持续性，并在其整个运营过程中采用对环境负责的做法。这些努力正在显著减少住房设施和食堂的浪费，提高能源使用效率。

其二，实施绿色基金计划。威斯康星-麦迪逊大学的绿色基金计划是学生发起的系列项目之一，该项目旨在解决校园设施的环境足迹、社会影响和运营成本问题。该计划支持太阳能电池板安装、节能温室冷却系统、节水厕所改造、堆肥收集计划和其他项目，致力营造绿色循环校园。

其三，借助STARS评级推进战略规划。根据美国国家可持续发展跟踪、评估和评级系统（The National Sustainability Tracking，Assessment and Rating System，STARS）报告，威斯康星-麦迪逊大学于2019年进行的第一次可持续发展评估为校园在资源管理、教育和研究方面的努力赢得了银牌评级。威斯康星-麦迪逊大学拟以此为契机，加强校园战略规划，推进更加全面的校园可持续发展。

4.4.2　威斯康星–麦迪逊大学战略管理与控制的背景

20 世纪八九十年代，美国在全球竞争中所处的优势地位面临严峻挑战，作为知识创新源头的研究型大学受到社会广泛质疑，公众认为，美国大学的国际竞争力正在下降。作为一所有着 170 余年历史的公立性研究型大学，威斯康星–麦迪逊大学面临着经费困难与管理低效问题。为解决这些问题，威斯康星–麦迪逊大学以“控制”推进三部战略实施，取得了巨大成功，使之成为美国研究型大学中的佼佼者。

1. 历史悠久的公立性研究型大学

威斯康星–麦迪逊大学是威斯康星大学系统的最早分校，是一所综合性研究型公立大学。它以美国第四任总统麦迪逊的名字命名，校园面积 10 649 英亩，拥有 100 多个本科专业，44 000 多个学生，2 500 多名教授，授予博士学位总数在全美排名前五位，研究生院位列美国大学前十名，无论是研究设施和设备等硬件方面，还是教学、师资、科研成果等软件方面都处于美国大学前列，是美国最具影响力的公立大学之一。作为公立大学，威斯康星–麦迪逊大学不仅学生和教师数量多于私立大学，所处的内外部环境也比私立大学复杂得多（Graham and Diamond，1997）。除了要考虑联邦政府、州政府、私人捐赠机构、教师、学生等内外因素外，还要在与州政府及其他方面的联系中寻求平衡，因此威斯康星–麦迪逊大学实施战略控制更为复杂而富有挑战性。

2. 研究型大学受到社会广泛质疑

20 世纪八九十年代，美国在全球竞争中所处的优势地位面临严峻挑战。美国贸易赤字从 1982 年的 364 亿美元上升到 1992 年的 600 亿美元；同期美国出口产品中高科技产品的比重仅增加 4%，而进口产品中高科技产品的比重却跃升了 20%。1994 年，卡内基基金会对美国 125 所研究型大学的调查显示，美国本科教育与西欧发达国家相比，存在较大差距，甚至不如中国、印度等发展中国家（陈新忠和李忠云，2007c）。作为知识创新源头的研究型大学受到社会广泛质疑，公众认为，美国大学的国际竞争力正在下降。

3. 面临着经费困难与管理低效问题

20 世纪 80 年代末，威斯康星–麦迪逊大学面临着一些更为具体也更为棘手的问题与挑战。1988 年开始，州财政经费在学校所获全部资源中所占份额逐步缩减，20 世纪 90 年代末，威斯康星–麦迪逊大学成为十大联盟（大十联盟的基本成员为伊利诺大学、密歇根大学、明尼苏达大学、西北大学、普度大学、威斯康星大学、印第安纳大学、爱荷华大学、俄亥俄州立大学和威斯康星-麦迪逊大学）中获得州拨款最少的大学。威斯康星-麦迪逊大学与当时大多数研究型大学一样，也存在着系科分割严重、师资队伍涣散、学校管理效率低下的问题。1993 年开始担任该校校长、时任教务长、副校长的戴维·沃德（David Ward）后来回忆道："在我们的大学里，院系主任就像是封建诸侯，没有统一的目标来约束他们无休无止的要求"（陈新忠和李忠云，2007c）。面对高校数量迅速增长和生源数量趋于稳定的矛盾，威斯康星-麦迪逊大学努力寻求应对竞争、提高组织效能的新路径。

4. 以"控制"推进三部战略实施

20 世纪 80 年代后期开始，威斯康星-麦迪逊大学仿效 20 世纪 60 年代以来大企业在管理中采用的成本核算、建模预测等战略管理方法，立足全局、着眼长远，陆续出台了三部战略规划，即《未来方向：21 世纪的大学》（1989 年），《未来目标：威斯康星-麦迪逊大学未来十年的工作重点》（1995 年），《威斯康星-麦迪逊大学战略规划》（2001 年），在实施中加强战略控制，在控制中强力推进战略实施，有效实现了既定目标，使威斯康星-麦迪逊大学脱颖而出，成为美国研究型大学中的佼佼者。

4.4.3 威斯康星-麦迪逊大学战略管理与控制的过程

威斯康星-麦迪逊大学在实施战略管理与控制过程中逐渐形成了一系列缜密组织，主要包括威斯康星-麦迪逊大学系统董事会、大学学术规划委员会、各种专门委员会或任务小组、质量促进办公室等，构成了战略实施与控制系统。为认识战略控制成效，加强纠偏，威斯康星-麦迪逊大学还建立了多维的评估系统与广泛的传导系统，有力保障了战略目标实现。

1. 缜密的组织系统

威斯康星-麦迪逊大学在战略管理中逐步建立了由威斯康星-麦迪逊大学系统董事会、大学学术规划委员会和各种专门委员会或任务小组，成立了质量促进办公室，形成了较为完整的战略实施与控制组织体系。

1）大学系统董事会

依照威斯康星州宪章的规定和威斯康星-麦迪逊大学的传统，大学系统董事会（Board of Regents）拥有学校重大事务的决策权。在战略管理中，董事会确立大学系统的宗旨和使命，明确所属不同类别学院的核心目标，认可所属学院富有自身特点的行动追求。

2）大学学术规划委员会

大学学术规划委员会（University Academic Planning Council）是威斯康星-麦迪逊大学负责学科规划工作的常设机构，受教务长直接领导，隶属教务长办公室，学术规划与分析办公室（Office of Academic Planning and Analysis）为其提供行政支持。其主要职能如下：在主要学科设置、长期学术规划、学校发展和预算政策等方面为校长与教务长提供咨询，具体包括审议新设专业、学位、院系及学院申请，提出建立或停办院系的建议，对学科专业进行评估，并对学校设施和校园规划机构所做的与学术工作有关的学校实体发展规划提出咨询意见。

3）各种专门委员会和任务小组

人文学科、生物科学、自然科学、社会科学、人力资源与多样化、学生事务等六个专门领域委员会提出本领域发展的意见，是战略目标和具体措施确定的依据。为保证目标落实，围绕各战略重点，威斯康星-麦迪逊大学还成立了由学校主管行政领导牵头的任务小组，进一步研讨具体战略的实施措施，制订相应的实施方案。

4）质量促进办公室

质量促进办公室（Office of Quality Improvement，OQI）是目前威斯康星-麦迪逊大学进行战略管理的核心运作机构，直接受教务长领导。OQI 成立于 1990 年，是时任教务长戴维·沃德极力主张将在全校推进“质量促进”过程作为学校战略管理根本导向的结果。OQI 不但通过组织协调汇总来自学校各方面的意见，最终形成战略规划，而且协同多个任务小组，具体实施规划。OQI 形成了一套战略实施与控制模型（图 4-1），供校内各单位采用（Doris et al.，2004）；设置了一个长期的信息互动平台，以便于全校师生员工与校长沟通意见。另外，威斯康星-麦迪逊大学的校长、教务长、校长办公室、教务长办公室，隶属行政副校长的设施管理与规划办公室和规划与建设办公室，以及各个院系的院（系）务委员会等机构，都在战略管理与控制中发挥了重要作用。

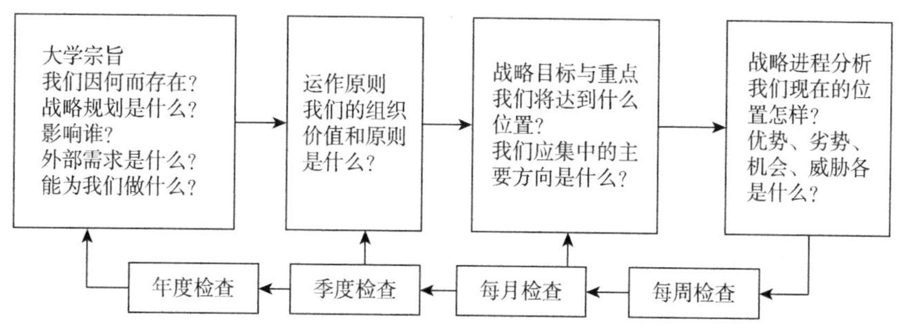

图 4-1　威斯康星-麦迪逊大学战略实施与控制模型

2. 多维的评估系统

美国高等教育认证体系（system of accreditation in higher education）是一种民间性质的、以自我评价和同行评价为基础的高等教育质量保障体系，有六个区域性认证机构，威斯康星-麦迪逊大学认证工作由中北部院校协会（North Central Association，NCA）负责。NCA 对学校的发展方向、资源状况、实施绩效、可持续发展能力、内外部关系状况等进行认证。威斯康星-麦迪逊大学每年向 NCA 提供一份年度报告，每 5 年提供一份详细评估报告，每 10 年接受一次综合情况审查，而且还要不定期地接受 NCA 来校视察。威斯康星-麦迪逊大学的战略正是在此过程中形成、实施并接受内外评价与监控的。美国学者安·多德（Ann H. Dodd）指出，“认证是对战略管理的潜在投入，大学的自我评估往往被当作战略管理的催化剂”（Dodd，2004）。

3. 广泛的传导系统

学校战略规划确定以后，威斯康星-麦迪逊大学通过各种会议、学校网页、印制单行本等形式进行宣传，使全校师生知晓战略目标和内容，形成关注未来、关注发展的舆论氛围，为各个单位及其成员实施战略提供环境条件。学校还通过经费分配机制，鼓励子系统依据战略重点确定自身努力目标；通过专门机构（如学校质量促进办公室等），指导和帮助子系统有效实施战略规划。为反映战略落实情况，威斯康星-麦迪逊大学每年向全校师生和校外相关人士提供战略最新进展的报告，并通过网络、宣传册广而告之。质量促进办公室负责人每年要向教务长汇报各种举措的实施情况和效果。学校每两周举行一次院系负责人联席会议，交流经验，评价效果，为进一步实施学校战略重点校正方向。战略控制措施有效推进了战略实施，保障了战略目标实现。2002~2003 财年，威斯康星-麦迪逊大学研究经费总额高居全美大学第 3 位，2004 年获得的联邦研究经费超过 52 亿美元；近几年的年度本科生问卷调查显示，90%以上的本科生对在威斯康星-麦迪逊大学所受的教育“相当满意”或“比较满意”；威斯康星-麦迪逊大学通过开办“十万个为什么”（the why files）网站，成为全州科普教育的中心，威斯康星-麦迪逊大学研究园吸引了诸多高技术公司的加盟，研究优势迅速转化为产品优势，推动了本州的经济发展；威斯康星-麦迪逊大学通过设立跨学科教师岗位促进了交叉学科的发展，提升了其在生命科学方面的全球领先地位；威斯康星-麦迪逊大学在国际化方面也走在美国大学前列，不仅是联邦政府资助最多的国际问题研究中心，而且被美国教育联合会（American Council on Education）树立为国际问题研究的模范之一，其中威斯康星-麦迪逊大学商学院是受联邦政府资助、为美国企业进军海外市场提供帮助的 30 个咨询机构之一（张弛，2005）。

4.4.4　威斯康星-麦迪逊大学战略管理与控制的特点

威斯康星-麦迪逊大学作为战略管理与控制的典范，在实施战略管理与控制的过程中表现出了鲜明的特点，始终将战略目标定位于巩固自身在美国乃至世界高等教育的领先地位上。三部战略规划实施与控制中都突出了研究、教学质量和威斯康星理念的重要地位，后两部还将国际化列为战略重点，既体现出战略的递进性和创新性，又保持了目标的具体性和操作性。

1. 以研究领先

卓越的研究工作是一流研究型大学的立身之本。1995 年和 2001 年的战略规划在 1989 年“继续进行研究领域的超越”目标的基础上，相继提出了三个新目标：一是增加研究资源，促进研究基础设施建设；二是提高教育质量，为学生提供研究经验；三是使研究为社会的经济发展和福利服务。

2. 以质量取胜

卡内基基金会在 1997 年《重塑本科教育》报告中呼吁美国大学重视本科教育工作，提高教育质量。威斯康星-麦迪逊大学 1995 年的规划指出，优质的教学涉及整个学习环境的全面革新问题，学习环境不仅是传统的教室，还包含学生之间进行相互学习的宿舍和其他场所，现代技术是将课堂内外学习环境联结起来的手段，并提出了三项目标：改善学习环境，使其向课堂之外延伸；提高对大学生学业支持的服务水平；改革教学设计和实践。2001 年的战略规划提出了强化研究生和专业教育质量的四项目标：确保研究生掌握适应挑战和早期职业生涯所需的技能；拓展跨学科研究和教育项目；使硕士研究生尤其博士研究生生源更具多样性，更为优秀；促进对硕士研究生尤其博士研究生的学业支持和学生事务方面的帮助（Doris et al.，2004）。

3. 放大学校理念

威斯康星理念是威斯康星大学在建校伊始确立的社会服务指导思想，是威斯康星大学系统对世界高等教育做出的重要贡献之一。在 1989 年威斯康星-麦迪逊大学战略“强化公共服务的责任”目标的基础上，1995 年的战略提出四项目标：与全球共享知识；巩固与合作伙伴的联系，形成新的合作伙伴关系；运用技术扩大为公众服务的范围；强化威斯康星理念的基础，将大学的信息、学习和服务拓展至全州乃至全球。2001 年威斯康星-麦迪逊大学战略进一步提出了四项“放大”威斯康星理念的具体目标：促进威斯康星和全球经济发展；运用跨学科方法探索社会问题；促进远距离学习；增加终身教育机会（Doris et al.，2004）。

4. 加速国际化进程

国际化是世界趋势，也是研究型大学在经济全球化、教育国际化进程中提高自身竞争能力的必然选择。1995 年威斯康星-麦迪逊大学战略提出“加入全球社区”的五项目标：发展有关世界的新的知识形式；建立与国内外大学的良好关系；加强与本科生有关的国际研究的教学内容；与全球社区分享知识；运用技术手段扩大影响空间。2001 年的威斯康星-麦迪逊大学国际化战略目标更为明确和具体：保持学校在区域和国际研究中的领先地位；使本校各院系居于本专业教育领域国际教育的领导地位；与国内外各种机构合作；促进教师参与跨学科的国际问题研究（Doris et al.，2004）。

4.4.5 威斯康星-麦迪逊大学战略管理与控制的经验

威斯康星-麦迪逊大学通过实施多种战略控制措施，向世界展示了研究型大学的实力与成果，在实施战略控制的过程中建立了完善的理念系统、指标系统、组织系统、文本系统、评价系统、信息反馈系统，确保了战略目标如期实现，让战略管理真正成为研究型大学提升综合实力和核心竞争力的新思路与新举措。

1. 建设与战略管理相适应的理念系统

战略管理是高校尤其是研究型大学应对内外环境变化树立的新思想、采取的新方略，是一种与我国计划经济时代“操作管理”截然不同的管理方式。研究型大学要建设具有全局意识、国际意识、经营意识、卓越意识等的新理念系统，以正确的思想保障战略沿着一致的方向健康快速发展。威斯康星-麦迪逊大学以远大而前瞻的理念制定战略规划，实施战略管理，进行战略控制，实现了阶段性战略目标的不断超越。我国研究型大学要以其为榜样，在战略管理中确立前瞻性发展理念，以正确理念引导战略管理顺利进行。

2. 设立具体的战略控制目标指标系统

威斯康星-麦迪逊大学在战略实施中将宏观战略方向分解成诸多具体目标，使战略控制有的放矢。例如，2020 年威斯康星-麦迪逊大学发布的《2020~2025 年战略规划框架》在教育教学、科学研究、社会服务、文化建设和组织建设五个方面制定了面向未来的战略规划。其中教育教学方面提出了“卓越的教学和教育成就”的追求方向，目标定位于提供一个世界一流、负担得起的教育体验，并将其分解为四项工作，即加强所有学生的教育成果、职业发展和大学经历，利用新的授课模式与学生进行终身互动并扩大教育机会，在学生需求高的领域扩大教育规划并保持基础实力，继续培养教职员工的卓越教学。其中，第一项工作“加强所有学生的教育成果、职业发展和大学经历”又分解为兴趣小组、SSTAR 实验室、成功工作中心、转学参与中心四项具体设计。围绕战略目标，我国研究型大学也要设立可操作化的指标系统，使战略控制具体可行。

3. 健全战略控制组织系统

系列机构的设置是战略管理工作开展的基本依托，是战略实施与控制的组织保障。威斯康星-麦迪逊大学董事会、学术规划委员会、各种专门委员会、质量促进办公室等组成的组织系统，在战略目标实现中发挥了重要作用。除此之外，威斯康星-麦迪逊大学战略实施中的每一项工作都有相应的管理组织，每一个管理组织都有权责明晰的具体工作。工作与组织相互交织，落实与督促相互结合，有效保证了威斯康星-麦迪逊大学战略管理中各级目标的完成和实现。学习威斯康星-麦迪逊大学经验，我国研究型大学要结合国情、校情和属地情况建立健全组织系统，保证战略控制有效开展。

4. 完善战略控制文本系统

文本是战略管理内容的载体，是战略实施和控制的依据。在威斯康星-麦迪逊大学战略控制中，战略控制文本既有来自学校层面的总体战略规划和实施指南，又有来自各个学院和管理部门的基层单位规划文本与落实文本。在战略管理进程中，威斯康星-麦迪逊大学各级单位和部门还形成了丰富多样的自评文本、阶段总结与纠偏报告等。这些五花八门的文本构成了威斯康星-麦迪逊大学战略控制的文本系统，既为战略管理与控制提供了依据，又是战略管理与控制的成果展现。借鉴威斯康星-麦迪逊大学做法，我国研究型大学要围绕战略规划制定保证战略目标特别是战略重点实现的规章制度，约束和激励所属部门、单位及教职员工的行为；做好战略实施的文本记录和阶段小结，及时汇总分析，校正战略方向。

5. 建立多维的战略评价系统

评价是对活动进展情况的比较与衡量，对战略规划、实施和控制情况进行的评价是战略控制措施、方法与手段选择的凭借。在威斯康星-麦迪逊大学战略控制中，战略评价既有内部的，也有外部的。内部评价主要是指威斯康星-麦迪逊大学自身开展的评价，包括校级层面的评价、单位层面的评价和个人层面的评价。外部评价主要是指威斯康星-麦迪逊大学之外相关主体开展的评价，包括联邦政府及州政府进行的相关评价、民间社会团体进行的相关评价和合作企业进行的相关评价。这些评价以威斯康星-麦迪逊大学自我评价为主体，以威斯康星-麦迪逊大学之外的评价为辅助，都对威斯康星-麦迪逊大学战略控制发挥了积极作用。借鉴威斯康星-麦迪逊大学经验，我国研究型大学要结合教育主管部门对大学开展的各种评价，建立多维的评价系统，与战略管理中的评价系统相互促进，保证战略有序稳步推进。

6. 设置战略监控的信息反馈系统

信息是战略管理的重要通道，信息时代的战略管理要突出信息的地位、发挥信息的作用。威斯康星-麦迪逊大学在战略管理中极其重视信息收集和信息反馈，与宾夕法尼亚州立大学相仿，充分运用了自下而上和自上而下的信息流功能。在自上而下的信息流中，威斯康星-麦迪逊大学注重让学校战略规划的精神、内容和要求传达到每一位教职员工，并通过各种学校层面和单位层面的信息传播与交流平台反馈战略实施进展状况，努力使学校战略管理化为每名教职员工的内在行动。在自下而上的信息流中，威斯康星-麦迪逊大学注重让单位层面的规划和建议反映到校级层面，体现在学校总体规划之中，并注重收集每一位教职员工在战略管理中的意见、思想和创新，将其吸纳到学校对战略控制的指导和调节之中。威斯康星-麦迪逊大学在战略管理中设置信息反馈回路，增加了战略实施的透明度，增强了学校上下的互动性，为战略控制与调整提供了丰富可靠的一手材料。我国研究型大学要向威斯康星-麦迪逊大学学习，利用信息技术优势，整合力量，建设高效的战略监控信息反馈系统，为战略控制快捷有效开展提供重要的参考依据。

研究型大学是国家高层次人才培养和研究创新的重要基地，有着与企业不同的组织特点和文化特色。研究型大学战略控制要强化宣传和沟通，充分发挥文化机制的作用，运用多种激励手段调动人才的积极性和主动性，变外在控制为内在控制，形成富有特色的控制体系，使发展战略如同一块磁石，将人们引向理想的未来，确保战略目标如期实现，让战略管理真正成为研究型大学提升综合实力和核心竞争力的新思路与新举措。

4.5 美国高校战略管理与控制典型案例的经验启示

美国研究型大学不仅在学术上走在世界前列，在战略管理上也引领了一个时代。本书选取的耶鲁大学、哈佛大学、宾夕法尼亚州立大学、威斯康星-麦迪逊大学均是美国研究型大学中的佼佼者，在战略管理与控制中取得了骄人成就。目前我国研究型大学战略管理还处在探索阶段，我们要积极学习美国研究型大学战略管理与控制的经验，取人之长、补己之短，促进我国研究型大学健康、持续、快速发展。

4.5.1　坚守大学精神和办学理念

大学精神在大学发展过程中逐步形成，是高等学校发展的核心和灵魂，是师生赖以生存的精神支柱。大学精神通常包含了大学自治、学术自由、教授治校、创新与批判，以及对文化传承的使命感和责任感（张军成和段开军，2015）。办学理念是大学领导人对大学应该是什么样机构的理想，使大学保持正确的办学方向，不为社会现实左右（胡瑜苓和黄容霞，2017）。美国研究型大学都有着不同于其他学校的办学理念，正是这种其他大学难以替代的个性才使其具有存在的价值。例如，哈佛大学一直固守着“寻求真理”的办学宗旨，耶鲁大学致力于追求“光明与真知”。这些研究型大学明确的办学理念使它们在各自的领域做出了重大贡献，为国际社会和莘莘学子景仰。目前，我国许多研究型大学都提出要创办世界一流大学或高水平大学。为了实现这一奋斗目标，我国研究型大学不仅要有明确的办学理念和执着的大学精神，而且要牢牢把握好自己的战略发展方向（杨柱，2007）。

4.5.2　主动服务国家战略和社会

大学自形成以来就通过培养有教养的人来服务社会、增益国家。近代大学以对真理的探究推动社会发展，现代大学则更多地直接参与社会事务，以教学、科研等直接服务社会需要。今天，研究型大学更应关注社会的公共福祉，这是社会对研究型大学的诉求。正如曾任美国国家科学基金会主席的艾瑞奇·布洛克（Erich Bloch）指出的那样，“政府关注的所有问题：健康、教育、环境、能源、城市发展、国际关系、空间领域、经济竞争，以及防御和国家安全，其解决之道都依赖于创造新的知识——由此依赖于美国研究型大学的健康与活力”（杜德斯达，2005）。事实上，从大学发展来看，“大学总是与其所处的社会之间存在一种服务关系。它们总是对社会需要做出反应，并且为了满足这些不断变化的需要而以各种重要的方式对自身进行调整”（教育部中外大学校长论坛领导小组，2002）。大学服务社会的思想起源于《莫里尔法案》，发扬于威斯康星理念的提出。威斯康星理念（Wisconsin idea）诞生后，美国高等学校的社会服务职能得到了确立，这成为世界高等教育史上一个重要的里程碑。该理念表明了一个普遍的原则，即教育应该超越课堂的界限影响人们的生活。从授权当地企业到鼓励下一代领导人和实干家，近170多年来威斯康星-麦迪逊大学致力于生活的研究、创新和教育，服务了一代又一代威斯康星州的家庭。同一时期，哈佛大学、宾夕法尼亚州立大学等都提出大学的教育和知识是“现实生活”“实用”“有用”“服务”等的重要组成部分。美国研究型大学这种社会服务形式意味着社会服务不仅仅是大学单方面利用自身的能力去服务社会，更为重要的是大学应该让其人才培养、科学研究主动融入社会，实现大学的“公共参与”。学习美国研究型大学服务国家和社会的战略管理与控制做法，我国研究型大学要在服务国家和社会的战略谋划和行动中建设世界一流大学。

4.5.3 推动战略管理可持续实施

不论是耶鲁大学和哈佛大学，还是宾夕法尼亚州立大学和威斯康星-麦迪逊大学，战略管理实施与控制都是渐进持续进行的。1983 年之后，宾夕法尼亚州立大学战略规划基本上是一个持续的过程，每一个五年计划及其执行都会为下一个五年计划打下基础并提供支撑，形成了良性循环，这是其战略管理和控制成功的关键。威斯康星-麦迪逊大学首部前瞻性的战略规划《未来方向：21 世纪的大学》（1989 年），包含学校的使命、战略重点、发展目标和具体措施，在内容和框架上为该校未来的战略规划奠定了基础。《未来目标：威斯康星-麦迪逊大学未来十年的工作重点》（1995 年）、《威斯康星-麦迪逊大学战略规划》（2001 年），均在总结前一阶段战略重点的完成情况基础上制定。促进研究、推进学生学习、发展威斯康星理念和培育人力资源几乎是威斯康星-麦迪逊大学历次规划不变的优先事项。虽然随着外部环境和资源条件的变化，这些内涵及其表述方式发生了一些变化，但威斯康星-麦迪逊大学规划框架和主要内容保持了稳定与连续性，有利于学校始终朝着战略规划的愿景方向迈进（胡瑜芩和黄容霞，2017）。借鉴美国研究型大学战略管理与控制保持连续性的经验，我国研究型大学要从战略规划入手，突出本质、科学设计、加强统筹、注重衔接，促使战略管理持续实施成为世界一流大学建设的重要依托和抓手。

4.5.4 加强大学内部沟通和交流

美国研究型大学在战略管理过程中普遍强调沟通和交流的重要性，注重加强校内上下之间的沟通与交流。一是发挥自上而下的作用，由学校高层管理团队收集师生员工意见制定学校发展战略规划。每次在学校制定规划之前，学校高层管理团队都会制定学校规划指导文件。规划指导文件是一个激发自下而上讨论的关键工具，要求每位教职员工和每个基层单位都要充分参与。根据规划指导文件，学院和系要在校领导确定的方向下先行制定单位战略。美国研究型大学规划实践表明，学校战略重点并非产生于会议和讨论，而是首先产生于学校的高层领导，然后对其评论、修正并通过战略规划二级单位之间的相互交流和协商而重构。二是对院系和职能部门的规划进行评估、提供反馈。对院系和职能部门规划的评估包括对院系和职能部门的使命陈述、规划草案及规划文本的评估，评估过程可以增进大学规划的整合性。这种设计方式一方面有助于加强大学和二级单位之间的交流，另一方面为征求大学其他成员的意见提供了机会。三是加强大学内部的直接沟通和信息共享。在制定学校战略规划时，研究型大学与校内单位成员的沟通和交流是整合高度差异化大学组织的重要途径（胡浩民，2011）。借鉴美国研究型大学战略管理与控制中加强校内沟通交流的做法，我国研究型大学要充分认识教职员工参与学校战略管理的重要性，在校内沟通交流中产生学校战略规划，在校内沟通交流中推进学校战略管理，在校内沟通交流中实施学校战略控制。

4.5.5　健全战略控制的组织系统

大学组织在横向上有行政系统和学术系统差别，在纵向上涉及校、院、系、所等诸多层级。在这样一个复杂的系统环境中实施战略控制，战略规划设计显得非常重要。在战略规划设计过程中，需要明确由谁或哪级单位作为规划主体。如果规划设计组织的层次太低，规划过程就会增加差异化。相反，如果选择的设计单位层次过高就可能会脱离实际，从而无法激发大学核心运作单元开拓战略思维进行选择（胡浩民，2011）。因此，研究型大学进行战略规划设计时一般以团队方式整合被选单位，鼓励那些拥有相似学科特点的单位合作制定规划以增进协同和效率。威斯康星-麦迪逊大学在战略管理与控制中建立了学校董事会、学术规划委员会、各种专门委员会、质量促进办公室等组织，形成了有效的战略管理与控制组织系统，是四所美国研究型大学的典型代表。美国研究型大学在战略实施中每一项工作都有相应的组织，每一个组织都有权责明晰的相应工作。工作与组织彼此交织，落实与督促互相结合，有力保证了战略目标达成。机构设置是战略管理的前提，是战略实施的保障。学习美国研究型大学战略管理与控制中组织机构探索，我国研究型大学要结合学校和社会实际建立健全战略管理与控制的组织系统，保证战略整理与控制顺利实施。

4.5.6　谋取充裕的战略资源支持

一个组织成功的重要标志在于获取了更多的资源，实现了更好的控制（赵炬明，2006）。任何一所学校的资源（如物质资源、人才资源、组织资源等）都是有限的，研究型大学也不例外。研究型大学优势的发展需要优质的资源来保证，只有资源的相互配合才会产生战略优势。因此，研究型大学对战略重点要增加资源配置，对需要限制发展的学科则减少资源配置。战略控制的重要内容之一就是资源配置问题，研究型大学通过优化资源配置保证学校战略重点的实现。美国四所研究型大学都非常明白资源对于发展的重要性，在战略管理与控制中均高度重视对于资源的争取与配置。四所研究型大学无一例外地在学校战略规划中鲜明地确定了优先主题事项，而优先主题事项的确定就是研究型大学反复权衡学校资源能力后决定的投资重点。为保障学校发展战略顺利实施，四所研究型大学都明确了自身筹资的主要渠道，并努力开辟新的财源。总之，教育改革从来不是孤立的教育自身的事务，拥有丰富的师资力量和经费，获得有力的制度保障，加强与社会密切合作等以形成全社会的教育合力是研究型大学生存与发展壮大的基本条件，是任何教育事业获得成功的必然选择（包水梅，2013）。借鉴美国研究型大学战略管理与控制中对于战略资源的处置，我国研究型大学在战略管理与控制中要努力争取政府和社会的投入，尤其要挖掘社会捐赠潜力，同时利用好有限资源，科学确定战略重点，保障战略实施卓有成效。

4.6 本 章 小 结

美国研究型大学战略管理研究与实践均走在世界前列，积累了诸多战略控制经验。2022 年《美国新闻与世界报道》世界大学排名中，哈佛大学排名第 1 位，耶鲁大学排名第 12 位，宾夕法尼亚州立大学排名第 13 位，威斯康星-麦迪逊大学排名第 52 位，四所研究型大学的突出表现得益于常年的战略管理与控制。

美国四所研究型大学在与内外部环境的抗争中实施战略管理与控制，在与同类大学争取发展资源的博弈中推进发展战略规划实施与改进，都成功地建设成为世界公认的一流研究型大学。其中，耶鲁大学面向国际化实施战略管理，在战略管理与控制中呈现出明确具体的战略发展目标、优质第一的规模控制原则、广泛参与的整合治理架构、科学多元的战略决策机制、互利共赢的区域协作模式、分工协作的战略规划实施和专门配套的特色机构设置等特点，其战略管理与控制的成功经验包括以下几个方面：确立顺应历史潮流的发展战略目标，制定具体而易操作的大学战略规划，谋求师生员工及校外人员战略认同，推动学校战略规划与实施连续有效，动员校内外力量合力推进战略实施等。哈佛大学为实现全面卓越实施战略管理，在战略管理与控制中呈现出注重学校对社会的引领、重视学校课程体系改革、发挥校长战略推进作用和打造世界一流教师队伍等特点，其战略管理与控制的成功经验包括以下几个方面：在战略管理中坚定求是崇真的研究型大学办学理念，强调学术自由、创造与环境、条件支持，以追求卓越作为学校战略发展的质量保障；在战略控制中具有明确的发展使命与方向、强大的制度执行力度和充裕的后备资源支持等。宾夕法尼亚州立大学为增强环境适应性实施战略管理，在战略管理与控制中呈现出通过群体参与式的意见征集收集信息，自上而下和自下而上的规划相互结合，学校战略规划和财政供给状况相联系，战略管理与控制根据变化弹性地开展，学校战略管理与控制有别于公私院校等特点，其战略管理与控制的成功经验包括以下几个方面：强调自上而下和自下而上的双向沟通，注重战略管理校园文化与软实力建设，在战略管理中根据财力突出优先事项，实施战略管理与控制的责任分层模式，促使战略管理实施与控制持续性进行等。威斯康星-麦迪逊大学为解决经费困难和管理低效问题实施战略管理，在战略管理与控制中呈现出以研究领先、以质量取胜、放大学校理念和加速国际化进程等特点，其战略管理与控制的经验包括以下几个方面：建设与战略管理相适应的理念系统，设立具体的战略控制目标指标系统，健全战略控制组织系统，完善战略控制文本系统，建立多维的战略评价系统，设置战略监控的信息反馈系统等。

美国四所研究型大学的战略管理与控制体现了战略眼光与创造精神，对我国研究型大学未来发展具有重要借鉴价值。处在社会转型期的中国研究型大学，迫切需要通过加强战略管理与控制转变发展方式，提高办学水平。学习美国研究型大学对于战略管理与控制的探索，我国研究型大学应立足中国实际，在战略管理与控制中坚守大学精神和办学理念，主动服务国家战略和社会，推动战略管理可持续实施，加强大学内部沟通和交流，健全战略控制的组织系统，谋取充裕的战略资源支持，将大学办出特色、办出水平。

第 5 章　中国研究型大学战略控制体系的设计与构建

研究型大学战略控制是一项系统工程，是由一系列理念、目标、组织、制度、方法、手段、程序等构成的体系。在前面章节基础理论研究、现状研究、案例分析的基础上，本书根据战略控制的要素、进程及其相互作用关系，将战略控制划分为七个因序而生、彼此相连、依次开展、循环共进的子系统，构建起包含理念系统、目标系统、组织系统、文本系统、信息系统、评估系统和纠偏系统的研究型大学战略控制体系（图 5-1）。在研究型大学战略控制体系中，七个子系统相互联系、相互制约，按照学校的战略方向前进，共同实现学校战略目标。

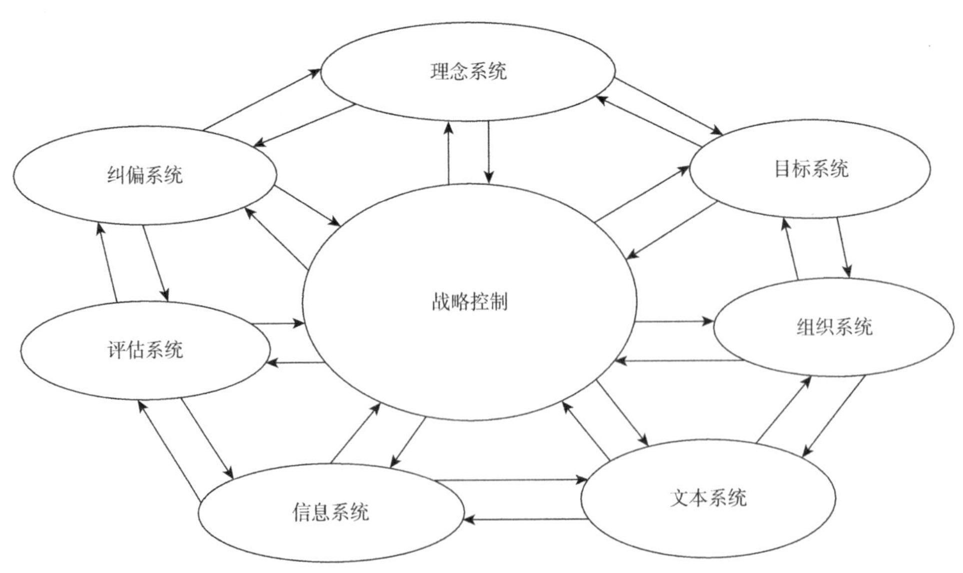

图 5-1　研究型大学战略控制体系框架

5.1　研究型大学战略控制的理念系统

大学理念是人们对大学的理性认识、理想追求及其所形成的教育思想观念和教育哲学观点，是大学内部管理及运行的哲学基础，规定着大学与外部世界诸因素之间的关系，蕴涵着大学的办学方向、目标确立、运营策略、社会责任和人们对理想大学模式的系统构想。潘懋元在为韩正刚《大学理念论纲》撰写的序中指出："大学理念是发展的。随着时代的前进和认识的加深，新的大学理念不断出现。"从纽曼"大学是培育人才的机构"，到洪堡"大学不仅仅是教育机构，更应该是研究中心"，再到查尔斯・范・海斯"大学不仅要进行教育与研究，而且要注重社会服务"，大学理念的内涵日益丰富（李忠云和陈新忠，2006）。研究型大学战略控制理念是人们对研究型大学新的办学思想——战略管理与控制的理性认识、理想追求及其所形成的教育观念和教育哲学观点，是大学运行与管理的哲学基础。

5.1.1　思想观念控制的理念

思想是行动的航标。没有思想观念上的解放与更新，就不可能有行动与事业上的跨越式发展，思想观念是实现目标理想的第一必备要素。众所周知，没有洪堡等所倡导的科学研究、学术自由与学术独立理念，就不会有 19 世纪德国大学的辉煌。美国高等教育的崛起、高等教育强国的建立，与美国由来已久的实用主义传统和 20 世纪早期的实用主义思潮密切相关；没有康奈尔计划、威斯康星思想和社区教育理念，也就没有当今世界上最强大的美国高等教育。回顾改革开放以来我国高等教育发展变迁的历史，中国高等教育的发展是从突破"两个凡是"的思想禁锢开始的。没有邓小平同志 1977 年 9 月关于教育战线的拨乱反正问题的谈话，没有 1978 年全国范围内关于"真理标准问题"的大讨论，没有 1979 年复旦大学校长苏步青等率先站出来呼吁"给高等学校一点办学自主权"，以及诸如此类的思想解放运动，显然就不会有今天中国高等教育的厚实基础，更不可能出现建设高等教育强国的倡议（刘献君和陈志忠，2016）。由此可见，由思想解放运动带来的教育上思想观念的变革与更新对教育实践的发展具有非常重要的促进作用。

对于正在推进战略管理的中国研究型大学来说，领导群体必须树立对学校发展进行战略控制的思想观念。研究型大学思想观念控制理念就是引导人们树立

“共识促进战略达成”的思想观念，以志同道合的信念指导学校开展战略性思想革新工作。研究型大学领导者要跳出计划经济时代“操作管理”的思想束缚，时时处处从战略角度谋划大学发展，适应并超前社会和市场需求，促进学校优质高效运转。具体而言，研究型大学领导者要树立三种思想观念：首先，要树立“大学发展战略必须控制”的思想观念。大学管理体制的变革、激烈的竞争环境、大学战略管理的自身问题及社会各界对大学未来发展的期望等，都要求研究型大学能够在不同的阶段及时制定与社会发展相适应的发展战略规划，做好战略控制，一以贯之，以保障研究型大学持续良好有序地向前发展。其次，要树立“大学发展战略能够控制”的思想观念。战略控制对于研究型大学管理来说虽然是一个新名词，但在政治、经济、文化等其他领域具有广泛的运用，为研究型大学开展战略控制提供了参考，如政府与非营利组织施行战略管理为研究型大学实施战略控制提供了经验借鉴，国外研究型大学有效实施战略控制为我国研究型大学提供了成功范例。我国部分研究型大学在理论与实践上的探索使我国研究型大学具备了实施战略控制的基础和条件，研究型大学的领导者应具有足够的自信能够对大学发展战略进行控制。最后，要树立“大学发展战略怎么控制”的思想观念。大学领导群体在足够自信研究型大学能够进行战略控制的基础上，还要能够认识到大学作为一个二元权力结构的文化组织与作为经济主体的企业组织的不同，在树立借鉴企业战略控制经验的思想观念同时，还要树立积极探索研究型大学应有的战略控制理论和实践方法的思想观念，丰富研究型大学战略控制的理论和实践范畴。

5.1.2 科学研究控制的理念

科学研究是研究型大学的强势和突出特征，也是促进研究型大学发展的主要动力。科学研究的重要地位决定了研究型大学在战略控制中要将科学研究控制作为重中之重，保证科学研究目标的有效实现和职能的有力发挥。对研究型大学来说，在科学研究上仅仅只是表面上给予重视是不够的，尤其只强调数量是不行的，研究成果在数量上的累积未必意味着质量的提升，量变不一定带来质变；另外，单纯地局限在某一领域或某一层面也是不够的。我国研究型大学在具体运行中如果不对科学研究加强系统的战略管理与控制，如从根本上把握什么是科学研究、研究型大学的科研应担负什么样的使命、研究型大学应当怎样开展科学研究等一系列观念问题，并在此基础上确定战略目标，建立相应的制度保障和开展行之有效的管理措施，那么无论多么重视研究工作，研究课题、经费和成果等数量的积累再多，缺乏质量的提升，也只不过具备了研究型大学的某些外形，而难以被赋予研究型大学特有的精神内涵，无法向前发展（宋洁绚，2005）。

科学研究控制是研究型大学战略控制的重中之重，能否做好关乎研究型大学性质的改变与否。要想保持和提高学校的国内外研究地位，我国研究型大学需要招揽一流的师资和学生，培育一流的学科，争取更多的资金和资源，产出更多的原创性成果和重大科研成果，而其关键在于加强科学研究控制的理念。研究型大学科学研究控制理念就是引导人们树立“科学研究是学校的特色和生命”的思想观念，以引领人类发展去向的信念指导学校战略性开展科学研究工作。在这一理念指导下，学校自上而下要提高科学研究控制意识和责任意识，全面部署科研管理内控工作，部门之间相互配合、协同联动，坚定制度意识和底线思维，加强对影响学校科研地位的相关因素进行控制，如对人才、设备、资金等科研资源投入进行科学配置，对科研立项项目的研究价值、目标、内容和预期结果等进行长期跟踪，对科研项目研究状况、已取得的阶段成果、阶段成果发表和获奖级别、存在问题、经费使用情况等进行过程监督，对科研项目结束后的目标达成度、成果鉴定、评价和验收情况、科研结论突破度、成果社会价值、经济效益及应用、推广前景预测进行检查抽查（何星蓉，2010），确保研究型大学的科学研究地位不断得到强化和提升。

5.1.3　教育教学控制的理念

教育教学是研究型大学的基本功能，培养创造性人才是研究型大学的基本使命。因此，教育教学控制是研究型大学战略控制的核心，影响和决定着相关发展战略的成败。知识经济时代的到来，从根本上确定了培养具有创新素质人才的教育教学目标。在多元化社会背景下，一味地从事现有知识技能的学习远远不够，任何教育机构或专家都无法预测新的时代究竟需要什么样的知识技能规格的人才。只有具有探索精神和创新能力的人才，方能在不断变化的未来社会和新环境下立于不败之地。研究型大学应该“造就出一种特殊的人才，他们富有探索精神并渴望解决问题”，“这样的人将是下个新世纪科学、技术、学术、政治和创造性领域的领袖”（刘桂琪，2008）。

质量是办学的生命线，提高人才培养质量是高等教育的核心任务。北京师范大学荣誉教授、博士生导师、中国教育学会名誉会长、著名教育学家顾明远先生认为，质量是教育的根本，没有质量的教育等于没有教育，抓教育质量是根本[①]。教育教学作为研究型大学培养人才的基本功能，过硬的教育教学质量是学校生存和发展的前提；面向社会和市场，立足长远，提高教育教学质量是研究型大学未来发展的重要内涵。研究型大学教育教学控制理念就是引导人们树立“保障和提

① https://i.yce21.cn/index.php?r=space/person/blog/view&sid=50bd1abc4cab48b9b43907fb91f5dc7f&id=1612506478.

升教育教学质量”的思想观念，以打造世界一流大学教育教学的信念指导学校开展战略性人才培养工作，促进研究型大学教育教学走向市场，面向世界，培育出更多更优秀创造型人才，依托良好的教育教学质量和社会服务成就谋取更高的发展。

因此，研究型大学教育教学控制意味着研究型大学将不断加大对教育教学的资金和资源投入，以提高和改善教学质量和服务质量为中心，以促进学生个性化全面发展为目标，充分发挥研究型大学的科学研究优势，以科研促进教育教学。研究型大学要通过加强教师科研意识和提高教师科学研究水平，促进教师队伍的教学水平和能力提高；通过科研平台建设改善教学资源，促进科研和教学资源开放与利用；通过更多科教融合的科研成果更新教学素材，创新教学形式和教学手段，促进教学环节和内容改进，提高学生培养质量（乐融等，2018）。研究型大学要以教育教学为核心，树立教学质量和教学服务的典范，赢得社会广泛赞誉，进而吸引更多更好的学生和教师，加快大学发展（李忠云和陈新忠，2006）。

5.1.4 社会服务控制的理念

社会服务是研究型大学在现代社会日益彰显的重要功能，是研究型大学赢得社会声誉的重要凭借。研究型大学依托其独特的社会地位和教育教学、科学研究功能，相较于普通大学能够更好地发挥为社会服务的作用，为地区、国家乃至世界经济社会发展做出巨大的贡献。在知识经济浪潮扑面而来的今天，知识已成为社会发展的决定性因素之一。作为知识保存、传播、应用和创新的场所，研究型大学与社会的联系日益密切、多样化，逐渐走向社会的中心，成为人类社会发展的“动力站”。作为一种新兴的生产力要素，知识参与人类的众多而重要的生产活动。因此，知识的生产、分配和消费，成为社会经济活动的重要部分，在社会进步中起着关键作用。以往，知识不被觉察地潜隐在生产活动中；今天，它已是生产活动中的显性要素。人们对知识的创造、掌握和运用，紧密地与社会发展、科技进步、经济飞跃和财富积累结合在一起。于是现代社会充满着对高级人才的渴望、高新技术的期待和先进管理的索求。与一般意义的大学相比，研究型大学就像金字塔的塔尖，是“精英人才的摇篮”“新知识的源头”“卓越服务的发生器”，主要进行创新性知识生产、传播和应用，通过科学研究在知识生产与创新中贡献成果、培养人才和服务社会，为人类知识库的更新和扩展提供不竭动力，是推动科学技术成果向现实生产力转化的重要力量（李栋，2006）。

研究型大学社会服务控制理念就是引导人们在学校战略管理中树立“服务强校”的思想观念，以造福人类和世界的信念指导学校开展战略性社会服务工作，面向世界科技前沿、面向经济主战场、面向国家重大需求、面向人民生命健康，把提升社会服务水平作为迈进世界一流研究型大学行列的途径。研究型大学应准确把握知识经济时代的需求，充分认识先进知识和技术潜在的巨大经济及社会价值，提高社会服务的主动性，将社会服务纳入学校的发展战略规划，确立社会服务发展战略目标，规划发展战略阶段；通过思想动员，提升全校师生员工对做好社会服务工作的自觉意识，强调社会服务工作对于学校人才培养、科技发展的重要意义，进一步凝练和组织相关工作力量投身社会服务工作；将学科特色培养为重点发展领域，以点带面，把专业优势转化为社会财富，最终形成全局联动的社会服务工作体系（赵鑫，2010）；加强对学校社会服务工作的评价和推进，做好人才培养、科学研究与服务的统一，追求经济效益与社会效益的最大化，使学校在社会服务中实现多赢。

5.1.5　学校文化控制的理念

学校文化是研究型大学各种功能发挥的基础，是研究型大学发展战略实施的环境和载体。首先，优秀的大学文化有助于构建有效的大学战略。大学战略是在大学文化所规范的精神和价值观等指导下形成的，有什么样的大学文化就会产生什么样的大学战略。大学文化通过组织使命和愿景引导大学战略方向，具有导向功能；大学战略的选择和战略目标的确定则需要发挥大学文化的凝聚与协调功能，使战略过程能够有效处理民主与效率的关系，把各方面的意见集中起来，经过协商、组合、调整和筛选，使大学战略具有前瞻性、竞争性和可行性。其次，大学文化是战略实施的关键。一般而言，战略尤其是涉及组织变革的战略，实施过程是一个面临利益重新分配的过程，意味着人们所熟知的、所信任的、可预知的工作方式或基准体系将不再发挥同样作用，这就增加了战略实施过程的困难。大学文化使大学成员对大学产生认同感，并将激发大学成员对超越于他们自身的信念和价值观的承诺意识，继而会产生有助于实现组织目标的功能性行为，从而增强大学战略实施的有效性。最后，大学文化是大学战略控制的特殊手段。有效的大学文化可以形成人们的自觉行动，达到自我控制和自我协调。不同的大学文化将引导和塑造不同的行为，相应地也就会导致不同的结果，最终指向不同的目标。如果大学拥有优秀的为教职员工共同认可的大学文化体系，那么大学组织内将产生教职员工主动的自我控制和非正式监督，以及无形的组织准则约束，这将促使大学更好地进行战略控制（魏海苓，2006）。

学校文化的形态多种多样，包括物质文化、精神文化和政治文化。良好的物质文化是研究型大学实施发展战略的物质条件，优秀的精神文化为研究型大学实施发展战略提供精神动力和智力支持，开明的政治文化为研究型大学实施发展战略提供政治支持和保障。文化良莠兼具，研究型大学校园文化控制理念就是引导人们在学校战略管理中树立“文化立校”的思想观念，以创造先进文化的信念指导学校战略性开展文化建设工作，改善学校物质文化、精神文化和政治文化，使校园文化成为先进文化的代表。在大学物质文化建设方面，研究型大学通过对现代化的图书馆、实验室、校园网及大学建筑、设备、景点等的布置，使大学成员切身感受到即将发生的文化变化，从而积极投入大学战略的实施过程之中，成为大学战略实施的积极拥护者；在大学精神文化建设方面，研究型大学可以组织全校范围的关于大学愿景和使命的讨论，使大学成员充分认清大学所处的变动环境，认清大学推行战略的重要性，从而形成大学的整体价值观；在大学政治文化建设方面，研究型大学战略规划制定要多吸纳教职员工的意见，增加教职员工参与规划制定的机会，提高各院系规划与学校规划之间的整合性，增强战略管理的透明度和参与度，进而培植支持性文化（魏海苓，2008）。

综上所述，思想观念控制的理念、科学研究控制的理念、教育教学控制的理念、社会服务控制的理念和学校文化控制的理念五方面相互连接，目标一致，共同形成了研究型大学战略控制的理念系统（图 5-2）。

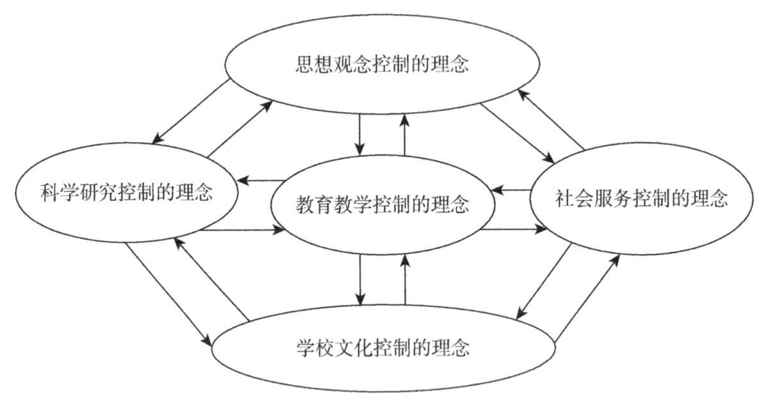

图 5-2 研究型大学战略控制的理念系统

5.2 研究型大学战略控制的目标系统

目标是对活动预期结果的主观设想，是在头脑中形成的一种主观意识形态和活动预期目的。目标为活动指明方向，是一个组织各项活动将要达到的终点。虽然目标表示最终结果，但组织及其活动的复杂性，最终目标往往由子目标来支持，形成了一个有层次的目标体系和网络，构成了目标系统（孔茨和韦里克，1993）。战略控制作为组织进行战略管理的一项关键活动，需要由一定的目标来进行指引。没有一套完整的战略控制目标系统，衡量工作和纠正偏差就失去了依据。根据目前对研究型大学的研究程度和可考察指标分布状况的了解与分析，本书认为研究型大学战略控制的目标系统主要包括战略控制总目标、科学研究目标、教育教学目标和社会认可目标四项内容。

5.2.1　战略控制总目标

研究型大学战略控制总目标是检查和衡量学校在战略实施过程中各项活动进展是否符合学校发展战略规划整体目标的总标准，是实行战略控制的参照系。战略控制总目标的制定要依据学校战略整体目标，能够切实反映学校战略整体目标的水平。例如，某大学制定了十年内发展成为研究型大学的目标，则该学校可以制定下列战略控制目标：科研与教学互促共进；本科教育与研究生教育并重；具备若干国家级科研基地；拥有一大批著名学者；科研经费充裕；产生高水平原创性成果；具有顶尖学科且国际特征凸显；等等。从性质上看，研究型大学战略控制总目标一般有定性目标和定量目标两种。

第一，定性目标。定性目标即需要从性质上进行判断的目标，包括战略实施中的一致性目标、吻合性和匹配性目标等。具体如下：①战略进展的一致性目标。战略进展的一致性目标旨在判断学校战略在执行中各个部门、层次执行的分战略、策略、行动是否相互协调配合，是否产生矛盾或相互牵制，也就是战略实施的协同性。如果发生不一致，就要纠正。②战略与环境的吻合性目标。该目标用来评定战略规划在执行过程中战略进展与当前情况是否吻合，如果按过去的预测制定战略，现在是否与预测一致；如果环境发生变化，对战略执行将会产生什么影响等。③战略与资源的匹配性目标。该目标主要用来判断可供利用的资源是否能保证战略实现，所拟定的战略是否有足够的资源予以保证，原定筹集的资金是否到位。④战略风险的可容忍性目标。该目标主要用来判断战略执行环境发生变化后学校将要承担的风险程度，如果超过可承受程度是否考虑改变所执行战略。⑤战略时间结构的适宜性目标。该目标主要用来判断学校是否有足够又适当的时间来组织有关活动且在时间上能相互衔接，如果出现人事变动等情况如何调整战略时间结构。⑥战略达成的可行性目标。该目标主要用来判断战略本身是否可行，以及实施战略时所用的策略、技巧、行动计划是否可行。当目标没有达到时，这两个方面都要加以考虑（方银汇，2006）。

第二，定量目标。定性目标即可以从数量上进行评价的目标，包括战略实施中的各种数据性目标等。具体如下：①以历史数据为基础拟订的目标。学校可以把战略实施中上一年完成的数量作为目标，或者把历史上最高水平的数据作为目标，把前几年的平均数作为目标等，与历史数据相比较能够反映目标的变化情况。②以参照对象数据为依据拟订的目标。学校可以以同类学校的平均水平、先进水平或竞争对手所达到的水平为参照制定目标，衡量学校当下发展水平。③以公认度较高的标准为依据拟订的目标。学校按照一定的准则，以大家所公认的标准如大学排行榜为参照制定目标，衡量学校战略发展成绩。

除此以外，研究型大学在制定战略控制总目标时要正确处理数量和质量的关系，把提高质量放在第一位，不盲目追求指标数量的增加，坚持以立德树人为根本，以提高人才培养质量为最终追求（蔡克勇，2008）。同时，研究型大学战略控制总目标要符合定位，彰显学校特色，避免雷同化，尽可能地独特而具体。美国卡内基梅隆大学校长柯亨先生 2003 年到我国参加中外大学校长论坛时曾说："制定大学战略目标的关键是找准自己的定位"（罗秀和詹虎，2006）。准确的定位不仅能够保持整个大学系统功能协调，避免高位低移、低位高攀、同位相类的角色错位，而且能够有效发挥一所大学的独特作用。一份成功的发展规划必须集中力量优先发展自己的强项，有所为、有所不为地学会放弃一些东西，努力发挥自身的独特优势彰显特色，形成核心竞争力。

5.2.2　科学研究目标

研究型大学战略控制的科研目标是研究型大学战略控制总目标中关于科学研究的分目标，是检查和衡量学校战略实施过程中科研活动是否符合学校科研发展战略目标的标准。科研战略控制目标的制定既要依据学校科研发展战略目标，也要依据学校战略控制总目标。研究型大学战略控制的科研目标很多，主要包括科研投入和科研产出目标两方面。科研投入目标包括预期投入的支持经费数目、争取到的科研经费数目、承担的科研项目状况、科研条件和科研平台建设情况等，科研产出目标包括论文发表情况、出版著作情况、获奖情况、咨询报告情况等。在科研战略控制中，各控制指标还可以进一步细化，如科研经费指标可以分为纵向经费、横向经费及两者之间的比例，承担的科研项目指标通常还可细分为国家级科研项目、国家级重点项目、省部级项目或分为纵向项目、横向项目等，科研平台指标可分为国家级科研平台、省部级科研平台等（施振佺，2021）。

为了保证研究型大学战略控制科研目标的合理性，其制定需要遵循若干相关原则。一是要突出学校学科实力和地位，以能够起到必要的激励作用为准绳。一方面，科研控制目标既不能过高，也不能过低，必须是经过努力能够达到的，以使学校师生对实现目标充满信心，愿意为之付出努力。另一方面，目标的表述要具有感召力，能激发整个系统的活力，激发每个相关人员的积极性和创造性，以便巩固和加强学校在国内外相关研究领域的强势（高昀，2005）。二是要将共性与特色指标相结合。在科研目标体系中，学院共同的目标被称为共性指标，如国家级科研项目数、科研经费数、高水平论文数等。目标评估通常以设置共性指标来对被评估单位进行评估比较，以产生竞争，并在竞争中提升整体实力。科研战略控制中还存在一些特色指标，这些指标不是每个单位都能完成的，如国家级创新平台、国家重大科研项目、国家奖项等，但需要作为学校目标来完成，因此通常将这些特殊的指标设立为特色指标进行考核。在科研战略控制的目标设置过程中，研究型大学要坚持共性指标和特色指标相结合的原则。三是指标值的确定要科学合理。每个指标都是对科研目标的进一步分解，是对科研具体任务与措施的落实。目标指标的设置要符合学校战略发展体系中的科研发展目标要求，要科学、合理地设置符合实际情况的指标及其相应权重。通常，研究型大学科研控制目标由科技领域的专家根据经验确定，由多级指标组成。指标设置完成后，研究型大学需要对指标权重进行设定。权重的大小体现指标在体系中的重要程度，指标完成情况对整体目标影响相对较大的通常设定值要相对大一点，反之则设定值要相对小一点。科学合理的目标指标能够激活每个教师的科研活力，发挥每个教师的科研潜力，有力促进学校总体科研目标实现（施振佺，2021）。

5.2.3　教育教学目标

研究型大学战略控制的教育教学目标是研究型大学战略控制总目标中关于教育教学的分目标，是检查和衡量学校战略实施过程中教育教学活动是否符合学校教育教学发展战略目标的标准。教育教学战略控制目标的制定既要依据学校教育教学发展战略目标，也要依据学校战略控制总目标。传统的教育教学目标来源于任务、需要与问题，如针对目前教育教学质量中的缺陷提出新的教育教学目标，随着形势的发展对教育教学的目标加以改进等。教育教学是一项系统工程，而传统的教育教学目标的确定缺乏综合考量。基于研究型大学发展战略的教育教学目标来源于学校发展战略，是学校战略目标经过层层分解后形成的（张云霞，2012）。研究型大学战略控制的教育教学目标主要包括生师比、师生获奖情况、教室与实验室等教学设施情况、大学生就业率、大学生薪酬比较率等可比性数据。例如，世界一流大学的生师比在 6.0∶1 到 13.6∶1，师职比（教师与教职工之比）在 0.3∶1 到 1.3∶1，这可以作为我国创建世界一流大学教学条件的参照。研究型大学在战略控制中要逐渐探究新的教育教学目标，扩大教育教学在国际上的可测度范围。

教育教学是一个非常复杂的系统过程，牵涉面广，各项指标量化起来比较困难。建立一套科学的、全面的教育教学战略控制目标，研究型大学需要遵循若干相关原则。第一，客观性原则。研究型大学教育教学战略控制目标的建立必须遵循高等教育规律，符合教育教学过程实际，每项具体指标都要反映教育教学情况。第二，导向性原则。研究型大学教育教学战略控制目标设立的目的是进行教育教学活动的战略控制，保证教育教学活动始终符合战略目标要求。因此，科学的教育教学战略控制目标体系应该引导教师和学生的行为走向规范，客观促进教育教学活动进步，推动学校发展战略总体目标实现。教育教学战略控制目标要易于被多数人接受和理解，能够有效推动教育教学改革进行。第三，整体性原则。教育教学战略控制目标体系在设计上不仅要注重关键指标的界定和权重分配，也要注意指标之间的关联度，避免出现只重局部而忽视全局或只重结果而忽视过程的现象。第四，独立性原则。将教育教学的战略控制整体目标分解为多项具体指标，是实现教育教学战略控制的必要手段和有效方法。教育教学战略控制目标的实现，是以各个具体教育教学指标实现为前提的。独立性原则是指研究型大学教育教学战略控制强调各项具体指标之间既要相互依存、相互联系以构成有机目标整体，又要相互独立以保证各项具体控制指标可以独立行动和完成。在教育教学战略控制目标的设计上，研究型大学要避免指标相互交叉和覆盖，从而影响战略控制效果（朱元英，2010）。

5.2.4 社会认可目标

研究型大学战略控制的社会认可目标是学校就自身战略控制对社会进行的调查指标，是检查和衡量学校战略实施过程中社会服务活动是否符合学校社会服务发展战略目标的标准。社会认可战略控制目标是研究型大学战略控制总目标中关于社会服务的分目标，其制定既要依据学校社会服务发展战略目标，也要依据学校战略控制总目标。研究型大学战略控制的社会认可目标主要用来观测政府、组织、学者、普通群众等对研究型大学的办学理念、文化氛围、发展模式、战略规划、管理制度、社会贡献等的理解和认可程度。

作为社会系统组织之一，大学自产生以来一直面临着与社会的各种各样的关系，社会认可度在研究型大学的发展中极其重要。首先，从大学与社会的关系看，大学三大职能中有两项职能与社会密切相关。其中，人才培养职能是大学最基本的职能，目的就是为社会发展培养人才；大学的社会服务职能更是直接服务社会，影响社会发展。大学的科学研究虽然最初追求纯粹学术，后来偏向满足政府需求，但客观上发挥了改造社会的作用。因此，研究型大学在制定战略控制目标时要考虑学校的各项活动是否能够紧跟社会时代的需求，是否能够助推人类创造美好社会生活。其次，从大学与同行学者的社会认可关系看，研究型大学的科学研究水平如何，很大程度上取决于同行专家评价。英国《泰晤士报》公布的《全球大学排行榜》将同行评议指标赋予50%权重，足见学者同行评议这一社会认可目标的重要性（张晓鹏，2005）。最后，从大学与社会的主导者——政府的关系看，我国研究型大学大都为公办高校，由中央部委或地方政府办学，高校财政由国家或地方财政拨款支持，实行党委领导下的校长负责制，高校的发展极大程度上受到政府制约，因此研究型大学的发展战略必须得到政府的认可和支持，符合政府的利益诉求。研究型大学在制定战略控制目标时既要考虑学校自身发展目标，又要考虑政府对高等教育的期望，最大程度获得政府认可。

综上所述，战略控制总目标和科学研究目标、教育教学目标、社会认可目标四类目标相互印证，方向一致，共同构成了研究型大学战略控制的目标系统（图 5-3）。

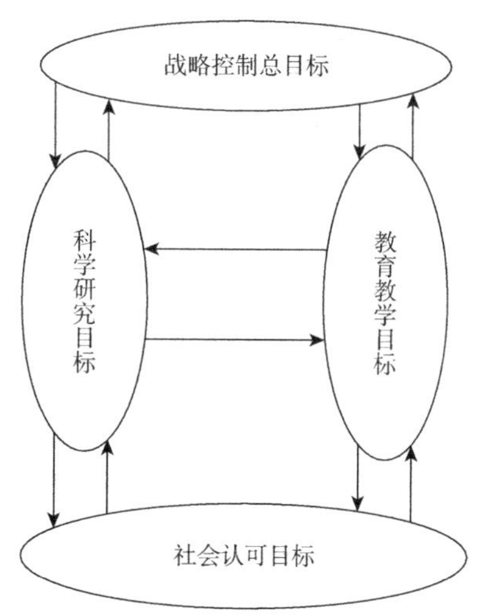

图 5-3　研究型大学战略控制的目标系统

5.3　研究型大学战略控制的组织系统

研究型大学要实现对战略的有效控制，应完善战略实施控制的组织建设。在分析研究型大学战略控制主体的基础上，遵循精简组织、优化管理的原则，借鉴美国威斯康星-麦迪逊大学战略管理与控制的组织建设经验。本书认为，研究型大学战略控制的组织系统包括校战略管理委员会（或董事会）（一级组织）、校战略规划委员会与校战略控制委员会（二级组织）和各院系、研究组织与相关组织的委员会（三级组织）。

5.3.1 校战略管理委员会（或董事会）

校战略管理委员会（或董事会）是研究型大学战略管理的校级层次组织，是研究型大学战略管理的总舵手。为发挥校级层面的集体智慧，为研究型大学发展提供高水平、高质量服务，校战略管理委员会（或董事会）要高瞻远瞩地积极做好学校战略管理工作，彰显参谋部和智囊团风采，对研究型大学改革发展的实践做出有益探索，丰富我国高等教育办学模式，打破千校一面局面，突出差别化、多样化发展，促进我国“双一流”高校建设进程不断加快。校战略管理委员会（或董事会）的人员组成要涵盖大学最主要的几个利益相关群体，由学校主要出资者（我国研究型大学都是公立性质，国家是出资人）代表、党委书记、校长、主管副校长、校内知名专家教授、各二级学院的主要负责人、教师代表、学生代表、知名校友、国内外高等教育研究领域专家等组成，由校长或校内知名专家教授担任主任委员，其他各利益阶层知名代表担任副主任委员，由主管发展战略工作的副校长担任秘书长。

校战略管理委员会（或董事会）是研究型大学战略管理与控制的决策机构，是全校师生的瞭望塔和学校发展的助燃剂。校战略管理委员会（或董事会）主要负责贯彻落实党和国家的教育方针，开展对国内外教育相关政策、经济和社会环境的研究；开展学校对内部办学条件和办学状态的内在资源研究，开展资源配置分析；认定学校的性质、特点、办学定位、办学理念与办学方针，进行战略性前瞻性对策研究，承担学校发展战略、中长期规划、方针政策、重大问题和重点项目等的研究论证；对涉及全校多部门的战略性重大专项工作进行计划（如学科规划与管理、“211 工程”项目、信息化规划与建设等），组织对规划外大型专项的论证评估工作；决定学校的发展规划，决定学校的未来行动方案，并对战略进程中出现的情况与问题进行决断（王志远等，2012）。

5.3.2 校战略规划委员会与校战略控制委员会

校战略规划委员会与校战略控制委员会是研究型大学战略管理委员会（或董事会）直接领导下的二级学校组织，负责具体的战略工作。校战略规划委员会负责在校战略管理委员会既定战略目标的指导下，对学校发展战略规划资料进行汇集，设计科学的规划流程，组织校内教学、科研、后勤等相关管理机构及各学院，开展学校中长期事业规划、学科与队伍建设规划、校园建设规划的制定工作，起草和拟定规划方案，接受咨询并收集战略进程中的信息，对方案进行修订和完善，指导各级各部门年度规划和专项规划的制定，通过规划过程凝聚人心、统一思想（王志远等，2012）。

校战略控制委员会是研究型大学战略控制的核心运作机构，是研究型大学战略控制的设计师和指挥者。由于外部环境、内部条件及竞争对手等各种因素的变化，学校战略运行可能会偏离战略主体预先设定的轨道，产生各种各样的偏差，该委员会的目的就是针对战略环境的变化动态，不断克服各种偏差，使战略系统沿着科学合理的轨道运行。该委员会主要负责战略实施全过程的总体调控和过程调控，包括控制方案起草、工作监督、反馈信息采集、信息分析、纠偏措施拟定等。具体而言，该委员会主要对与战略有关的信息进行收集、分析、采编，对战略实施的绩效进行评价，负责对战略环境动态进行定期分析；定期组织各二级学院和职能部门分析战略环境变化对战略实施的影响，分析战略实施效果与战略目标之间的吻合程度，对出现偏差的方面在分析原因的基础上研究纠正偏差的具体措施，及时下达调控指令，使战略实施始终处于科学的监控之下，以保证战略目标如期实现。

5.3.3　各院系、研究组织与相关组织的委员会

各院系、研究组织与相关组织的委员会是研究型大学战略管理委员会（或董事会）领导下的基层组织，是相对独立的战略管理与控制实体。相应地，各院系可以成立学院战略管理委员会、战略规划委员会与战略控制委员会等相关组织，在学校战略目标规定下，承担学院层面的战略管理、规划和控制任务。其成员主要由学院党委（党总支）书记、院长、主管副院长、学院知名专家教授、各系科负责人、教师代表、学生代表、知名院友等组成，由院长或学院内知名专家教授担任主任委员，其他各利益群体知名代表担任副主任委员，由主管发展战略工作的副院长担任秘书长。

各院系、研究组织与相关组织的委员会在战略控制中负责根据学校发展战略规划对本组织发展提出具体意见，开展学院内部办学条件和办学状态的内在资源研究，开展资源配置分析，既为学校战略控制方案的制订提供依据，同时具体落实、实施学校战略控制方案，对进程中出现的问题提出意见和建议（张弛，2005）。除此以外，各院系、研究组织与相关组织的委员会要特别注意灵活性原则，既要向上提出不同的战略控制方案或提供整合信息，向下发现创新并根据具体情况对战略做出弹性调整，增进战略的适应性或把组织活动和战略意图结合起来实施战略控制，同时还要实现由管理下级人员逐渐到管理团队和项目的职能转变，加强由单一实施战略控制到积极参与战略控制方案制订和实施战略控制的行动变革。

综上所述，校战略管理委员会（或董事会）、校战略规划委员会与校战略控制委员会和各院系、研究组织与相关组织的委员会三级组织从上至下、由下而

上，既隶属又沟通，既发令又行动，一起构成了研究型大学战略控制的组织系统（图 5-4）。

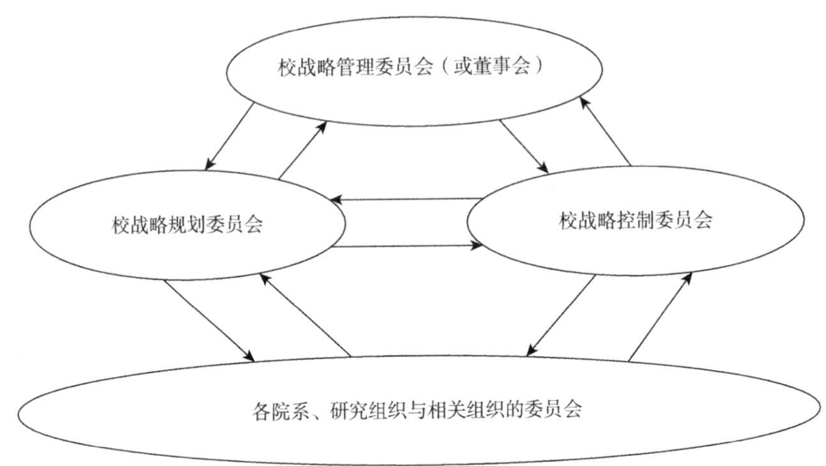

图 5-4 研究型大学战略控制的组织系统

5.4 研究型大学战略控制的文本系统

文本是书面语言的表现形式，以白纸黑字将行动思路和工作成效呈现出来，有利于记录、保存和传播。研究型大学战略控制过程需要以文本为载体，将战略控制思路、方法、标准、总结、文件材料等固化下来，既方便全校师生通晓战略控制思路，也方便战略控制的实施和档案的留存。研究型大学战略控制的文本系统是指研究型大学在战略控制中所有制度性文件、评价报告、总结、鉴定和各种记录的集合体，主要包括纲领指导性文件、规范通用性文件、计划措施性文件、记录鉴证性文件四个层次的文本，是研究型大学开展战略控制的制度依据和轨迹档案。

5.4.1 纲领指导性文件

纲领，即总纲和要领，一般表示总的方面。纲领常用于表示政府、政党、社团根据自己在一定时期内的任务而规定的奋斗目标和行动步骤，泛指起指导作用的原则，纲领指导性文件就是起指导作用的总原则和总则性的文件。研究型大学战略控制的纲领指导性文件是研究型大学战略控制的最高层次设计和规范，是研究型大学开展战略控制的总方案。该文件框定了研究型大学战略控制的方向和边界，对研究型大学开展战略控制具有宏观指导作用。通常情况下，研究型大学战略控制的纲领指导性文件主要内容包括战略控制的宗旨目的、指导思想、理念原则、目标体系、控制过程与方法、组织体系、保障措施等。其中，“宗旨目的”要向全校师生阐释清楚学校为什么实施战略控制，以及实施战略控制对于实现学校战略目标的重要意义等；“指导思想”要阐释清楚学校战略控制的总体思路，以统一全校师生思想，利于战略控制措施有效执行；“理念原则”要阐释清楚学校战略控制需遵循的重要原则，如共性与特色相结合原则、科学合理原则；“目标体系”需要阐释清楚依据学校战略目标确定的战略控制总目标及科学研究、教育教学、社会认可等部分的战略控制目标，以确定学校战略控制的总尺度；“控制过程与方法”要阐释清楚学校战略控制实行的方法与实施战略控制的具体过程，如战略控制是事前控制、过程控制还是事后控制，抑或多种控制类型的综合运用；“组织体系”需要阐释清楚学校战略控制的各级层级组织设置，涵盖人员选任、工作任务；“保障措施”需要阐释清楚保障学校战略控制准确执行的具体支持性举措，包括信息系统的运用、工作奖惩办法等。

为保证战略控制的合理性和战略目标实现的正确性，研究型大学战略控制总方案的制定需要遵循科学的步骤。第一，前期准备阶段。在此阶段，研究型大学战略控制委员会要组织配备政治素质好、业务水平高、工作作风扎实的编制队伍，成立领导小组并制订翔实的工作方案，定期召开专题会议，宣传编制思路和打算，收集归总各类基础资料，为下步编制工作奠定坚实基础。第二，开展调查研究。在此阶段，研究型大学战略控制委员会要调研了解学校发展战略的落实情况、重点项目完成情况等，合理确定战略控制目标体系。第三，起草编制战略控制总方案。在此阶段，研究型大学战略控制方案编制队伍要根据之前的编制思路和调研情况进行总方案编制，先将总方案分块进行分工编制，后进行方案整合。第四，开展方案论证。在此阶段，研究型大学战略控制委员会为保证方案的合理性，要组织校内外人员对方案进行论证。首先，要征求校内各职能部门的意见，修改完善后提交校战略控制委员会审核，按照修改意见进行修改；其次，校战略控制委员会邀请校外相关专家，组织外部评审论证工作，之后按照专家意见对方案进行修改；最后，经过上下内外多轮修改完善，校战略控制委员会最终将方案定稿，由校战略管理委员会（或董事会）上报上级部门备案，面向校外进行发布（陈雪艳，2020）。

5.4.2　规范通用性文件

规范，本是物和料的约束器具，延伸为思维和行为的约束力量，今多指明文规定或约定俗成的标准。在组织内部，规范是指群体确立的行为准则，可以由组织正式规定，也可以由非正式形成，以规定组织内部人员的行为标准或业务工作的操作标准，目的是让工作人员按照既定标准和要求进行操作，使其行为或活动达到或超越规定标准。任何有组织的活动均须制定相关规范以保证组织活动的效果良好，研究型大学战略控制也不例外。规范性文件是保证研究型大学战略控制实施过程科学和效果准确的文本，是研究型大学战略控制第二层次的文件。一般而言，研究型大学战略控制规范通用性文件包括控制标准、控制技术、控制程序、管理规范、组织职责等，是研究型大学开展战略控制的具体参照和依据。其中，控制标准部分需要阐释清楚研究型大学依据学校战略控制总目标制定的具体控制指标标准，以指导学校师生知晓战略活动要达到什么样的标准，或当战略活动偏离什么标准时需进行战略纠偏；控制技术部分需要阐释清楚学校战略控制过程中使用的具体技术及其技术要求，如战略控制办公系统的使用技术、信息收集设备、调研活动的技术要求等；控制程序部分需要阐释清楚学校战略控制的具体流程，如事前控制需报备战略活动方案，事后控制需在战略活动实施后根据一定流程进行总结报备等；管理规范部分需要阐释清楚各项战略控制审批需要注意的规范性事项，如院系战略控制委员会审核系科相关文件时需遵循的规范要求等；组织职责部分需要研究型大学根据学校战略控制总方案中各层级组织的主要任务详细规定各层级组织及下属应承担的具体职责，以厘清各级组织的职责边界，使工作人员明晰职责内容。

规范通用性文件需要由校战略控制委员会根据战略控制总方案统一制定，应严谨制定程序，确保规范的统一性，防止出现不同院系战略控制委员会下属的同一类型组织出现不同职责或不同操作标准的矛盾现象。规范通用性文件虽不要求像战略控制总方案那样严谨和科学，但其制定依然要遵循一定程序。第一，简单调研各项工作的以往操作情况和组织职责设置情况；第二，根据调研情况编制规范通用性文件；第三，征求校内各单位意见，进行反复修改后审核定稿并发布。特别需要注意的是，涉及服务学校广大师生的相关文件一定要在尽可能大的范围内征求师生意见。

5.4.3　计划措施性文件

计划，原指分析计算如何达成目标并将目标分解成子目标的过程及结论，今指工作或行动之前预先拟订的方案。春秋时期的孙武曾说：“用兵之道，以计为首。”西汉的戴圣在《礼记·中庸》中说：“凡事预则立，不预则废。”任何有组织的行动事先都应有个打算和安排，有了计划后工作就有了明确的目标和具体的步骤，就可以据此协调大家的行动，增强工作主动性，减少盲目性，使工作有条不紊地进行。同时，计划本身又是对工作进度和质量进行考核的标准，对大家有较强的约束和督促作用。

计划措施性文件属于研究型大学战略控制第三层次的文件，是校战略控制委员会直属机构和院系战略控制委员会等各级战略控制组织及学校科学研究、教育教学、社会服务等相关职能部门落实学校战略控制总方案的具体计划与措施，是研究型大学开展战略控制的具体追求和进程设想。其中，校战略控制委员会下属机构根据学校战略控制总方案，制订本机构职责所属的全校战略控制行动的总计划，如校战略控制委员会下属有信息收集分析小组，该小组制订每年度战略信息收集计划；学校科学研究、教育教学、社会服务等相关职能部门根据学校战略控制总方案制订本部门所属的全校战略控制行动计划，如科学发展研究院制订全校科学研究发展战略控制的行动计划；作为战略控制的基层组织，院系战略控制委员会根据学校战略控制总方案和校战略控制委员会下属机构、学校各职能部门的战略控制计划，制订本院系战略控制总计划及本院系科学研究、教育教学、社会服务等方面的战略控制计划。不同于学校战略控制总方案，计划措施性具有明确规定的指标，不存在模棱两可。例如，研究型大学拟在 5 年时间内承担 200 项国家级科研项目，建设 1 个国家重点实验室，打造 50 门国家级精品课程，生师比达到6.0 : 1~13.6 : 1 等。计划措施性文件应制定明确的程序、编制进程方案并细化进度日程，一项计划必须说明如何做、谁来做、何时做、在何地做、需投入多少资源等基本问题。简而言之，计划措施性文件要求明确什么人、在什么时间、投入什么资源、以什么方法、做完什么事（邢以群，2016）。

5.4.4　记录鉴证性文件

记录是把所见、所闻、所思、所想等通过一定的手段保留下来，鉴证是指证人或证物。记录鉴证性文件是对活动的记录和证明，是各组织用以记载工作活动以备查考的过程性文件。战略控制作为衡量战略活动是否偏离目标并据此进行纠偏的一项工作，记录鉴证性文件是必不可少的，各级战略控制委员会均要基于记录鉴证性文件对战略活动进行准确评估和精确控制。在研究型大学战略控制文本系统中，记录鉴证性文件属于研究型大学战略控制第四层次的文件。研究型大学战略控制记录鉴证性文件包括学校各层面组织的各类工作总结、评价报告、成果鉴定、论文与获奖复件、各种活动记录等，是研究型大学战略控制的活动记载和历史文库（王宪华，2005）。

在研究型大学战略控制的记录鉴证性文件中，较为重要的便是各类工作总结文件，大学各行政部门常常凭借工作总结进行各项工作检查和评估。工作总结是各级单位根据学校战略方案安排，对过去一定时期内执行战略情况的工作加以汇总、概括、分析和研究，肯定成绩，找出问题，得出经验教训，摸索事物发展规律，用于指导下一阶段工作的一种书面文体。工作总结所要解决和回答的中心问题不是某一个时期内要做什么、如何去做、做到什么程度，而是对某项工作实施结果的总体鉴定和汇总报告，是对以往工作实践的一种理性认识。工作总结是做好各项工作的重要环节，通过它可以全面、系统地了解以往的工作情况，正确认识以往工作中的优缺点，明确下一步工作的纠偏方向，少走弯路，少犯错误，提高工作效益。除此之外，评价报告是由校内外专家对发展战略方案中某一重要项目的评估总结，以衡量检查该项目是否符合发展战略目标；成果鉴定、论文与获奖复件、各项活动记录等均是对战略工作的支撑性文件，以证明工作的完成状况。

综上所述，纲领指导性文件、规范通用性文件、计划措施性文件和记录鉴证性文件四类文本从大到小，由粗至细，目标与行动相联系，宏观与微观相结合，共同形成了研究型大学战略控制的文本系统（图 5-5）。

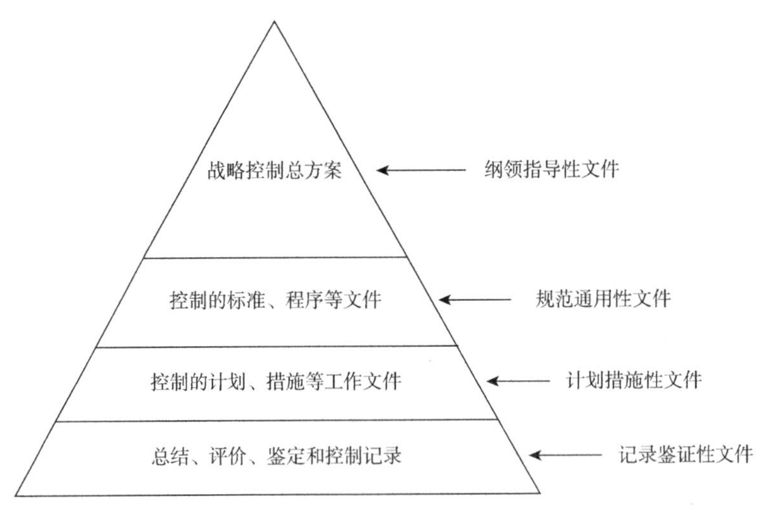

图 5-5 研究型大学战略控制的文本系统

5.5 研究型大学战略控制的信息系统

信息是战略控制的通路，有效的战略控制实施以完善的信息为基础。充分而有效的信息不但可以使各院系开展好“自我监控”，也可以促进不同院系之间信息共享，为正确、高效的战略控制服务。良好的信息不仅有助于理性决策，而且有助于人们正确判断战略执行效果，保证战略规划实施有效进行。准确的信息是行动的指南，每一个组织都需要系统收集和储存资料，跟踪关键指标，识别和诊断问题，报告具有战略关键性的信息。有效的战略控制必须包括互联网收集、分析和沟通信息，精确及时的信息可以使组织成员监控进展状况并迅速采取纠正行动，并对战略规划实施方式加以调整（周雄，2009）。鉴于信息的流动性，本书从动态角度分析研究型大学战略控制的信息系统，认为研究型大学战略控制的信息系统是指从战略控制信息形成、发布、执行、反馈到再形成的一个循环往复功能整体，包括战略控制信息决策、控制信息发布与咨询、控制信息执行、进程信息收集、信息分析与反馈五个依次递进而又互相联系、互相促进的方面。

5.5.1　战略控制信息决策

战略控制信息决策是对战略控制过程中信息的决策，是战略控制信息生产、流动、吸纳和处置的决定活动及其结果。战略控制信息决策主要决定战略控制源头信息的形成，即战略控制信息的生产及处置。源头信息是研究型大学内部信息，是战略控制信息传递、分析、处理及反馈的基础，是战略控制过程中各项信息的根本遵循，用来统一全校师生员工思想。研究型大学战略控制的源头信息是需要向校内外公众进行发布和传播的战略控制信息，主要包括战略控制总体思路、指导思想、理念原则、控制目标、计划方案、目标和方案的调整等内容，是校方信息的发布源。

一般而言，对涉及全校战略控制源头信息的决策需由校级战略控制委员会（或董事会）实施。而校级战略控制委员会作为一个决策机构，不涉及大学的基本职能，其作用的发挥完全是基于信息，因此其在进行信息的决策时，首先需要收集校内、校外信息，以便于科学合理决策。例如，研究型大学制定战略控制总体思路时，需要充分调研了解外部信息，特别是对学校发展起重大作用的政策法规、重要讲话、重要事件和大学内部新阶段战略目标及往年各项进展信息，掌握情况，反复研判，以制定新阶段战略控制总体思路。研究型大学在收集信息时需要遵循一定的原则，掌握一定的方法，通过一定的渠道，确保信息收集准确有效（信息收集原则、方法与渠道见 5.5.4“进程信息收集”中的相关论述）。除此以外，为保证源头信息的科学性和合理性，校级战略控制委员会进行信息决策时需要遵循一定的决策程序和议事规则。在决策程序上，校级战略控制委员会会议议题应由委员会主任委员或 2 名及以上委员提前提出，由委员会下属的信息收集处理机构负责收集议题相关内部和外部信息，必要时可由外部专业咨询机构提出专业意见，而后由主任委员或副主任委员召集会议，会议在掌握的信息的基础上进行决策讨论，会议决策通过后由主任委员签发。在议事规则上，校级战略控制委员会应由 2/3 以上（含 2/3）的委员出席方可举行，必要情况下可以召集与会议议题有关的其他人员到会介绍情况或发表意见，但其没有表决权；委员无特殊情况须亲自到会，或书面委托其他委员代为出席会议并行使表决权；出席会议的委员应本着认真负责的态度，对议题进行审议并充分表达个人意见，以举手表决方式进行表决；在表决时，委员每人享有一票表决权，会议决议应经全体委员（包括未出席会议的委员）的过半数通过方为有效。

5.5.2 控制信息发布与咨询

信息发布与咨询是对研究型大学战略控制源头信息的公布和传递，是保障校内外公众了解熟悉学校战略控制的主要途径，是凝聚师生思想的主要渠道。为保证战略控制信息通达，研究型大学要通过专门的信息发布渠道，设置专门的信息发布媒体。一般而言，研究型大学发布信息主要通过传统媒介和新兴媒介两种渠道。传统媒介是指互联网出现之前形成的信息传播平台及方式，如学校和院系的公告栏、大喇叭、校园主干道旁的宣传点、流动海报展架、会议等；新兴媒介是当今研究型大学使用较多的互联网信息发布方式，如各学校和院系均建立了官方网站、微信公众号、微博账号、视频号、抖音号等。基于当前大学内部社交软件使用频繁的现实，研究型大学可以通过微信、QQ 等师生群进行信息发布。

研究型大学战略控制信息发布，一般要在内容和形式方面遵循若干原则。第一，多。“多”是对战略控制信息的发布量而言的，要求在一定条件下，研究型大学发布的相关信息尽可能地量大。第二，快。“快”是对战略控制信息的发布速度而言的，发布速度是保证战略控制信息具有很高时间性和适用性的条件之一，研究型大学要能够在较短的时间内利用现代信息技术使战略控制信息尽快传到信息接收者那里。第三，好。“好”是对战略控制信息的发布质量而言的，要求研究型大学在发布过程中尽可能地保持战略控制信息的真实度和可信度，防止失真。第四，省。“省”是对战略控制信息发布的经济性而言的，研究型大学战略控制信息发布要讲究经济性，以最少的费用发布尽可能多的高质量战略控制信息。多、快、好、省这四个方面是相互联系、相互制约的统一体，战略控制信息发布的速度和质量是这个统一体中矛盾的两个重要方面。战略控制信息的发布速度和质量有时会发生矛盾，人们往往会为加速信息发布，而容易忽视信息的真实度要求。因此，研究型大学在战略控制信息发布过程中，既要兼顾速度，也要兼顾质量。

除此之外，信息发布是由战略控制组织主动向被接收者传递其认为应该传递的信息。由于学校师生员工众多，理解能力不一，被动的信息接收并不能有效解决全校师生员工对战略控制的疑惑。因此，研究型大学在战略控制信息发布的同时及发布之后的一段时间，校级战略控制委员会应通过官方网站、微信公众号等具有互动功能的网络媒体或在相关部门和媒体设置咨询处，允许师生对战略控制信息进行自由问答，对师生的疑问进行及时解惑。例如，学校在官方网站上开辟关于战略控制的专栏或专门网页，提供战略控制方案等文本的下载服务和在线咨询服务，相关工作人员会在 24 小时之内进行解答。

5.5.3　控制信息执行

信息的价值在于能够被加工成知识和解决问题的策略，从而转化成为解决问题的行为。信息执行是对研究型大学战略控制信息的分解和实施，是战略控制信息形成、传播的最终目的。研究型大学各个院系和所属研究组织要结合自身实际对战略控制决策目标信息进行相应分解，制定自己组织的奋斗目标和具体措施，并整合力量贯彻落实。目前，虽然我国研究型大学基本上都制定了自己的发展战略规划（主要是五年规划），但规划制定后缺乏战略分解等相关执行措施，战略执行不足（李福华，2013）。为此，探寻建立可操作的战略控制信息执行机制，是研究型大学需要重视的问题。

为提高研究型大学战略控制信息执行力，可以从人员素质和行动分解两方面着手。第一，培育战略控制信息执行的意识品质。战略控制信息执行的意识品质是指战略控制信息的执行主体具备一种或几种为达到战略控制信息执行满意所具备的思想、品行和认识的固有特性。战略控制信息的意识品质是通过说教、学习和工作历练内化为思想认知的精神符号。这种精神符号在群体中通过培植生成内在的思想导向，就会产生强大的无形力量，成为战略控制信息执行的力量之源。电脑或手机不经意的欠费停机、信息发送者或执行者对信息理解的不吻合而导致战略控制信息具体执行时出现的不合拍、战略控制信息执行者个体自觉借助口头或电子媒介等搜寻战略控制信息的意识差、定期自觉查看学校院（系）官网的意识淡薄、对战略控制信息的敏锐捕捉能力低下，这些问题很大程度上都可以归因于人为和主观的战略控制信息意识品质不佳。因此，研究型大学要顺藤摸瓜，锻造适合战略控制信息执行的意识品质，将其培育纳入常态化的管理之中，培育和提升战略控制信息执行者的责任感与意识品质水准（张继鹏，2013）。第二，分解战略控制信息执行的行动环节。推行平衡计分卡（balanced score card，BSC），构建战略控制地图（strategy map），将战略控制信息执行化为具体的行动。平衡计分卡、战略控制地图是互相联系的理论体系与操作体系，不仅是一种先进的绩效衡量工具，而且是一种有效的战略沟通和实施工具。国外大学如英国利兹大学等利用平衡计分卡和战略控制地图成功地推进了学校发展战略的执行（柴旭东，2008）。平衡计分卡是在组织战略驱动下形成的着眼于长期规划的战略执行系统，从组织愿景与战略出发，在财务、服务对象、内部流程、学习和成长四个层面将组织战略控制目标与日常业务管理体系相衔接，帮助组织明确实现战略控制目标的关键因素，建立综合衡量指标体系和战略执行体系，将战略变成了具体行动。战略控制地图是以平衡计分卡四个层面相互关系为内核，通过因果关系链条串联起来，以地图的形式把相关信息告诉管理者，从而实现组织战略控制目标。这条因果链把组织希望达到的战略控制目标与相关驱动因素连接起来，用地图的逻辑形式描述组织战略。这张可视化的战略控制地图使战略控制变得一目了然，分解了战略控制行为，有利于组织纵横向沟通和资源有效配置（李福华，2013）。

5.5.4 进程信息收集

战略控制作为衡量战略活动是否符合战略目标以决定是否采取纠偏措施的一种形式，需要不断收集战略信息执行过程中的各种信息。由于内外部环境在不断变化，研究型大学需要对战略信息的执行情况进行全程监控。研究型大学战略控制信息收集是指按照一定原则，采取一定方法，把分散于各种活动中的、对战略控制有用的信息搜集来的活动。为保证信息有效收集，战略控制信息收集应重视收集的原则、方法和渠道等问题。

首先，收集的原则。为保障信息收集的科学性，战略控制信息收集要遵循若干原则。第一，目的性。战略控制信息收集必须有明确的目的，即所收集的信息不是为了收藏，而是为了利用。因此，研究型大学必须针对战略控制的具体任务和实际需要，有的放矢地进行收集。第二，准确性。信息必须准确可靠，开展调查研究以更多地掌握第一手材料和广开信源以互相印证是研究型大学鉴别信息是否准确的有效办法。第三，先进性和适用性。研究型大学要提高收集信息的价值必须注重信息的先进性，即采集生命力强、价值高的信息。为使收集信息能脱离自身管理水平与特色，研究型大学还要高度重视信息的适用性。第四，系统性和完整性。系统性和完整性是高质量信息具有的重要属性，该类信息是研究型大学战略控制收集的重点。由于人财物的限制，研究型大学收集信息应突出重点，保障当前所急需的各种信息数量，也必须尽可能把有关信息收集齐全。第五，及时性。时间是信息所具有的重要属性，信息如果过时，就失去了使用价值。研究型大学保障所收集信息及时性的有效办法是做好预测，抓潜在信息，走在时间的前面，避免信息应用之后就过时的危险。第六，计划性。要使上述一些原则得以实现，研究型大学要有周密的计划和严密的组织。

其次，收集的方法与渠道。研究型大学战略控制信息收集需要采取有效方法，借助多种渠道。一般而言，研究型大学收集信息的方法主要为调查研究。这是及时获得信息，尤其是获得准确、系统信息所必不可少的方法。战略控制收集的信息有的偏重文献资料，有的偏重实际调查，最好的方法是把两者结合起来。常用的调查研究方法如下：参观访问，如与所需情况的有关院系领导、专家教授、师生员工等进行交谈等；参加会议，如听取各种经验交流会、专业讨论会、学术报告会等；信息调研，即专门派人进行有针对性的调查研究，这是掌握第一手材料、了解事态发展趋势、解决一些关键问题所应采取的办法。上述收集信息的各种方法可以通过各种不同渠道来进行，主要分为正规渠道和非正规渠道。正规渠道包括行政渠道（按照部门隶属关系或协作关系，通过请示汇报、工作联系等形式收集各种信息）、网络渠道（校方设置的信息机构和媒体，如通过已有的信息系统，从一些信息中心、预测中心收集各种信息）、社会团体渠道（如通过一些学术团体进行收集）；非正规渠道包括非组织和非正式的个人接触、个人通信、师生议论的网站、师生私下反映等（张甲辰，1986）。

5.5.5　信息分析与反馈

信息分析与反馈是指对战略进程中的信息进行处理，并将处理后的信息反映给校战略控制委员会的活动。研究型大学战略控制信息的分析处理，就是研究型大学根据研究问题将收集来的信息进行定性与定量加工和推理而得出一定结论和结果的过程。从哲学的角度讲，战略控制信息的分析处理就是探索与战略控制目标有关的矛盾并找出主要矛盾的过程。其方法是先对获取到的信息进行综合、归纳、推理和演绎，透过错综复杂的表面现象深入研究各种矛盾，判别哪些是表面现象、哪些是事物的本质、哪些是主要矛盾、哪些是次要矛盾；哪些表明普遍或一般矛盾，哪些反映特殊或个别矛盾。抓住其中的主要矛盾或特殊矛盾，排除次要矛盾和普遍矛盾，就是信息分析处理的全过程。信息分析处理的方法主要有定量和定性两种，信息分析过程中一般遵循先定性后定量、由定性逐步向定量发展的规律。我们在分析问题的时候，总是先做一个大致的定性估计，然后对某些具体细节、重要环节再做详细分析或定量分析。定性分析的具体方法有分离-组合法（从大量的信息中分离出一部分信息，并将此部分信息重新组合成新的信息的方法，尤其注重从公开的平淡无奇的数据中分离出来有关的信息，找到重要的启示，然后将相关的信息再组合，从中得出重要结论）、“十万个为什么”法（对所研究的问题提出一系列的为什么，以期找到最终原因）、头脑风暴法（头脑风暴会议在非常融洽和轻松的气氛中进行，不受任何框框限制，参加会议者充分自由地提出各种方案、方法、措施和分析，会议坚持不互相批判、自由鸣放、欢迎提出大量方案、善于结合别人意见提出方案四项原则），定量分析的具体方法有对数据描述性分析、统计性分析、计量性分析等（赵金楼，1989）。信息在进行分析处理后，须及时反馈至校战略控制委员会，以供其对下一步工作施行决策。在条件允许的情况下，研究型大学可利用信息技术建立信息管理系统，集信息收集、分析、反馈于一体，加强信息管理。

综上所述，战略控制信息决策、控制信息发布与咨询、控制信息执行、进程信息收集、信息分析与反馈五个环节相互联系、循环渐进，一起形成了研究型大学战略控制的信息系统（图 5-6）。

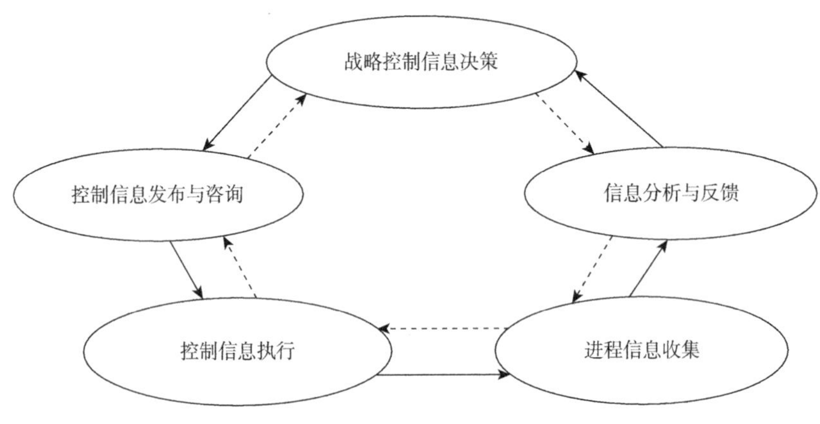

图 5-6　研究型大学战略控制的信息系统

5.6　研究型大学战略控制的评估系统

评估是战略控制中非常重要的环节，是决定是否采取纠偏措施的前提。研究型大学战略控制评估是针对控制目标和控制内容的评估，主要衡量学校在战略实施过程中各项活动进展是否符合学校战略目标，包括科学研究的评估、教育教学的评估及在此基础上对学校战略控制总目标的评估和对社会认可程度的评估，它们之间相互依存、相互促进，共同构成了研究型大学战略控制的评估系统。

5.6.1　科学研究评估

作为研究型大学，科学研究是战略控制评估中首要的内容。研究型大学要在评估学校科研投入、设施、人才等科学研究基本要素状况基础上，着重评估学校取得的科研成果和获得的科研奖项，检测学校科学研究项目的进展情况，以切实评估学校的科研实力与地位。当前，各种大学科研评估和排行榜不断推出，为评价大学科研提供了信息参考，但这些评估在指标选择、评估方法和评估周期等方面存在不同程度的缺陷，给大学科研活动带来了重数量轻质量、重投入轻效益、重短期轻长期等不良导向。为了更加科学、公正地评估研究型大学科研活动，克服传统评估方式的不足，研究型大学战略控制的科学研究评估要努力反映科研本质。第一，树立多元评估理念。研究型大学各院系间科研质量差距较大，用统一标准评估难以反映真实的发展水平。因此，研究型大学要树立多元评估理念，运用多主体、多途径和多方法重点开展学科评估，引导特色学科发展，有利于全面、公平地反映学校科研发展水平（李漫红，2013）。第二，建立以质量、效益和效率为核心原则的科研评估体系，切实改变单向度的重投入、重产出或者基于累加逻辑的科研评价导向。当前部分研究型大学存在在科研项目方面“重立项、轻管理”，在科研队伍方面“重引进、轻服务”，在学科结构方面“重扩张、轻整合”，在科技成果方面“重数量、轻质量”，在成果转化方面“重获奖、轻效益”等诸多现象，这种单向度科研评估造成很多大学科研资源浪费、投入产出效率较低，带来了很恶劣的长期影响。基于市场机制运作的各种大学排行榜一般采用单向度累加逻辑的评估模式，社会影响广泛，对大学科研活动造成的负面影响尤应警觉。研究型大学要以质量为中心，以效率和效益为参照，注重评估学校科学研究在基础研究和基本理论方面的原创程度与突破程度，不再计较与数量有关的科研指标。第三，对于科研综合得分不高和科研水平出现下降的院系，应通过体制和机制创新，调整粗放型发展路径，提高科研资源配置与利用效率，实现内涵式发展与协同性发展。基于教学功能的院系组织结构是导致我国研究型大学科研活动碎片化、封闭性和低效率的重要因素，即使是学科结构齐全的综合性大学，内部学科甚至次级学科之间的区隔与竞争亦非常严重。如何构建具有互补优势的有机学科群和具有集成功能的科研平台与机制，实现学科之间科研资源的整合与协作，克服科研要素的边际产出递减倾向，是每一所研究型大学需要优先考虑的问题。第四，从长期和顶层设计角度考虑，应逐步建立基于大学科研评估结果的拨款体制。为提高研究型大学整体科研配置效率，引导院系提高科研生产力，研究型大学应在科研拨款中引入基于科研评估的竞争机制，将更多优质科研资源分配给科研潜力更大、效率更高的院系，减少科研评估成效不佳的院系科研拨款（熊佩萱和茹宁，2020）。

5.6.2　教育教学评估

教育教学评估是研究型大学的办学导向，事关教育事业发展方向。教育教学是研究型大学战略控制评估的核心内容，“好的教育教学评估”成为审视研究型大学教育教学评估实践的价值尺度。研究型大学主要培养创造性人才，现有的一般性教育教学评估标准很难涵盖其活动范畴，很难保证其结果效度与信度。从目的和手段两方面对什么是“好的教育教学评估”进行价值判断，是研究型大学教育教学评估所应秉持的基本准则。研究型大学要深入研究评估对象的特质，探索评估的方法、手段等，从不同角度和层面根据相应目标与标准加以评估，以确保评估的科学性和公平性。“好的教育教学评估”要在评估目的和定位上超越监管与问责，遵循教育发展的基本规律，激发被评价者的主动性和发展性，助推形成新的质量文化，从而走向自主质量建设之路；评估主体应超越权力与利益冲突，行动开放且透明，承认不同评估活动的价值，构建彼此尊重和信任关系，建立开放、包容、透明、有效的评估体系和质量发布制度；评估手段应超越技术主义，追求理解与交流，有效规避教育教学评估的其局限性。研究型大学战略控制中的教育教学评估不是为了排名和比较，关注教育的本真追求、服务人的发展、服务教育事业的发展是开展评估的根本目标（杜瑞军，2021）。

5.6.3 学校战略控制总目标评估

科学研究与教育教学的力量及地位决定了研究型大学的实力和位次，科学研究评估和教育教学评估是研究型大学战略控制评估的主要内容。在科学研究评估、教育教学评估基础上，研究型大学要对学校战略控制总目标进行评估，其实质是科学研究评估、教育教学评估及其相关评估的综合。战略控制总目标评估要注重综合性，从整体上对学校战略实施情况进行检查，为学校下一步控制方案制订提供依据。从整体性评估看，战略评估往往需要从短期和长期两方面进行。短期评估主要以年度目标为依据，长期评估要考虑战略的实施是否达到了研究型大学的长期战略目标，以及是否与学校战略目标和任务的内涵相一致。从长期角度进行战略评估时，研究型大学要特别注意高校战略实施周期性较长的特点，发现战略结果与战略目标的差异时要能够辨识到底是战略方向错误还是由于干扰因素影响。

为保障评估科学合理，研究型大学整体战略评估要遵循四项原则标准。理查德·鲁梅特（Richaid Rumelt）提出了战略评估的四条一般标准：优势、协调、可行和一致，对于研究型大学战略评估非常适用。其中，优势和协调是对学校外部而言，可行和一致则是对学校内部而言。第一，优势。如果学校战略不能使学校在一定领域创造和保持一定优势，那么只能使学校在发展中处于跟随和防御状态，不可能取得长远发展。研究型大学战略控制要通过整体评估，促使学校在一定领域创造和保持优势，第二，协调。战略评估既要考察个体趋势，又要考察组合趋势。如果研究型大学战略控制整体评估只能促使学校部分部门或单位取得好的发展，未能促使学校整体取得巨大进步，那么其协调性就存在问题。第三，可行。一个好的学校战略必须做到既不过度耗费可利用的学校资源，也不造成无法解决的派生问题。对战略的最终和最主要的检验标准是其可行性，也就是学校依靠自身能力和所能调动的资源能否实行这一战略。研究型大学战略控制要评估大学自身拥有的人力资源、财力资源和政府资源与战略实施需要之间的契合度问题，确保战略持续开展。第四，一致。学校内部的冲突和部门之间的争执往往是学校管理失序的表现，这也可能是学校各个战略方面不一致的特征。研究型大学战略控制要在整体评估中检查一致性问题，保证战略实施顺利进行（谭斌，2006）。

5.6.4　社会认可程度评估

从评估主体看，科学研究评估和教育教学评估属于高教系统的内部评估，社会认可程度评估属于高教系统之外的社会评估。客观上说，内部评估是自己评自己，带有很多的主观性；社会评估则由别人来评，是一种相对公正的评价。社会认可程度评估的实质是检查社会对研究型大学科学研究、教育教学和社会服务质量及成效的认可程度，而社会认可程度的衡量则是社会对研究型大学发展的评估结果。

研究型大学要重视社会评估，积极主动参与评估。评估是一个双方性活动，仅有评估机构一方的主动是不够的，高校的积极配合对评估活动能顺利实施十分重要。研究型大学要转变观念，改变过去凡事依赖政府的观念与行为，重视社会评估作用，敢于接受社会监督。研究型大学要坚持学校信息公开透明化，健全学校网络信息系统，及时向社会公布学校办学情况，积极拓宽社会获取高校信息的渠道，保障评估信息在评估主体、评估对象之间真实、高效传输。研究型大学要主动邀请社会评估组织根据学校发展战略定位对学校人才培养、科学研究和社会服务各项工作做出评估诊断，并根据学校实际与外部需求提出改进建议，增强学校办学育人能力。研究型大学要把社会认可程度评估作为一项重要评估认真开展起来，结合学校战略控制中的社会认可目标进行广泛调查研究，不断拓展评估内容，探讨新的途径和方法，使其成为推动自身发展的促进力量。

综上所述，科学研究评估、教育教学评估及在此基础上的学校战略控制总目标评估和社会认可程度评估四类评估相互独立，彼此补充，组合形成了研究型大学战略控制的评估系统（图 5-7）。

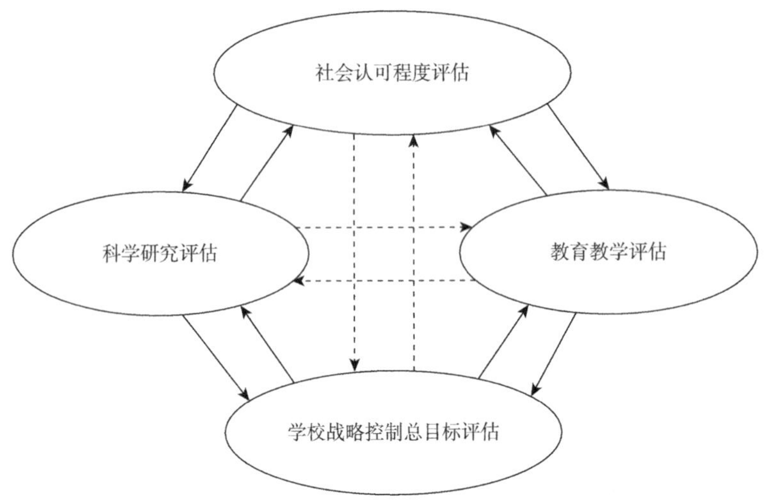

图 5-7 研究型大学战略控制的评估系统

5.7 研究型大学战略控制的纠偏系统

研究型大学发展战略是基于一定的内外环境条件假设而制定的，在战略实施中学校内外环境变化和实施能力变化必然导致战略偏差与战略调整。纠正进程中偏差、保证发展战略目标如期实现是研究型大学战略控制的最终目的，也是研究型大学实施战略管理的主要追求。纠偏系统是研究型大学战略控制终结性的关键系统，按纠偏程度进行分析，包括零度纠偏、微型纠偏、轻度纠偏和重订目标四种。

5.7.1 零度纠偏

零度纠偏是指研究型大学在战略控制过程中，校内外环境没有发生明显变化，广大师生按照学校发展战略规划的目标和进度认真实施，学校发展战略令人满意地朝着既定目标前进，不需要采取纠偏措施。研究型大学拥有丰富的人力资源和物质资源，只要战略目标切合实际，战略规划科学合理，各项战略执行措施深受师生欢迎，在极少数情况下，零度纠偏也可能出现。零度纠偏是战略控制的最理想状态，这种理想状态正是战略控制存在的意义，是战略控制不懈追求的永恒目标。

一般而言，零度纠偏的出现至少要满足四个条件。第一，内外环境在大的方向上没有发生变化，如外环境中有关大学的国家法律和方针、各级政府政策规定等没有发生方向性转折，内环境中学校领导人员、管理思维等各种要素趋于稳定，没有发生重大变化。第二，学校制定的战略发展目标和进程规划科学合理，符合实际需求，既高于学校发展现状，具有一定挑战性，又没有好高骛远，具有可操作性，得到广大师生员工一致认可。第三，广大师生员工按照既定进程规划朝着既定目标前进，各项战略进程符合预期标准。第四，学校具有战略实施所需的充足资源，且资源的消耗使用与增补符合战略进程规划预期，如实体物资的价格涨幅符合预期，师生员工的工资涨幅符合预期等。

在以上条件同时出现的情况下，研究型大学战略控制便会出现零度纠偏。由于现实生活中环境的不确定性和很多事项的不可预测性，零度纠偏情况一般只存在于理论探讨中。现实生活中，学校外部经常出现高等教育重大政策调整，学校内部管理要素无法完全趋于稳定，学校战略目标执行很难符合所有预期标准，物资价格等资源也很难做到准确预测。符合假设预期的单项条件在现实中全然存在已很困难，要求所有预设条件同时按预期存在更加不可能。因此，在绝大多数情况下，战略控制需要进行纠偏。纠偏首先要寻找偏差产生的原因，然后“对症下药”进行纠偏行动。研究型大学战略实施中出现偏差的原因可能是以下几个方面：战略目标不现实；为实现战略目标而选择了错误战略；实施战略的组织结构错误；执行人不称职或玩忽职守；缺乏激励；学校内部缺乏信息沟通；外部环境压力等（孙睦优，2006）。纠偏行动需先根据偏差产生的原因和后果进行分析，而后针对性地采取相应程度的纠偏行动。

5.7.2　微型纠偏

微型纠偏是指研究型大学在战略控制进程中，由于校内外环境或者工作因素的变化，广大师生虽然按照学校发展战略规划的发展战略目标和进度实施战略，学校基本朝着既定目标前进，但仍然出现了些许不尽如人意的地方，需要采取纠偏措施。按照大学内部管理的一般经验，此时较多出现的问题可能是师生员工对战略目标的执行力不够，进度稍微落后于计划，或者师生员工对战略目标的支持力度不够等。产生此类问题的原因大多是学校对于战略目标和战略规划的宣传解释力度较小，师生员工对战略目标不了解，如不清楚战略目标和战略规划的时间节点或控制目标的指标要求，从而无法在规定的时间完成既定目标。

以上问题不影响学校战略规划的总体进程，研究型大学仅需采取微型的纠偏措施，如加强宣传、鼓舞士气、督促进程等。在加强宣传方面，研究型大学要将战略目标和战略规划公之于众，确保师生员工对战略目标和战略规划知晓，获取师生员工对战略的支持，凝聚师生员工按照战略规划稳步推进并实现战略目标。

在鼓舞士气方面，研究型大学应加强对学校发展战略目标的解读，多向师生员工传播学校的奋斗方向，勾画未来宏伟蓝图。学校师生大都关心学校发展，学校未来发展目标能够唤醒师生潜在动力。在督促进程方面，学校战略控制委员会应通过组织形式加强目标管理，采用定期或不定期方式进行调查研究，对未达到目标要求的院系和部门予以进程督促。

5.7.3 轻度纠偏

轻度纠偏是指研究型大学在战略控制进程中，由于校内外环境或者工作因素变化，广大师生虽然按照学校发展战略规划的发展战略目标和进度实施战略，但没有能够完成进度和目标，出现了一些与战略规划不相匹配的地方，需要采取纠偏措施。按照大学内部管理的一般经验，此类问题现象虽较难出现，但仍然有较小概率发生。这类问题主要表现在以下几个方面：各级战略执行组织互相推诿，领导力不足；战略技术路线设计烦琐，执行起来难以操作；师生员工在战略执行中全力以赴，但总是达不到标准要求等。出现此类问题的原因可能是各级战略组织设置不合理，队伍配备不齐，职能职责不明晰；战略技术路线设计脱离大学工作实际，未能兼顾本校特色和水平，适用性不足；一部分师生员工投入时间精力少，工作能力欠佳等。

以上问题对学校战略规划实施具有较大影响，但对于最终实现战略目标的影响较少，研究型大学需要采取轻度纠偏措施。轻度纠偏措施主要包括调整组织、改进技术、加强培训等。在调整组织方面，研究型大学要按照战略任务所需设置科学合理的战略执行组织，加强战略执行队伍配备，明晰各级组织的职责职能和工作规范等。在改进技术方面，研究型大学要在深入调研本校以往工作习惯、水平和特色基础上，吸收其他学校优良做法，遵循简单易操作原则设计战略技术路线，确保便利执行。在加强培训方面，研究型大学要组织相关部门对能力不足的师生员工加强工作理念、能力和技巧的多维培训，确保师生员工按照战略控制目标执行战略活动。

5.7.4 重订目标

重订目标是指研究型大学在战略控制进程中，由于校内外环境或者工作因素变化，广大师生没有能够按照学校发展战略规划的发展战略目标和进度实施战略，学校战略目标难以实现，师生对战略实施表示怀疑，战略规划如同虚设，需要采取纠偏措施。按照大学内部管理的一般经验，此类问题现象极少出现。这类问题主要表现为战略目标和战略规划不科学不合理，一是可能因为战略目标和战略规划制定未经过充分调查研究或论证，未走规定的制定程序，导致战略目标和战略规划严重脱离实际，出现战略目标过高或过低现象；二是可能因为学校外部环境发生重大变化，与学校战略目标出现方向性背离，如某高校制定目标发展成为世界一流大学的目标，但国家相关部委下发不再区分世界一流大学的政策，此时需要学校重订目标；三是可能因为学校内部环境发生重大变化，战略思想发生偏移，如学校领导层变动，重要领导战略思想方针发生变化等。

重订目标即研究型大学对学校发展战略目标及其控制目标重新修订，需要遵循一定的程序。首先，研究型大学战略控制的信息管理相关部门要通过调查研究收集校内外环境信息和战略执行信息，进行充分论证。其次，校战略控制委员会会同战略规划委员会，根据已掌握信息，在校战略管理委员会指导下启动重订目标程序，设定新的战略目标、战略控制目标和战略规划。再次，校战略管理委员会组织征集校内外意见，充分吸收相关人士建议，进行多轮修改完善。最后，校战略管理委员会表决通过新的战略目标和战略规划，面向全校发布执行。

综上所述，零度纠偏、微型纠偏、轻度纠偏和重订目标四种类型纠偏由轻到重，环环相扣，共同构成了研究型大学战略控制的纠偏系统（图 5-8）。

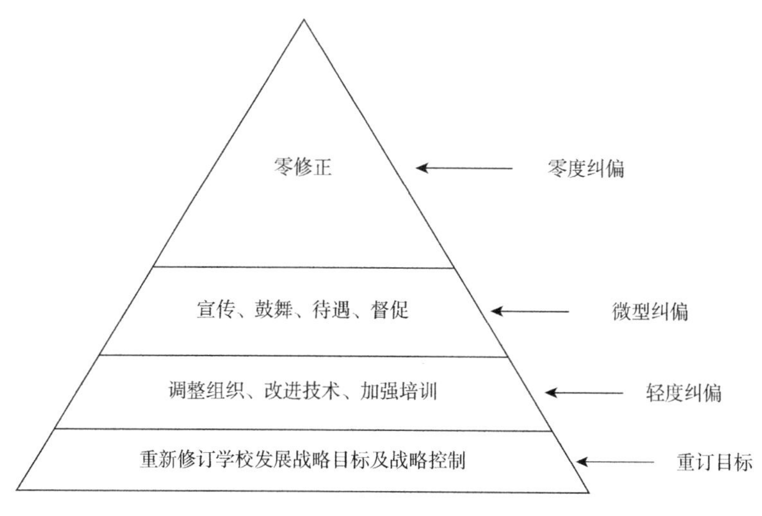

图 5-8　研究型大学战略控制的纠偏系统

5.8　本章小结

研究型大学发展战略能否实现，战略控制至关重要。研究型大学战略控制是一项系统工程，是由一系列理念、目标、组织、制度、方法和手段构成的体系。

本书根据战略控制的要素、进程及其相互作用关系，将战略控制划分为七个因序而生、彼此相连、依次开展、循环共进的子系统，构建起包含理念系统、目标系统、组织系统、文本系统、信息系统、评估系统和纠偏系统的研究型大学战略控制体系。

研究型大学战略控制理念是人们对研究型大学新的办学思想——战略管理与控制的理性认识、理想追求及其所形成的教育观念和教育哲学观点，是大学运行与管理的哲学基础。研究型大学战略控制理念包括思想观念控制理念、科学研究控制理念、教育教学控制理念、社会服务控制理念和学校文化控制理念，五方面理念相互连接，目标一致，共同形成了研究型大学战略控制的理念系统。研究型大学战略控制目标是依据学校战略目标对战略控制活动预期结果的具体设计，是检查和衡量学校战略实施进展的标准和参照。研究型大学战略控制目标包括战略控制总目标和科学研究目标、教育教学目标、社会服务认可目标，四类目标相互印证，方向一致，共同构成了研究型大学战略控制的目标系统。研究型大学战略控制组织即研究型大学战略控制的各层级组织，是研究型大学战略控制的机构及其人员依托，是研究型大学战略控制的实施主体。研究型大学战略控制组织包括校战略管理委员会（或董事会）（一级组织）、校战略规划委员会与校战略控制委员会（二级组织）和各院系、研究组织与相关组织的委员会（三级组织），三层组织从上至下、由下而上，既隶属又沟通，既发令又行动，一起构成了研究型大学战略控制的组织系统。研究型大学战略控制文本是研究型大学战略控制思想制度及行动过程的传统记载文书和固化载体，是研究型大学战略控制中所有制度性文件、评价报告、总结、鉴定和各种记录的统称。研究型大学战略控制文本包括纲领指导性文件、规范通用性文件、计划措施性文件和记录鉴定性文件，四类文本从大到小，由粗至细，目标与行动相联系，宏观与微观相结合，共同形成了研究型大学战略控制的文本系统。研究型大学战略控制信息是有效实施战略控制基础，是战略控制开展的通路，其工作包括收集和储存资料、跟踪关键指标、识别和诊断问题、报告战略进展信息等，涵盖从战略控制信息形成、发布、执行、反馈到再形成的循环往复过程。研究型大学战略控制信息体系包括战略控制信息决策、控制信息发布与咨询、控制信息执行、进程信息收集、信息分析与反馈，五个环节相互联系、循环渐进，一起形成了研究型大学战略控制的信息系统。研究型大学战略控制评估是针对控制目标和控制内容的评估，主要衡量学校战略实施过程中各项活动进展是否符合学校战略目标。研究型大学战略控制评估包括科学研究评估、教育教学评估及在此基础上的学校战略控制总目标评估和社会认可程度评估，四类评估相互独立、彼此补充，组合形成了研究型大学战略控制的评估系统。研究型大学战略控制纠偏是指研究型大学在战略控制进程中对学校内外环境变化和实施能力变化导致的战略偏差进行的战略调整和纠正，是研究型大学保证发展战略目标如期实现关键环节。研究型大学战略控制纠偏包括零度纠偏、微型纠偏、轻度纠偏和重订目标，四种类型纠偏由轻到重，环环相扣，共同构成了研究型大学战略控制的纠偏系统。

本书构建的研究型大学战略控制体系沿着理念系统→目标系统→组织系统→文本系统→信息系统→评估系统→纠偏系统再重新回到新一轮理念系统的顺序展开，形成了一个既封闭又开放的螺旋式渐进战略控制环路。七个子系统围绕战略控制活动层层递进、循序开展、彼此联系、相互制约，按照学校战略方向前进，共同实现学校战略目标。该体系是研究型大学战略控制理论和实践结合的一次系统化探索，为研究型大学战略目标达成提供了理论借鉴和实践参考。

第 6 章　研究型大学战略控制体系运行的风险防范策略

研究型大学战略控制是研究型大学发展战略取得成功的关键，其体系的优劣决定着战略控制实施的效度。本书所构建的研究型大学战略控制体系是一种基于实践的理论探索，是一个理性认识的有机整体。由于研究型大学的内外部环境始终处于变化之中，研究型大学战略控制各项工作存在很多不确定因素，加上研究型大学自身的特殊性，研究型大学战略控制体系运行不可避免地存在一些潜在问题，需要对运行过程可能出现的风险进行防范。目前国内外关于研究型大学战略控制的研究尚处于起步阶段，国内外学者对于研究型大学战略控制体系运行风险防范还没有明晰界定和专门研究，只是高校内部治理相关研究提出高校治理模式和权力运行可能面临风险，应有目的地预警应对和监控完善（许迈进和章瑚纬，2014）。面向未来，研究型大学在知识经济社会中愈益重要，开展研究型大学战略控制体系运行风险防范研究以确保研究型大学战略管理顺利实施与发展战略目标圆满达成，既是理论的呼唤又是现实的需要。

6.1　研究型大学战略控制体系运行的主要潜在风险识别

研究型大学战略控制运行体系风险防范是指研究型大学在战略控制过程中开展风险信息收集与反馈、风险判断与评估、风险预警与应对、常态化完善监控等工作，最大限度地降低风险发生的可能性，将可能出现的损失或影响控制在合理的可接受范围内，保证研究型大学战略目标顺利实现。由此可见，识别主要潜在风险是研究型大学战略控制体系运行的第一步。本书研究发现，研究型大学二元权力结构的复杂性、产品与非营利的特殊性、战略控制目标的模糊性、理论和实践探索的有限性、资金与资源的短缺性、高教与高校管理体制的传统性、国内外环境的变化性、控制体系构建的理想性等都会不同程度地影响控制体系运行，是研究型大学战略控制体系运行的主要潜在风险。

6.1.1　自身组织结构的复杂性引发的控制体系运行风险

研究型大学是一个二元权力结构极其突出的组织，学术权力举足轻重。学术权力凸显增强了研究型大学战略管理决策的科学性，但也让学校决策者谋虑过度，畏首畏尾，延长了学校各种决策的时间，甚至有时议而不决。尤其当信息传递不畅、战略实施授权不充分或责任不落实、组织结构不匹配、激励不到位或资源配置不足时，战略实施的效率和效果都会大大降低（商迎秋，2011）。在学院数量多、学科组织分散的研究型大学，组织结构的复杂性影响了战略控制的运行效率，尤其是当学院学科特色、学校行业特色浓厚时，战略管理更加无法遵循“一刀切”原则，无疑加大了战略决策的难度。由于学术权力凸显和系科院所目标不一致，研究型大学各个学院与研究组织相对独立，松散关联，难以发挥团队精神和整体聚合力，影响了战略控制体系的正常运行。研究型大学内部，跨部门、跨学科、跨专业合作型研究组织仍属少数，并非所有学科都能够进行跨学科交流合作。在学科交叉融合过程中，学校难免出现重点学科和边缘学科区分，各方面临的现实条件、衡量标准、利益站位不同，战略控制决策意见存在极大分歧，严重影响了战略控制体系的顶层设计和运行效果。研究型大学组织结构的复杂性使研究型大学很难凝聚成一个牢固而统一的整体，战略控制体系运行可能存在低效甚至无效的风险。

6.1.2　产品与非营利的特殊性引发的控制体系运行风险

战略控制最为成功的运用者是企业，企业营利的特性决定了其利益关系及其指标的明朗化，使得战略控制便于开展。研究型大学是一个非营利组织，主要目的在于为国家社会培养人才，而人才培养质量如何，未来发展去向优劣，专业学科综合实力高低等影响着研究型大学的生源质量和育人成效，于是不可避免地形成了学校与学校间、学科与学科间、专业与专业间的竞争关系，引来了政府、社会、家庭等校外利益主体的参与。作为非营利组织，研究型大学的战略控制决策需要在诸多利益主体之间寻求平衡。因此，研究型大学实施战略控制比企业困难而复杂。当利益主体之间呈现相互竞争状态，甚至实现一方利益必然以牺牲另一方利益为代价时，研究型大学要完成多个控制目标并实现多个控制目标最优化的求解任务是不现实的。同时，战略评估的前提是将所有的绩效以量化方式呈现，然而研究型大学的产品是科研成就和创造性人才，制定定量化标准最为困难。研究型大学无法长时间动态追踪所培养的每个个体发展情况，难以对科研成果输出制定精确的量化标准——有些甚至是不适宜或不可能确定的，已有的量化指标大多也需要经过较长时间实践、评估、修改、再实践和再评估过程，这无疑大大增加了战略控制的难度。研究型大学产品与非营利的特殊性使研究型大学很难形成科学合理而精确无误的战略控制标准，战略控制体系运行可能存在判断依据不足甚至无所适从的风险。

6.1.3 战略控制目标的模糊性引发的控制体系运行风险

在企业领域，企业用简洁的词语将自己的核心价值和战略方向概括出来，已深入顾客的心中：佳洁士—防蛀，奔驰—声望，劳斯莱斯—尊贵，宝马—驾驶，饿了么—外卖，百事可乐—年轻人……在高等教育领域，牛津大学倡导“领导人物”，耶鲁大学提出“服务公众”，麻省理工学院突出“高新技术研制与开发”等，都为学校的发展提出了明确的战略方向。对比之下，我国研究型大学发展战略定位大多没有体现特色性，较多遵循《大学》提出的“三纲领”（明明德、亲民、止于至善）和“八条目”（格物、致知、诚意、正心、修身、齐家、治国、平天下）等理念，无法代替新形势下研究型大学的战略发展目标，使我国研究型大学战略控制目标缺乏鲜明具体性。战略控制目标模糊一方面表现在没有能够突出学校的愿景和优势，另一方面表现在操作性较差，超出研究型大学现有能力范围，增加了战略控制失败的可能性。战略控制目标模糊影响了学校广大师生行动方向的确定，将使学校发展战略失去意义，使研究型大学战略控制流于形式，无果而终。研究型大学战略控制目标的模糊性使研究型大学难以目标鲜明地针对性开展战略控制工作，战略控制体系运行可能存在“走走过场”甚至无果而终的风险。

6.1.4 理论和实践探索的有限性引发的控制体系运行风险

与美英等发达国家相比，我国研究型大学战略管理理论研究与实践探索都起步较晚。理论上的不成熟影响了研究型大学战略管理理念的形成和优化，延缓了我国研究型大学的实践探索和发展进程。在理论研究中，高等教育学者经常将研究型大学的战略管理与教育教学改革发展混为一谈，专门针对研究型大学战略管理的研究还不够深入，理论指导实践的本土化力量不足。在实践上，目前国内高校大多处于战略管理的探索阶段，我国研究型大学还没有有效实施战略管理的完整范例，这在很大程度上制约了研究型大学战略管理工作的积极开展。战略控制作为战略管理的最后环节，我国高等教育管理者和研究者对于研究型大学战略控制的深入研究和探索更少，这势必影响战略控制的进度与效度。研究型大学战略控制理论和实践探索的有限性使研究型大学开展战略控制缺乏参照和本土理论指导，战略控制体系运行可能存在无序操作甚至盲目试探的风险。

6.1.5　资金与资源的短缺性引发的控制体系运行风险

近年来，我国经济发展迅速，国家财政性教育经费支出呈现出持续性上升趋势。2019 年教育经费支出首次突破 4 万亿元，达到 50 178.12 亿元，占国内生产总值的 4.04%[①]；2020 年，我国全国教育经费总投入为 53 033.87 亿元，比上年增长 5.69%，占国内生产总值的 4.22%[②]，实现连续 9 年保持在 4%以上。我国财政性教育经费投入虽然已达到占国内生产总值 4%的发展中国家平均水平，但与发达国家 6%的平均水平相比差距还很大。国家通过“985”工程、“211”工程和“双一流”建设计划等对研究型大学投入了大量专项资金，由于我国高校数量多，科学研究的资金需求日益增加，现有教育经费财政支出对于研究型大学创建成世界一流大学来说仍是杯水车薪。因此，投入不足仍是制约我国研究型大学发展的重要因素。随着境外国外大学、研究机构、学术组织等涌入，国内教育资金和资源短缺在激烈竞争中的发展劣势日益明显，成为研究型大学发展的一大掣肘。研究型大学战略控制将因资金与资源短缺而动摇基础，难以开展持续性科学研究和教育教学改革，无法完成战略控制及学校发展目标。研究型大学资金与资源的短缺性将使研究型大学在战略控制中采取紧缩战略，战略控制体系运行可能存在降低标准、牺牲目标甚至中途夭折的风险。

6.1.6　高教与高校管理体制的传统性引发的控制体系运行风险

尽管《中华人民共和国高等教育法》规定高校是独立自主的办学主体，我国高等教育管理体制仍然体现出一些计划经济体制痕迹。改革开放以来，我国高等教育体系逐步适应市场进行了管理体制改革，如管理重心下移学院及学部，极大激发了基层学术组织的研究创新活力，有效提升了学术力量的能动性，有效增强

---

① 教育部，国家统计局，财政部. 2020-10-23. 关于 2019 年全国教育经费执行情况统计公告. http://www.moe.gov.cn/srcsite/A05/s3040/202011/t20201103_497961.html.

② 教育部，国家统计局，财政部. 2021-11-16. 关于 2020 年全国教育经费执行情况统计公告. http://www.moe.gov.cn/srcsite/A05/s3040/202111/t20211130_583343.html.

了学术权力及其话语权。然而，我国研究型大学依旧更多地接受国家的管理和拨款，研究型大学的书记、校长都由主管部门任命，行政权力和科层组织在高教与高校管理体制中发挥着不同寻常的作用。对于研究型大学来说，学校的战略管理及发展方向更多掌控在学校决策层手中，基层单位中的个人作用发挥不大；在开放式征求意见、建言献策等过程中，普通教师和学生参与度不高、主动性不强；普通师生个体意见产生的影响较小，最终决策和意见取决于校务委员会及学术委员会代表；在少数服从多数的决策方式下，学校无法完全实现每个个体诉求。同时，研究型大学战略管理可能会因为上级主管部门干预而改变或终止，也可能会由于书记或校长个人的喜好、离任等原因而搁置或流产，还可能长时间处于变动状态中，影响控制体系运行和实践。高教与高校管理体制的传统性使研究型大学战略控制难以充分发挥学术组织和师生员工的力量，战略控制体系运行可能存在听命上级、做做样子的风险。

6.1.7 国内外环境的变化性引发的控制体系运行风险

研究型大学是社会大系统中的子系统，同自身之外的其他子系统之间进行着物质、能量和信息的交换，环境的不确定性对研究型大学战略实施带来了极大风险。从国内环境看，2012 年 11 月 8~14 日召开的中国共产党第十八次全国代表大会提出国家将“实施创新驱动发展战略”，指出“科技创新是提高社会生产力和综合国力的战略支撑，必须摆在国家发展全局的核心位置”（胡锦涛，2012）；2016 年 5 月 19 日中共中央、国务院印发了《国家创新驱动发展战略纲要》，详细从战略背景、战略要求、战略部署、战略任务、战略保障、组织实施六方面制定了国家创新驱动发展战略内容，特别强调这是中央在新的发展阶段确立的立足全局、面向全球、聚焦关键、带动整体的国家重大发展战略[①]。国内政治、经济、文化、科技、人口、地理等变化对研究型大学战略控制将产生直接或间接影响，研究型大学必须结合社会环境变化及时更新办学理念，动态化调整发展战略。从国际环境看，随着世界贸易体系和经济全球化发展，教育全球化（globalization of education）成为一种发展趋势，并在教育界产生了极其深远的影响（陈新忠和李忠云，2006b），国内外高校间的合作办学模式日益丰富，越来越多的师生选择出国留学或跨境学习。我国研究型大学战略控制同样受到国际环境及其影响下的高等教育输出冲击，具备开放的国际化视野、确立国际化战略发展目标等成为突破战略管理与控制瓶颈的重要手段。此外，国际互联网技术的发展催生了跨国在

① 中央人民政府. 2016-05-19. 中共中央 国务院印发《国家创新驱动发展战略纲要》. http://www.gov.cn/zhengce/2016-05/19/content_5074812.htm.

线学习、共享学习等新模式，而国内外疫情防控的现实需求、国家间贸易摩擦的严峻形势等增加了跨国合作的难度，对研究型大学战略控制提出了新的挑战。国内外环境的变化性使研究型大学很难按照原定轨道一成不变地开展战略控制，战略控制体系运行可能存在更新标准、转变方向的风险。

6.1.8　控制体系构建的理想性引发的控制体系运行风险

理论虽然对实践具有指导作用，但也要在实践中才能得到检验。每所研究型大学都有自己的特色和优势，战略控制状况也因校而异。本书提出的研究型大学控制体系是在实践调研基础上的一种理想化构想，是针对研究型大学整体而进行的一次理性探讨。该体系结合每所研究型大学实际能发挥多大的作用，还要在研究型大学的战略控制实践中进行衡量和检测。例如，在实际运行过程中，研究型大学战略控制要善于发现和充分利用学校战略发展的真正动力。大学作为学术性组织，具有“底部沉重”的特点，其根本发展动力理应来自基层，但目前教职员工积极性和主动性还处在一种自发、潜在的状态，对原有制度的惯性依赖使一些人为利益格局的调整担忧，持怀疑、观望态度，甚至产生抵触情绪（吕旭峰和邹晓东，2013），这无疑增加了控制体系运行的阻力，是本书所建体系未来应努力解决的问题。控制体系构建的理想性使研究型大学难以完全遵照本书所建模型和操作程序开展战略控制，战略控制体系运行可能存在理论和实际“两张皮”、学校重理论文本呈现而轻实际控制效果的风险。

6.2　研究型大学战略控制体系运行的风险防范认知重构

风险认知作为风险沟通、风险治理的基础与前提，是风险防范主体对风险事件或事故信息获取、理解与判断并据此做出决策的过程（刘丽群和刘又嘉，2019），是风险防范的重要意识前提。风险认知有助于开展风险分析、风险评估、风险管理等工作，为认识和理解公众对于各种风险事件的反应提供了基础，是良好决策的前提（谢晓非和徐联仓，1995）。鉴于此，研究型大学需要全面提高师生员工风险意识，探索风险沟通有效渠道，构建全方位风险认知，促使师生员工自觉参与研究型大学战略控制的风险防范过程中，形成学校风险管理及风险防范体系。

6.2.1 重构控制体系运行风险防范认知的必要性

目前我国研究型大学战略控制处于初期发展阶段，有着良好的发展空间和上升趋势。然而，研究型大学战略控制也不可避免地存在着来自内外部交织影响的风险，增强风险防范意识有助于把握战略控制体系运行规则，提前甚至精准预测可能存在的风险并开展及时性干预处理，减少各类风险带来的损失。伴随着内外部环境和形势的迅速变化，研究型大学战略控制中产生的风险也会随之变化，并且战略控制运行过程中的风险必须经过一段时间的实践和积累才会呈现出来，在前期战略制定、战略实施监管等过程中难以及时监测和发现，采取行动往往具有滞后性，而这些风险往往能够产生不同层次不同力度的后果，严重威胁学校发展和师生利益安全。因此，研究型大学在战略控制过程中亟须转变原有高校管理自上而下的传统认知理念和方式，重构控制体系运行风险防范认知。研究型大学必须了解师生对学校发展战略风险的认知态度，通过专题培训等方法提高全校师生及教职员工的风险防范意识，使其具备必要的风险防范知识，了解学校风险防范建设方案，以便形成风险防范共识，从多角度、多环节、多层次开展风险防范操作，保证研究型大学战略控制运行体系高效运转。

6.2.2 控制体系运行的现有风险防范认知及其特征

现阶段，国内对于研究型大学的风险防范聚焦于财务管理、廉政建设、人员管理等具体项目的研究，对于战略控制体系全局性运行风险防范方面的研究较少。在战略控制体系实际运行过程中，我国大多研究型大学并未设置专门的风险防范部门或组织，基层个体防范认知薄弱。目前，我国研究型大学风险防范对学校领导者的认知水平、经验能力和风险偏好等具有极大依赖性，当领导者防范能力欠缺、关注面过窄时，就会出现难以全面把控和防范运行风险的问题。在指导不力的情况下，在适应风险变化的过程中，研究型大学领导者更容易产生较多决策困难，影响战略控制体系正常运行。同时，当前研究型大学战略控制体系运行风险呈现出动态变化、难以监测的趋势，预判和防范难度大，即使能够提前判断潜在风险，由于研究型大学自身风险防范能力弱、防范体系不完善等原因，也难以及时有效化解风险所带来的各种挑战。因此，研究型大学在开展战略控制时必须充分认识风险管理的重要性，有效强化领导层及每位师生员工的风险防范意识和认知，在形成共识的基础上集中力量加以应对，逐步提升学校发展战略风险防范和解决能力。

6.2.3　基于认知过程的控制体系运行风险防范认知建设

认知过程是未来行动的基础，根据认知状况加强战略控制运行风险防范体系建设是研究型大学的必然追求。研究型大学基于个体对风险防范的认知过程逐步建设战略控制运行风险防范认知体系，有助于达成领导层和师生员工间的风险共识，探索出有效的风险沟通渠道。

1. 风险防范信息的获得与整合

研究型大学战略控制体系运行关系到每一位师生员工的切身利益，师生员工是战略控制体系的基本执行和利益关联单元，在战略控制实施过程中对控制过程的风险更具敏感性。由于处于终端环节，师生员工的切身体会更加贴合实际，符合客观规律，获取风险防范信息的方式相对较为简单，获取内容更加全面广泛，在风险防范信息收集过程中发挥着重要作用。研究型大学必须给予师生员工充足的话语权，建立常态化座谈或意见反馈机制，便于在发现运行潜在风险后能够及时上报，最大可能地将风险控制在最佳防范范围。此外，研究型大学战略控制相关部门应指派专人负责收集专项信息，尤其是关于国家政策动向、相关法律法规及规章制度、市场和行业发展状况、领域资金流转情况、科学技术发展及应用、同行研究成果、其他竞争高校发展情况等方面的师生反映数据及信息，对相关数据和各类信息加以整理、分类、汇总，做好数据库的动态维护和更新（李晓霞，2017）。

2. 风险防范信息的理解与评估

在风险认知过程中，个体的理解与判断主要是指对风险信息和风险本身的理解与判断（刘丽群和刘又嘉，2019）。个体由于出发点不同，产生了较大的认知差异。一般情况下，不加处理的、零碎化的风险信息难成体系，所发挥的作用也会大打折扣，因此必须对风险信息加以人为的认知归纳和理解，才能对风险的产生原因、影响范围、后果预判、解决方式等加以评估，找到防范和应对风险的最佳方案。从风险的新颖性、影响范围、损害对象、时间尺度、灾害类型、延迟/持续时间、科技发展对风险问题的应用等维度出发，选择风险诱因、发生频率、影响范围、影响后果、持续时间和风险感知等风险属性作为分类指标，可以构建风险矩阵，有效帮助研究型大学在风险防范信息整合和评估过程中快速做出预判，制定回应措施（张鹏等，2010）。研究型大学可以结合各自校情建立风险认知反馈和评估机制，预先对潜在风险进行全面系统分析，对风险形式和程度做好动态化预估，形成针对不同情况的解决预案。

3. 风险防范信息的决策与行动

将风险意识落实到学校决策层面要求研究型大学领导在决策制定上具有长远目光、敏锐洞察力和丰富经验，充分考虑党和国家教育发展的大势，高校长远发展的大局，强化风险意识（徐国民和胡秋玲，2020）。发现风险信息是为了帮助研究型大学解决可能存在的风险挑战，只有当风险信息真正运用到决策的过程中，才能产生实际影响和作用。基于风险信息的收集整理和理解评估，研究型大学根据过往知识经验做出相应的行为反应或决策行动，是风险防范认知建设的必要一步。为促成学校战略控制和风险防范决策发挥最大效益，研究型大学要建立相应的管理或决策组织，吸纳一批经济、安全、管理、法律、财务等方面的专业人才，及时对科研设备、办公用地、财政支出和采购招标管理等环节做出风险评估，设置风险控制目标，提出具体应对措施，提交学校领导层进行决策后，采取针对性措施将现阶段风险所带来的不良影响加以解决或降到最低。在战略控制的最后环节，研究型大学应重视实施效果复盘，经常性地将执行效果与预期效果进行比较，分析差异及其形成原因，对于预期效果不明显或差异较大的情况及时进行调整和再实施，对于战略执行较好的情况进行记录并总结成功经验（李晓霞，2017）。

6.2.4 “从被动到主动”促成风险防范认知的理念革新

研究型大学战略控制体系运行风险防范关系到学校管理的每一个环节和每一位师生员工，在全校范围内树立风险规避意识尤为重要。实际工作中，研究型大学要全面推进风险管理和岗位责任落实，促进风险部门专门防范转变为全员共同防范，把内部控制管理从个人行为转变为单位行为，将风险管理与内控理念融入学校日常活动之中，让教职员工充分认识自己在风险管理中的职责，使内控与风险管理由被动变主动（姜书燕，2019）。研究型大学完成战略控制体系中风险防范认知的理念革新，一方面要促进学校内部信用建设，促成师生员工对学校战略控制方案拥有高度认同感和信任感，促使师生员工愿意并且能够主动结合学习工作任务开展实际行动；另一方面要加强校园“风险文化”建设，开展风险防范管理系统化教育，建立日常风险认知水平测评和诊断制度，完善风险预警系统，要求师生员工主动适应研究型大学的战略环境变化，自觉参与研究型大学战略控制的风险防范过程中。

6.3　研究型大学战略控制体系运行风险防范的主体建设

战略主体是指在战略管理活动中起决定作用的主体，包括分析者、决策者和实施者，他们通过战略管理过程影响战略目标的实现，人员配置不合理、人员知识能力不足或行为失误、关键人员流失等都会导致战略实施存在风险（商迎秋，2011）。评估主体在任何形式的评估中都占有重要地位，能否科学合理地选择评估主体类型和搭配评估主体结构影响着最终评估效果，而评估主体多元化是评估领域的主流趋势，能够增强评估的客观性、公正性和权威性（张玉磊，2014）。对于研究型大学战略控制体系运行风险防范来说，明确多方主体的职责和分工，改变过分依赖高校领导层的现状，形成分工合作、科学合理、层次多样的风险防范主体结构是现实需求。研究型大学应在政府支持和指导下，多方听取院系部门、学术组织和师生员工等利益相关者的意见，聘请专业机构、专家学者作为第三方主体共同参与研究型大学战略控制体系运行的风险防范建设，形成稳定的风险防范主体结构，以应对所有环节存在的风险。

6.3.1　建立多维的风险防范主体结构

美国大学风险防范体系是从学校层面贯穿到各个职能部门和院系的整体框架，包括在各个职能部门和不同院系的风险防范分支机构。该防范体系的领导机构为风险管理委员会，通常由大学校长、副校长、校长办公室、各个职能部门与院系的高级管理者及教师组成，享有咨询、协商、决策等职能。风险管理办公室是运行中实施风险防范的行政部门，各部门的风险防范分支机构是该防范体系的终端设置，能够有效地将风险评估和管理融入所有业务实践的环境中（韩梦洁，2018）。立足中国实际，我国研究型大学战略控制体系应建立基于四个层次的风险防范主体结构。第一层次是学校层面的监控管理机构及人员，主要包括书记、校长、主管副校长及学校战略控制委员会等相关机构和人员；第二层次是院系层面的监控管理机构及人员，主要包括院系书记、院长、系主任、主管副主任等及其组成的相关机构和人员；第三层次是教研室（或实验室、研究室）层面的监控管理机构及人员；第四层次是教师、学生、员工等个体和外部监控管理机构及人员。四个主体层次职权分明，形成我国研究型大学战略控制运行体系风险防范的金字塔式结构，有着较高的稳固性和多元性。研究型大学在战略控制过程中应充分发挥各层次领导层的指挥管理作用，尊重基层个体参与学校风险防范过程的各项权利，共同完成风险监测和漏洞处理任务，推进研究型大学战略控制体系顺利运行。

6.3.2 明确风险防范的主体责任分工

明确研究型大学战略管理风险防范主体的权力范围和责任分工是开展战略控制的重要一环，是战略控制取得成功的重要保证。在战略控制中，学校层面的监控管理机构及人员应拥有最终风险防范决策权和领导权，指导并监督院系和部门的风险防范工作，定期召开风险防范工作会议，制订工作方案，把握学校战略控制的质量和进度，做好各层次战略控制工作的后勤保障；学院层面的监控管理机构及人员应拥有在学院内部开展风险防范工作的自主决定权和管理权，依照学校相关单位指导方针和工作安排，联合所属研究室、实验室等相关工作组开展战略实施过程中的具体检测和监控工作，及时听取各工作组关于运行风险的意见反馈，做好与学校层面的交流和对接，帮助学院师生解决风险或危机问题；教研室（或实验室、研究室）层面的监控管理机构及人员应拥有风险监控的执行权和意见反馈权，按照学校及学院的指导方针和工作安排，在开展科研教研活动、进行教学改革、交流经验、评估质量、反馈安全信息、督促检查任务落实完成情况等具体事项中实时动态地做好风险及安全监控，提前预防可能存在的风险问题，当处理风险的能力超出自身范围时，及时向上级单位反馈，要求协助解决；教师、学生、员工等的个体层面的监控管理机构及人员属于研究型大学开展战略控制风险防范工作的最基层单元，处于高校战略控制风险防范的第一线，主要责任是围绕工作学习生活的各个方面，增强个体风险防范意识，用好风险控制及意见反馈机制，结合实际开展风险信息收集反馈、风险防范任务执行、为学校战略发展建言献策等活动，为研究型大学战略控制打好牢固基础。研究型大学要不断规范战略控制工作开展的方式和要求，优化学校风险控制主体结构，形成合力体系，使得四个层次的风险防范主体各有分工，在所属领域和责任区内做好系列风险防范工作（图 6-1）。当所有层次的风险防范主体都能各司其职，研究型大学风险防范机制就极易发挥应有作用，真正将风险防范监测落实到各项工作的各个方面，避免遗漏，有效控制风险隐患。

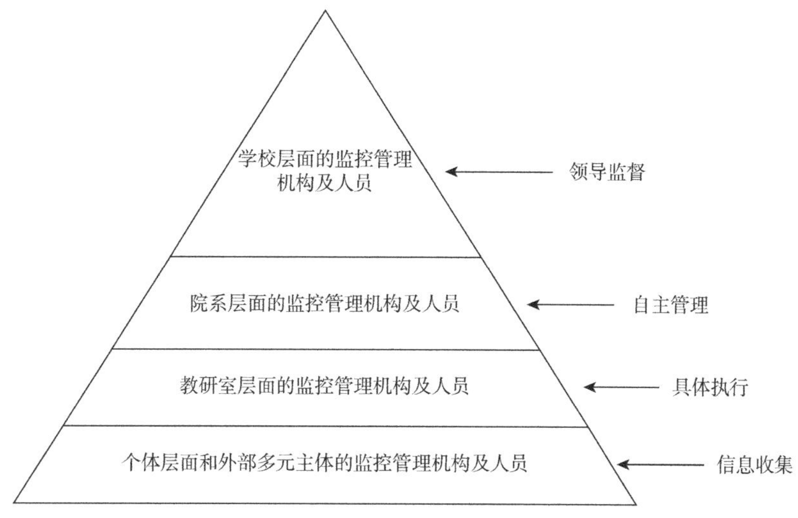

图 6-1　研究型大学战略控制体系运行的风险防范主体架构

6.3.3　争取外部主体或合作单位支持

研究型大学战略控制体系运行风险来自内外部两方面，两方面所产生的风险类型、影响程度、控制方法等都不一样。为防范风险，研究型大学除组建内部主体运行机制外，也应寻求外部主体协作，以扩大学校风险信息预警来源，提升风险评估准确度，提高风险问题解决的全面性和彻底性。首先，研究型大学可以寻求政府政策支持和帮助，最大限度地获取可利用的资源；在政府政策监管下有序推进学校战略管理，避免因政策不熟等问题影响学校战略控制推进的效率和效果。其次，研究型大学可以发展同第三方风险防范主体等的合作，从专业视角、专业方法、专业路径开展研究型大学内外部风险信息收集与风险程度评估，提供可行的专业预警和防控意见。最后，研究型大学可以加强与国外大学或研究机构的合作，学习国外研究型大学战略控制方面的经验，借用或购买其风险防范制度体系的详细内容或服务产权，结合学校实际情况做出对应修改并运用于实践中，更好更快地实现战略控制的风险防范目标，避免浪费较多时间和精力。在争取外部主体或合作单位支持时，研究型大学要清楚认识强化内部工作人员主导作用的重要性，避免内部工作人员业务水平和风险防范意识下降；开展多样的交流联系和工作培训，使内部主体能够较好地协助外部合作者共同开展学校战略控制，积极引导外部合作者围绕学校战略风险管理要求和战略控制目标开展针对性工作，并能将外部合作者的优势逐渐内化，真正提升研究型大学应对风险能力。

6.3.4 保障风险防范主体的各项权益

根据国家规定，高校所有权归属于国家，高校自身仅仅拥有使用权，这导致部分高校领导集体责任意识薄弱，热情不足。就岗位职责而言，高校领导者理应“在其位谋其政”，领导高校走向深入改革和发展之路（黄海兰，2016）。为避免相互推诿，在明确各方主体责任后，研究型大学还要进行风险防范职能划分，保证多方主体工作配合的稳定性和顺利度。风险防范工作开展是否有固定程序和运行规范，是否有专项经费支持，是否设置专员管理，是否规划固定工作场所，是否具有奖惩或激励机制，是否制定进入和退出相关规则，是否为代表人选设定任期及工作量等，都是研究型大学战略控制风险防范体系各个主体需要考虑的因素。因此，如何切实保障风险防范主体的各项权益，使得各项职能运转有依据、有保障，是摆在研究型大学风险防范工作面前的现实问题，也是落实战略控制工作、确保风险防范成效的重要支撑条件。研究型大学应强化组织功能，投入充足的风险管理资源（如信息、人员和资金等），整体设计、协同院系、联结部门、全面统筹，以风险防范的重点突破作牵引，集合制度约束、监督制衡、教育自律和惩治威慑，多力并举地保证各个风险防范主体履行好职责和义务（许迈进和章瑚纬，2014）。同时，研究型大学还要通过战略控制工作发现和识别各个主体日常事务管理中的风险和不足，针对性地加以干预和解决，避免各个主体把一时的工作失误或漏洞盲点发展成为难以控制的风险问题，进一步前置战略控制运行体系的风险管理，减少后续不必要的资源损失。

6.4 研究型大学战略控制体系运行风险防范的制度修订

2019年1月21日，习近平总书记在省部级主要领导干部坚持底线思维着力防范化解重大风险专题研讨班开班式上指出：“要加强体系建设和能力建设，完善国家创新体系，解决资源配置重复、科研力量分散、创新主体功能定位不清晰等突出问题，提高创新体系整体效能”[①]。习近平总书记提出要将科研与创新方面的风险解决作为一项重要工作推进，足见研究型大学建设的重要程度[①]。基于此，我国要将研究型大学战略管理和战略控制放在国家利益的角度设置目标并持

① 习近平. 2019-01-21. 提高防控能力着力防范化解重大风险 保持经济持续健康发展社会大局稳定. http://www.qstheory.cn/yaowen/2019-01/21/c_1124021825.htm.

续推进。研究型大学建立健全战略控制风险防范制度，将风险管理制度贯穿于学校各项事务的具体落实中，增强执行力，提升风险防范能力，有利于促进学校更好地实现战略发展。完善的战略控制风险防范制度有助于研究型大学实现科学管理，提高治理效率，确保学校各项事业稳步推进。

6.4.1　控制体系运行风险防范的制度建设现状

高校安全风险防范是一项涉及面广、参与主体多、执行成本高的综合性工程，需要逐级指导、层层落实，但部分学校被动地依据上级部门下发的相关文件进行制度再制定，学校间相互模仿、针对性不足、操作性弱，一定程度上弱化了学校层面风险防范政策应有的预防、指导和保障作用（董新良等，2019）。在研究型大学战略管理中，大多学校相关制度都涉及了财务资产风险、债务税务风险、内部管理风险、意识形态风险、廉政风险、学生人身安全、网络建设安全等，但并未专门制定关于战略控制的风险防范制度，遇到风险时无法找到可参考的文本或解决依据，难以进行责任追查。风险处理需要成立稳定的工作小组，避免由于时间长、程序烦琐、缺乏系统性而错过防范风险的最佳时机。当今世界正处于百年未有之大变局，我国发展面临的国内外环境发生了深刻复杂变化，还有许多产业仍处于全球创新链的中低端，一些关键核心技术受制于人，发达国家在科学前沿和高科技领域仍然占据明显领先优势，我国支撑产业升级、引领未来发展的科学技术储备亟须进一步加强，“十四五”时期及更长时期的发展对加快科技创新提出了更为迫切的要求（武建鑫，2021）。为持续引领科技创新，研究型大学实施战略管理、推进战略控制、实现战略目标的时间紧迫，任务繁杂，责任重大，必须从制度建设层面对战略控制体系运行中的风险进行有效防控和根本治理。

6.4.2　完善控制体系运行的风险防范专项制度

完善的制度是研究型大学战略控制正常开展的依据，也是研究型大学战略控制实现战略目标的保障。研究型大学风险防范制度建设应以风险源和参与者为切入点，通过强化信息管理、素质管理、控制管理和绩效管理，构建相应的风险领导制度、预判机制、协同机制、教育机制和制度修订机制，落实好相关时间节点（许迈进和章瑚纬，2014）。

1. 强化组织，建立专项工作领导制度

为使组织制度发挥统筹作用，研究型大学战略控制要建立集体领导、分工负责、精简高效的战略控制决策机构，实行校长负责制，处理好党委行政、学术建设、战略发展三者关系。学校要根据战略控制需要调整院系和职能部门，建立风险防范专项工作领导制度，设立由校院领导、风险部门负责人、教研室负责人等组成的专项风险防范工作领导小组或行政团队，专门负责评估、解决研究型大学在战略控制运行中可能面临的各项风险。专项风险防范工作领导小组或团队坚持问题导向，将重点对准师生日常科研、工作、学习中的难点，充分把握内外部环境变化趋势，全面准确地开展一线安全检查，设立风险检查月度、季度、年度报表；根据报表中显示的相关信息，及时发现潜在战略控制风险，积极联合学校四层风险防范主体和外部合作单位，引导师生员工主动承担责任，定期推动内外部主体交流合作，凝聚各方力量，推进战略实施。在风险防范管理中，研究型大学要注重吸纳和打造一批具有战略思维、世界眼光、精通国际规则的复合型人才，鼓励优秀人才在研究型大学战略管理过程中发挥作用，尤其是结合其科研领域和研究方向，为他们提供参与学校战略控制的机会，逐步完善科研奖励及成果保护制度。

2. 优化标准，构建战略风险预判机制

建立专项工作领导制度后，研究型大学要建设一套战略控制风险评估指标体系，根据不同管理环节、方面、内容所产生风险的概率、影响程度、重要性等设定权重，形成评估对照表，运用于日常风险防范工作，构建风险预判机制，以降低战略控制风险实际发生的概率。研究型大学要结合不同风险发生的催生环境、类型和影响状况，分门别类地制订风险防范通用方案，并在战略控制的全过程识别需要重点注意和监测的指标，及时与四层风险防范主体进行信息沟通，预防工作中可能产生的风险问题，同时根据战略发展的现实需求，适时对风险防范方案进行灵活调整。研究型大学还要根据战略控制的各项工作计划和工作内容，设置事项风险审批制度，院系部门在开展有风险的相关事项活动时，须提前在对应风险防范部门进行备案和审批。风险防范部门要严格把关，按照所制定的风险预判机制进行研究，并在事项开展过程中进行监管。各层防范主体都要在最大限度内防范各项战略风险，一旦涉及研究型大学整体利益的重大事项，必须上报并经由学校层面领导进行决策，以保证学校战略控制体系运行科学有序。

3. 打好组合拳，明确风险防控协同机制

研究型大学战略控制是一项高度复杂的活动，高效运行有赖于学校内部、监管部门和社会群体共同维护（崔林菁，2014）。研究型大学未来风险防范并非依靠自身建设就能完成战略控制，应当积极寻求内外部多方主体支持，制定详细的责任分工，按照制订的风险防范方案，各司其职开展实际工作。为做到协作有力，研究型大学要注意做好相关制度建设。其一，研究型大学要起草学校风险防范的相关工作条例，各层主体可以根据实际情况进一步制订本单位更为详细的工作方案，使得工作开展有所依据。学校也可以聘请专家学者或第三方合作机构做顾问，跳出自我视域局限，更全面、更及时、更有效地掌握风险源，提高战略控制的广度。其二，研究型大学要建立学校“黑名单”互通制度，将已经遇到的风险挑战、正在处理的风险危机、可能发生的潜在问题等列入“黑名单”，在研究型大学之间进行公开共享，以提醒处于不同战略控制阶段的学校提前关注此类问题，互通资源，共商解决之法，逐步形成我国研究型大学战略控制联盟，凸显协同作用。其三，研究型大学要设置保险、保障金、破产等制度条例，树立底线思维，在可预见的范围内通过预判机制达到及时止损的目标，而在战略控制风险达到不可控制的程度时以极大信心和魄力及时宣布某项战略、项目、计划破产，促使保险机制分摊部分办学风险，与各层防范主体共同处理好后续配套赔偿方案，避免更大战略性损失。

4. 巩固成果，完善战略风险教育机制

研究型大学对责任主体开展全面教育培训和素质管理，可以持续提升四层防范主体的业务水准和风险防范能力（许迈进和章瑚纬，2014）。研究型大学在战略控制体系运行中应经常组织相关负责人、主要成员对风险防范方案、制度等开展学习，通过师生员工自学、单位集体学习、合作交流研讨等方式巩固风险防范教育成果，提高研究型大学内部风险防范意识；还要通过网络宣传、邀请校外专家做报告等方式开展多维度风险教育，帮助师生员工总结以往经验教训，提升抵御风险的多项能力，共同提高安全意识，营造良好的风险防范文化氛围。为巩固战略控制的风险防范成果，研究型大学要联合政府、学校和社会合作单位加快战略控制典型示范机制建设，推选一批有特色的研究型大学风险防范品牌案例，加强品牌案例宣传教育，增强品牌案例的示范引领作用，带动全国研究型大学同步提高战略控制质量。此外，研究型大学还要通过研究项目合作立项、合作研究等方式，促进研究型大学之间更加密切的交流，在培训和实践中互通有无，共享风险教育资源，及时发现通用问题，有效规避各类风险。

5. 监督问责，形成制度修订常态机制

鉴于环境和工作的不断变化，研究型大学需要形成制度修订常态机制，以保障学校战略风险防范制度一直处于科学合理状态，发挥制度的最大功效。为使战略风险防范制度经得起实践检验，研究型大学要在战略控制中自觉接受监督和举报，通过经常召集责任主体工作会议或师生员工代表交流会等方式公开征集多方主体意见，梳理现行风险防范制度中仍存在的不完善之处，将合理合适的意见建议提交学校风险防范工作领导层，经由领导层工作会议进行专题讨论，对有效意见加以采纳。研究型大学要经常结合国家法律法规、政府各项规章制度等的更新对学校战略风险防范制度进行调整与修改，对新方案再次进行集中学习、征集意见、讨论修改等，形成常态化工作机制，促进研究型大学战略控制制度完善。在此基础上，研究型大学要设立相应激励和惩罚制度，加大战略控制方案执行力度，组织各级风险防范主体定期自查互查，对在风险预防和处理过程中发挥明显作用的单位及个人加以表彰和奖励，同时完善问责机制，对风险信息缺失、决策评估失误、整改执行不力等行为做出批评和警告，对引起严重风险后果的行为加以处罚或惩治，避免战略控制相关制度、风险防范机制虚设。

6.4.3 建立战略控制实施的政策法律指导体系

国家法律政策具有较强的约束力和巨大的促进力，能够有效帮助研究型大学更稳更快更好地发展。战略管理和控制作为一项可以显著提高研究型大学竞争能力的科学管理活动，国家应制定相关法律政策予以规范、推介和促进。政府与教育主管部门围绕校长的遴选和任期、战略控制组织权责的规范、高等学校的分类与定位、战略评估与控制的主体授予及组织安排、社会在学校战略控制中的责任和义务、政府在学校战略管理中的责任和权限范围等制定相关政策，促进相应法律出台，可以有效引导和推进研究型大学战略管理，加强战略控制，提升我国研究型大学的综合实力和国际竞争力。首先，呼吁政府促成一套完整的战略控制法律制度，明确界定高等教育的战略控制范围，细化战略控制过程中的多级主体权责关系和角色定位，保障高校在研究型大学建设过程中的参与权、决策权、监督权等多项权利。其次，政府要牵头建立参与主体信息共享、大事共商、风险共担的机制，促进研究型大学战略管理、战略控制、风险防范等信息公开，保护高校在政策变动过程中权益不受损害。最后，政府牵头建设研究型大学风险防范协同机制，整合政府部门、高校和社会组织等力量组成研究型大学战略控制合作队伍，共同关注研究型大学战略控制体系运行的风险防范，发挥集中力量办大事的优势，把握好研究型大学的战略发展方向，推动研究型大学在研究领域稳步创新和突破，为国家科技发展做出贡献。

6.5 研究型大学战略控制体系运行风险防范的多元举措

制度建设是研究型大学战略控制风险防范的基石，但仅靠制度建设并不能完全推动战略控制良性运行。实现风险规避与防范，研究型大学战略控制仍需相关配套措施同步发力。在战略管理及其控制活动中，我国研究型大学要先行探索战略控制理论，在理论指导下科学确定战略控制目标及其理性进路，建立健全战略控制组织制度及资源分配规划，营造建设有利于实现大学战略远景目标的校园文化和合作氛围，积极争取国家法规政策支持和财力投入，适时开展有助于推进大学战略控制目标实现的内外部评价，借鉴改造发达国家研究型大学战略管理与控制的经验做法，建设有中国特色的世界一流现代化研究型大学。

6.5.1 创建研究型大学战略管理与控制的理论体系

科学理论对实践行动的巨大指导和推动作用显而易见，但其形成却有一个发展过程。“20世纪60年代，创新作为一门学科在美国开始得到重视。如今，美国从事创新理论研究的机构有50多家，分别研究创新的内涵、条件、能力、特点、工作思路、培养机制等，为美国人才培养做出了巨大贡献”（陈新忠和李忠云，2005b）。研究型大学战略管理包括战略规划、战略实施、战略控制等多方面内容，是一门新兴学科，是企业战略管理理论在高等教育领域的应用和拓展。然而，研究型大学战略管理与控制具有一定的实践特殊性，难以完全直接套用已有的企业战略管理理论方法来进行研究型大学战略管理，更无法直接规避内外部环境变化带来的各类风险。我国研究型大学要以欧美发达国家高校战略管理经验为借鉴，结合自身实际和特点，尽快形成战略管理与控制的理论体系，以理论影响和引导学校管理者行为，引领广大师生前进，指导研究型大学战略控制科学开展。

6.5.2 确立以研究领先的研究型大学战略控制目标

研究型大学以开展研究而得名，非常重视研究活动质量及其成效。“美国的研究型大学，给研究以优先地位，以每年授予50个以上的博士学位来定义；英国的研究主导型大学，以研究经费的增长速度大大高于教学经费的增长速度来定义”（沈红，2001）。同样，我国研究型大学要将研究放在首位，致力于培养精英人才，大力发展高科技企业。把研究放在第一位并非不关注教学，教学和人才培养仍是大学的立校之本；把研究放在第一位强调的是这类大学的研究比教学有着更重要的地位，要以研究促进和引领教学。2021 年 3 月，《中华人民共和国国民经济和社会发展第十四个五年规划和 2035 年远景目标纲要》提出了“坚持创新驱动发展，全面塑造发展新优势”“强化国家战略科技力量”“完善科技创新体制机制”“建设高质量教育体系”等远景目标，昭示着研究型大学要加大科学研究力度以支撑国家战略实现。为此，我国研究型大学战略控制目标也要将研究目标放在首位，结合学校战略发展要求，建立以本校特色研究领先的具体目标及其体系，为战略控制开展提供实施依据。

6.5.3 完善研究型大学战略控制的组织与制度建设

完善的组织与制度是研究型大学开展战略管理控制的基本依托，是研究型大学战略管理与控制取得成功的重要保障。为使组织和制度适应战略管理与控制的需要，研究型大学首先要建立健全党委领导下的学校战略管理与控制集体决策机构，不断健全完善院系和职能部门的战略控制执行架构，推进学校发展战略实施；其次要建立战略管理与控制决策制度、科研目标管理与控制制度、教学目标管理与控制制度、人事和财务目标管理与控制制度、评估指标与控制制度等，保证学校发展战略落实；最后要持续改进与战略管理及其控制相配套的运行机制，推动各级人员集中精力思考学校发展战略大计，增强执行力，促进学校发展。组织与制度建设是一个利益格局调整的过程，研究型大学在战略管理与控制中通过组织与制度改革及重构，调动全校教职员工参与学校战略管理与控制的积极性，促使教职员工自觉为实现学校战略目标做出最大贡献。

6.5.4 优化研究型大学发展战略实施中的资源配置

一个组织成功的标志在于获取更多的资源，实现更好的控制（赵炬明，2006）。任何一所学校的资源（包括物质资源、人才资源、组织资源）都是有限的，如何配置有限的资源是学校管理的重要工作。研究型大学优势的发展需要优质的资源来保证，只有资源相互配合才会产生战略优势。因此，研究型大学对战略重点要增加资源配置，对需要限制发展的学科则要减少资源配置。战略控制的重要内容之一就是资源配置问题，研究型大学通过优化资源配置保证学校战略重点实现。美国加利福尼亚大学伯克利分校通过资源配置来发展学科：对需要发展的优势学科每年增加 3%的经费预算，对希望砍掉的学科每年减少 3%的经费预算，让相关人员自己觉得无法办下去，自动提出撤销这个学科（刘献君，2006b）。研究型大学资产管理部门在战略控制中举足轻重，要依照资产管理使用制度，明确各院系部门资源支出权限，建设校内资源共享体系，提高资源使用效率和校内资源管理水平（黄海兰，2016）。除对现有资源利用外，开源引流吸引更多优质资源投入也是研究型大学优化资源配置的重要一环。学校一要积极吸引人才资源，重视教师教学能力提升，发挥人才效益最大化作用；二要拓宽融资渠道，注重对校友企业、国有或民营企业、国外企业等招商引资，提高校企合作力度，鼓励有能力的校友向学校捐赠；三要建立研究型大学联盟，互通资源有无，建设开放共享的科研实验平台，减少重复支出项目；四要引入现代化技术资源，发展现代化办学信息技术手段，用好各项资源优化配置工具，促进教育教学智能化改革，提高研究型大学战略控制体系运行效率。美国大学风险防范体系非常重视运用信息技术系统，加利福尼亚大学企业风险管理信息系统（Enterprise Risk Management Information System，ERMIS）能让大学各级各类人员共享关键数据和报告，为各项决策提供参考依据（韩梦洁，2018），大大提高了资源利用率。

6.5.5　推进研究型大学战略控制的特色实践与探索

实践是检验真知的熔炉，只有在实践中才能更清晰地发现问题、认识问题、解决问题。研究型大学要以改革的精神积极推进战略控制的实践与探索，用发展来解决前进中的问题。20 世纪 50 年代，斯坦福大学给自己学校的定位是“为加州富裕家庭服务的相当不错的私立大学”。20 世纪 80 年代，根据内外环境的变化，斯坦福大学在实践中将定位重新确定为“为国内甚至国际上最优秀的学生服务的美国六七所最好的大学之一”，同时提出了三项主要战略措施：引进 150 位美国最优秀的学者；有序地重点发展；以大规模筹资改善办学设施。斯坦福大学在探索中强力推进战略实施，从而奠定了其在全美大学的杰出地位。南京大学在实践中认识到，一流的大学要有一流的学科，20 世纪 80 年代中期开始注重学科基础建设，优化学科资源配置，积累学科发展优势，建立 5 个学科特区，每 5 年由学校集中有限资源办好一两个学科，直到成为国家重点实验室和重点学科。由于学科水平的提高，南京大学 1992~1998 年发表 SCI（Science Citation Index，科学引文索引）论文名列国内高校第一，赢得了在国内大学中的优势地位（刘献君，2006b）。由于内外部运行环境一直处于动态变化之中，研究型大学在战略控制过程中要不断扩大风险监测范围，及时发现新问题，探索高效控制模式，促进学校战略发展循环上升。

6.5.6 塑造有利于研究型大学战略控制的校园文化

“一所大学可以没有文科，但是不能没有支撑的文化，不能形成自己的文化的学校不是好学校。文化氛围是一所大学的魂，学校的文化是‘泡菜坛子’，是出人才的重要条件”（李培根，2006）。文化的影响是无形的，却是相互的、巨大的。良好的文化氛围能凝聚人心，形成合力，促进研究型大学战略控制开展，有利于学校战略目标实现。美国威斯康星大学将全面风险管理原则整合到学校文化与战略决策之中，提倡全面风险防范理念和全员参与文化。哈佛大学努力为学校、行政部门和高级领导者提供一个结构化的流程，以识别、评估、优先安排和管理风险与机遇，支持学校的学术和研究任务（韩梦洁，2018）。两种不同的校园文化在学校战略控制中都发挥了潜移默化的促进作用，达到了春风化人的控制效果。我国研究型大学在创造自由开放的文化氛围时要立足学校实际，围绕学校战略方向，从硬件、软件两方面着手，培育富有学校特色的校园文化。学校校园、建筑、实验设施要与学校的发展方向相一致，学校管理者要善于将群众中好的思想、语言加以提炼、上升、宣传，使之成为学校的精神财富。中国科技大学“务实、团结、敏捷”的传统和风气使其在业界获得了很好的声誉，形成了良好的团队精神，争取到了很多发展机遇。

6.5.7 制定有助于战略控制实施的国家法律法规政策

从 20 世纪 90 年代至今，我国研究型大学实施战略管理已逾三十年，这一持续的高校管理活动亟须从国家法律法规政策层面予以规范和指导。目前，我国法律法规政策很少涉及战略管理与控制，使得研究型大学推进战略管理与控制缺乏应有依据。尽管研究型大学大都出台了一些战略管理与控制的相关文件，但仅限于内部传阅和落实；尽管 1998 年的《中华人民共和国高等教育法》规定，“高等学校的校长为高等学校的法定代表人”，“高等学校应当面向社会，依法自主办学，实行民主管理”，但并没有深入战略管理与控制层面，研究型大学战略管理与控制仍然需要国家法律、政府和教育主管部门政策的进一步支持。为此，全国人民代表大会常务委员会要深入调研高校近三十多年来开展战略管理与控制的成效和问题，指导出台一系列法律法规政策，规范高校战略管理手段，分类指导高校推进战略管理，使研究型大学战略控制更加富有成效。

6.5.8　开展研究型大学战略控制的国际交流与合作

欧美研究型大学不但开展战略管理研究起步较早，而且进行战略管理的实践探索也走在前列，积累了很多战略控制的先进经验。美国斯坦福大学曾打算建立建筑学院，由于建设建筑学院需要发展建筑学、土木工程等 4 个专业，投入很大，当时美国建筑业就业情况又不理想，而且附近的加利福尼亚大学伯克利分校已有一个相当好的建筑学院，综合考虑后斯坦福大学取消了这个计划，从而保证了学校重点学科的发展。卡内基梅隆大学认为，21 世纪的生物技术非常重要，要成为世界一流大学，必须发展生物学，由于建设医学院工程太大，花费太高，其放弃了建设一个医学院的设想，借用附近匹兹堡大学的医学院来发展自己的生命学科。我国的研究型大学建设开始较晚，整体实力落后于发达国家，2005 年在上海软科教育信息咨询有限公司《世界大学学术排行榜》前 200 名中，我国大学只有清华大学名列其中，位居 187 位（李培根，2006）；但在 2021 年 9 月《泰晤士高等教育》公布的《2022 年度泰晤士高等教育世界大学排名》①结果中，中国内地有 6 所高校跻身 100 强，包括清华大学（16 位）、北京大学（16 位）、复旦大学（60 位）、浙江大学（75 位）、上海交通大学（84 位）、中国科学技术大学（88 位），中国香港地区有 4 所高校位列全球 100 强，包括香港大学（30 位）、香港中文大学（49 位）、香港科技大学（66 位）、香港理工大学（91 位）。尽管如此，我国研究型大学的很多排名仍然仅仅停留在数字上，内涵建设不能掉以轻心。目前，我国研究型大学战略管理还处在初步探索阶段，尚未有战略管理的完整完美成功案例。我国研究型大学要积极开展战略控制的国际交流与合作，取人之长，为我所用，促进研究型大学健康、持续、快速发展。

6.6　本 章 小 结

研究型大学战略控制体系决定着研究型大学发展战略的成败，在实施过程中必须防范体系本身运行可能出现的风险。由于研究型大学内外部环境始终处于变化之中，研究型大学战略控制各项工作存在不确定因素，本书所构建的研究型大学战略控制体系在运行时不可避免地存在一些潜在问题。本书研究发现，研究型大学二元权力结构的复杂性、产品与非营利的特殊性、战略控制目标的模糊性、理论和实践探索的有限性、资金与资源的短缺性、高教与高校管理体制的传统

---

① 2022 年度泰晤士高等教育世界大学排名. https://www.timeshighereducation.com/cn/world-university-rankings/2022/world-ranking.

性、国内外环境的变化性、控制体系构建的理想性等都会不同程度地影响控制体系运行，是研究型大学战略控制体系运行的主要风险。

风险认知有助于开展风险分析、风险评估、风险管理等工作，为认识和理解公众对于各种风险事件的反应提供基础，是良好决策的前提。面对风险社会中的战略控制风险，研究型大学需要全面提高师生员工风险意识，构建全方位风险认知，在形成共识的基础上集中力量加以应对，逐步提升风险解决和防范能力。研究型大学要探索有效的风险沟通渠道，促使师生员工自觉参与研究型大学战略控制的风险防范过程，形成学校风险管理及风险防范体系。目前，我国研究型大学风险防范对学校领导者的认知水平、经验能力和风险偏好等具有极大依赖性，当领导者防范能力欠缺、关注面过窄时，就会出现难以全面把控和防范运行风险的问题。因此，研究型大学开展战略控制时要基于个体对风险防范的认知过程逐步建设战略控制运行风险防范认知体系，重视风险防范信息获得与整合，注重风险防范信息理解与评估，加强风险防范信息决策与行动，促成风险防范认知“从被动到主动”的理念革新。

明确的主体是战略控制风险防范的力量依托，科学的制度是战略控制风险防范的基本保障。对于研究型大学战略控制体系运行风险防范来说，明确多方主体的职责和分工，改变过分依赖高校领导层的现状，形成分工合作、科学合理、层次多样的风险防范主体结构是现实需求。研究型大学应在政府支持和指导下，多方听取院系部门、学术组织和师生员工等利益相关者意见，聘请专业机构、专家学者作为第三方主体共同参与研究型大学战略控制体系运行的风险防范建设，形成学校、院系、教研室、个体和外部四个层面的风险防范主体稳定结构，以应对所有环节存在的风险。为持续引领科技创新，研究型大学必须从制度建设层面对战略控制体系运行中的风险进行有效防控和根本治理。研究型大学风险防范制度建设应以风险源和参与者为切入点，通过强化信息管理、素质管理、控制管理和绩效管理，构建相应的风险领导制度、预判机制、协同机制、教育机制和制度修订机制，落实好相关时间节点。

实现研究型大学战略控制风险规避与防范，我国政府要倡导和出台多元配套措施予以强力推动。面向战略管理及其控制活动，我国政府要指导创建研究型大学战略管理与控制的理论体系，确立以研究领先的研究型大学战略控制目标，完善研究型大学战略控制的组织与制度建设，优化研究型大学发展战略实施中的资源配置，推进研究型大学战略控制的特色实践与探索，塑造有利于研究型大学战略控制的校园文化，制定有助于战略控制实施的国家法律法规政策，开展研究型大学战略控制的国际交流与合作，建设世界一流中国特色研究型大学，促进高等教育强国和创新型国家建设。

参 考 文 献

包水梅. 2013. 美国研究型大学教育学院的发展路径及其启示——以哈佛、斯坦福、哥伦比亚大学为例. 高教探索，（3）：69-76.

别敦荣. 1993. 欧美国家的大学战略管理. 高等教育研究，（1）：91-95.

别敦荣. 2010. 大学发展战略规划的制定与实施——青岛大学案例研究. 高等工程教育研究，（1）：91-96.

别敦荣. 2015. 高校发展战略规划的理论与实践. 现代教育管理，（5）：1-9.

博克 D. 2001. 走出象牙塔——现代大学的社会责任. 徐小洲，陈军译. 杭州：浙江教育出版社.

蔡克勇. 2008. 高校战略规划制定的重要性及梳理四个关系. 现代大学教育，（4）：7-11.

柴旭东. 2008. 战略地图与大学发展战略制订——以英国利兹大学战略地图为例. 教育发展研究，（3-4）：101-104.

陈超. 2008. 美国的世界一流大学战略与启示. 中国高教研究，（11）：48-50.

陈新忠. 2007. 研究型大学战略控制体系研究. 华中农业大学硕士学位论文.

陈新忠. 2010. 高等教育分流对社会分层流动的影响研究. 华中师范大学博士学位论文.

陈新忠. 2013. 分层与流动：高等教育分流的社会影响研究. 武汉：华中师范大学出版社.

陈新忠. 2014. 高等教育与社会公平研究——基于分流施教与和谐互动视角. 北京：人民出版社.

陈新忠，李忠云. 2005a. 资本市场的多元化对高等教育投融资体制的启示. 理论月刊，（7）：92-94.

陈新忠，李忠云. 2005b. 新时期高校人才能力培养浅探. 学校党建与思想教育，（11）：20-21.

陈新忠，李忠云. 2006a. 大学经营及其风险防范. 黑龙江高教研究，（2）：79-81.

陈新忠，李忠云. 2006b. 试探大学财务经营. 财会月刊（理论版），（1）：56-58.

陈新忠，李忠云. 2007a. 研究型大学战略控制的特点和原则探析. 教育与职业，（14）：32-33.

陈新忠，李忠云. 2007b. 我国研究型大学战略控制的现状、问题及其原因. 清华大学教育研究，（2）：44-50.

陈新忠，李忠云. 2007c. 麦迪逊威斯康星大学战略控制的特点与启示. 大学教育科学，（3）：92-95.

陈雪艳. 2020. 企业五年战略规划的编制内容与流程. 现代工业经济和信息化，（5）：15-17.

程新生. 2014. 企业战略控制探析. 企业经济，（3）：5-10.
程永波，李雪飞. 2016. 嬗变与发展：美国研究型大学战略规划研究. 北京：科学出版社.
程振响. 2000. 学校管理新视野. 南京：南京师范大学出版社.
辞海编辑委员会. 2020. 辞海. 上海：上海辞书出版社.
崔林菁. 2014. 浅议现行体制下高校内部控制问题及解决路径. 中国市场，（30）：180-182.
戴维 R. 2004. 战略管理. 李克宁译. 北京：经济科学出版社.
董新良，刘艳，关志康. 2019. 学校安全风险防控：问题梳理与改进对策. 中国教育学刊，（9）：65-69，80.
杜德斯达 Z. 2005. 21 世纪的大学. 刘彤译. 北京：北京大学出版社.
杜瑞军. 2021. 什么是好的教育评估——对我国高校教育教学评估的理性审视. 河北师范大学学报（教育科学版），（5）：24-40.
方银汇. 2006. 高等学校战略管理研究. 福建师范大学硕士学位论文.
冯倬琳，刘念才. 2013. 世界一流大学国际化战略的特征分析. 高等教育研究，（6）：1-8.
盖格 R L，鲍威，麻嘉玲. 2017. “新美国大学”的前景：对于研究型大学的启示. 北京大学教育评论，（1）：16-33，186-187.
高昀. 2005. 论我国研究型大学学科建设规划. 湖南大学硕士学位论文.
龚成. 2018. 管办评分离与高校办学自主权的落实. 江苏高教，（10）：58-62.
郭键. 2000. 哈佛大学发展史研究. 石家庄：河北教育出版社.
郭哲. 2021. 组织文化理论视阈下大学文化与大学战略管理协同发展模式研究. 北京教育（高教版），（10）：30-33.
韩梦洁. 2018. 美国大学风险防控体系：理论变迁与实践探索. 现代教育管理，（10）：59-63.
郝铭. 2020. 高校内部控制的精细化与财务核算体系构建探讨. 现代商贸工业，（27）：128-129.
何峰，姜国华. 2015. 以学科国际评估推进一流大学建设的实践和思考——基于北京大学国际同行评议的考察和分析. 学位与研究生教育，（11）：6-10.
何星蓉. 2010. 新时期高校科研管理职能分析. 现代教育管理，（7）：53-55.
亨特 M. 1989. 社会研究方法新论——人类行为的科学研究. 郑建宏，易国庆，王明华译. 武汉：华中理工大学出版社.
侯俊行. 2021. 地方高校战略规划研究. 高校后勤研究，（6）：77-78，81.
胡光宇. 2014. 战略定性研究基础：实施与控制. 北京：人民出版社.
胡浩民. 2011. 在马里兰大学的日子. 广州：暨南大学出版社.
胡锦涛. 2012. 坚定不移沿着中国特色社会主义道路前进 为全面建成小康社会而奋斗——在中国共产党第十八次全国代表大会上的报告. 北京：人民出版社.
胡瑜苓，黄容霞. 2017. 美国公立研究型大学战略管理研究——以威斯康星大学麦迪逊分校为例. 高等教育评论，（2）：70-81.

皇甫林晓，梁茜. 2020. 新中国成立70年来高等教育办学体制改革的历史回顾与未来展望. 大学教育科学，（1）：73-79.

黄达人. 2002. 研究型大学要努力营造科技创新良好氛围. 中国高等教育，（21）：10-11.

黄海兰. 2016. 大学制度改革背景下高校财务风险防范与控制. 财会通讯，（2）：115-118.

黄倩蓉. 2019. 利益相关者视角下的高校战略管理研究——以宁波大学为例. 宁波大学硕士学位论文.

江鹏九. 1994. 美国高等学校教育研究二则. 江汉大学学报，（5）：63.

姜书燕. 2019. 论高校内部控制与风险管理. 财会学习，（5）：242-243.

蒋华林. 2016. 从“条块分割”到“块块分割”——我国高等教育发展转型中的地方政府竞争研究. 华中科技大学博士学位论文.

教育部中外大学校长论坛领导小组. 2002. 中国大学校长论坛文集. 北京：高等教育出版社.

教育部中外大学校长论坛领导小组. 2004. 中外大学校长论坛文集（第二辑）. 北京：中国人民大学出版社.

凯勒 M，凯勒 F. 2007. 哈佛走向现代：美国大学的崛起. 史静寰，钟周，赵琳译. 北京：清华大学出版社.

柯文进. 2010. 大学的战略规划与战略管理. 北京教育（高教版），（4）：14-17.

克拉克 B. 2003. 高等教育学新论——多学科的研究. 王承绪，徐辉，郑继伟，等译. 杭州：浙江教育出版社.

孔茨 H，韦里克 H. 1993. 管理学. 9 版. 郝国华，金慰祖，葛昌权，等译. 北京：经济科学出版社.

乐融，陈中胜，刘红芳，等. 2018. 科研促进教学、全面提高人才培养质量的实践与探索——以东华理工大学为例. 东华理工大学学报（社会科学版），（2）：180-184.

李栋. 2006. 论我国研究型大学社会服务职能. 湖南师范大学硕士学位论文.

李福华. 2013. 论我国大学的战略执行力. 江苏高教，（3）：5-7.

李漫红. 2013. 英国大学科研评估的改革及其借鉴意义. 东北大学学报（社会科学版），（1）：91-95.

李培根. 2006. 大学校长之战略把握与推进. 高等教育研究，（7）：27-31.

李守福. 2003. 论大学的社会评价. 比较教育研究，（5）：1-5.

李晓霞. 2017. 企业战略风险及其防范对策. 商场现代化，（13）：100-101.

李志峰，周璇. 2007. 哈佛大学的特色发展战略及其启示. 高等函授学报（哲学社会科学版），（3）：41-44.

李忠云，陈新忠. 2006. 科学发展观与大学经营理念. 辽宁教育研究，（7）：10-12.

刘宝存. 2003. 如何创建研究型大学——牛津大学和哈佛大学的经验. 教育发展研究，（2）：67-70.

刘桂琪. 2008. 以人为本，强化研究型大学的本科教育教学管理. 南京中医药大学学报（社会科学版），（3）：167-171.
刘冀生. 2003. 企业战略管理. 北京：清华大学出版社.
刘丽群，刘又嘉. 2019. “关系”视角下的风险认知重构——基于认知过程的考量. 编辑之友，（6）：57-62，73.
刘念才，程莹，刘莉. 2005. 世界大学学术排名的现状与未来. 清华大学教育研究，（3）：8-15.
刘献君. 2006a. 大学校长与战略——我国大学战略管理中需要研究的几个问题. 高等教育研究，（6）：1-7.
刘献君. 2006b. 论高校战略管理. 高等教育研究，（2）：1-7.
刘献君. 2008. 高等学校战略管理. 北京：人民出版社.
刘献君，陈志忠. 2016. 论战略管理与大学发展. 高等教育研究，（3）：13-20.
刘向兵，李立国. 2004a. 我国研究型大学实施战略管理的必要性及可行性初探. 中国高教研究，（7）：42-44.
刘向兵，李立国. 2004b. 高等学校实施战略管理的理论探讨. 中国人民大学学报，（5）：140-146.
刘信阳，苌光锤. 2020. 一流大学建设背景下高等教育竞争的新样态及其反思. 大学教育科学，（1）：22-28.
刘易斯 H. 2007. 失去灵魂的卓越：哈佛是如何忘记教育宗旨的. 侯定凯译. 上海：华东师范大学出版社.
刘译阳，姜珊. 2019. 基于大数据下社会网络分析与知识共享管理研究. 情报科学，（4）：109-115.
刘永林，周海涛. 2017. 深化高等教育“放管服”改革的思考. 复旦教育论坛，（5）：5-8，16.
鲁若愚，陈力. 2003. 企业知识管理中的分享与整合. 研究与发展管理，（1）：16-20.
罗秀，詹虎. 2006. 编制高校“十一五”发展规划的思考. 乐山师范学院学报，（11）：52-55.
吕旭峰，邹晓东. 2013. 研究型大学学部制改革的考量——基于高校内部管理体制改革创新的再思考. 河南大学学报（社会科学版），（5）：123-129.
马利凯. 2009. 二战后哈佛大学发展战略研究. 吉林大学硕士学位论文.
马利凯，赵俊芳. 2010. 二战后哈佛大学发展战略. 现代教育科学（高教研究），（2）：77-82.
皮尔斯二世 J A，鲁滨逊 R B，Jr. 2005. 战略管理——制定、实施和控制. 8 版. 王丹，高玉环，史剑新译. 北京：中国人民大学出版社.
阙明坤. 2016. 我国独立学院转设现状分析及对策研究. 教育研究，（3）：64-71.
阙明坤，陈春梅，黄朝峰. 2018. 我国独立学院三大区域发展模式及政策规制. 教育发展研究，（23）：38-45，50.
任皓，邓三鸿. 2002. 知识管理的重要步骤——知识整合. 情报科学，（6）：650-653.
商迎秋. 2011. 企业战略风险识别模型构建. 技术经济与管理研究，（1）：69-73.

沈红. 2000. 美国研究型大学形成与发展. 武汉：华中理工大学出版社.
沈红. 2001. 研究型大学发展战略的三个问题. 高等教育研究，（3）：44-45.
沈红，熊庆年，陈洪捷，等. 2021. 新型研究型大学的“新”与“生”. 复旦教育论坛，（6）：5-19.
施振佺. 2021. “双一流”建设背景下地方高校科研管理目标考核体系构建. 科技管理研究，（20）：66-71.
史万兵，娄成武. 2003. 研究型大学的指标体系构建. 中国高教研究，（6）：37-38.
宋洁绚. 2005. 我国研究型大学科研发展研究. 华中科技大学硕士学位论文.
孙长青，张秋立. 2008. 影响我国大学战略管理实践的制度因素分析. 河南教育（高校版），（12）：7-8.
孙睦优. 2006. 企业战略控制过程与方法. 冶金经济与管理，（1）：24-26.
孙霞. 2015. 中国的大学治理：法治意义及其实现. 南京师大学报（社会科学版），（2）：74-79.
谭斌. 2006. 高等学校战略管理：理论与模式研究. 山东师范大学硕士学位论文.
唐蓉. 2004. 论高等学校战略管理. 武汉大学硕士学位论文.
王枫云. 2013. 试析学校战略实施中的偏差控制. 中国教育学刊，（10）：39-42.
王建学. 2000. 学校战略管理初探. 陕西师范大学学报（哲学社会科学版），（1）：60-62.
王鹏. 2012. 中国大学战略规划的有效性研究——基于集体行动理论的视角. 华中科技大学博士学位论文.
王琪，程莹，刘念才. 2013. 世界一流大学：共同的目标. 上海：上海交通大学出版社.
王孙禺，孔钢城. 2009. 中国研究型大学建设的思考. 北京大学教育评论，（1）：52.
王宪华. 2005. 高等学校内部教学质量监控体系研究. 山东大学硕士学位论文.
王兴宇. 2018. 大数据在大学战略规划中的应用. 现代教育管理，（9）：35-39.
王一军. 2020. 哈佛课程改革与学术文化的耦合. 江苏高教，（1）：76-87.
王战军. 2003. 什么是研究型大学——中国研究型大学建设基本问题研究（一）. 学位与研究生教育，（1）：9-11.
王战军，娄枝. 2020. 世界一流大学的社会贡献、经验及启示——以哈佛大学为例. 清华大学教育研究，（1）：26-34.
王志远，丁元林，姜虹. 2012. 大学战略管理机构的组织设计. 中国高等医学教育，（11）：41-44.
王祖林. 2013. 近十年我国大学发展战略与规划研究的进展与趋势——基于 CNKI 数据库期刊文献（2000-2010 年）的梳理. 现代教育管理，（4）：20-25.
韦伯 M. 1999. 社会科学方法论. 杨富斌译. 北京：华夏出版社.
魏海苓. 2006. 美国高校战略管理的历史演进及启示. 清华大学教育研究，（5）：64-68.
魏海苓. 2008. 文化视野中的大学战略管理实施. 理工高教研究，（3）：8-10.
吴莉娜. 2011. 耶鲁大学的国际化战略及其启示. 高教探索，（5）：39-43.

武翠红，赵丹. 2016. 耶鲁大学建设世界一流大学的战略和实践. 黑龙江高教研究，（10）：42-45.

武建鑫. 2021. 面向创新驱动发展战略的新型研究型大学实践路径研究. 高校教育管理，（3）：1-12.

习近平. 2017. 决胜全面建成小康社会 夺取新时代中国特色社会主义伟大胜利. 北京：人民出版社.

习近平. 2021-07-01. 在庆祝中国共产党成立 100 周年大会上的讲话. https://www.gov.cn/xinwen/2021-07/01/content_5621847.htm.

喜多村和之. 1989. 大学論集：大学評価の可能性についての考察. 広島：広島大学出版社.

夏俊锁. 2013. 耶鲁大学国际化战略研究——兼论 2005 与 2009 年国际化框架. 高等理科教育，（2）：53-58.

向洪，王雪，张强. 2005. 哈佛人才. 青岛：青岛出版社.

项振乐，杜欢政. 1998. 高等学校需要建立战略管理. 浙江经专学报，（3）：21-24.

谢晓非，徐联仓. 1995. 风险认知研究概况及理论框架. 心理学动态，（2）：17-22.

邢以群. 2016. 管理学. 杭州：浙江大学出版社.

熊佩萱，茹宁. 2020. 科研卓越框架（REF）：英国大学科研评估制度及启示. 教育理论与实践，（15）：3-6.

徐碧祥. 2007. 员工信任对其知识整合与共享意愿的作用机制研究. 浙江大学博士学位论文.

徐国民，胡秋玲. 2020. 新时代高校意识形态风险防控能力的内涵与提升路径. 思想政治教育研究，（1）：35-42.

徐少亚，李勇志. 2014. 追求卓越：当代中国大学科学发展的责任和使命. 高等教育研究学报，（2）：24.

许洁. 2017. 可持续发展大学建设的治理结构和运行机制研究. 同济大学学报（社会科学版），（1）：85-93.

许迈进，章瑚纬. 2014. 高校内部治理风险防控的理论分析与实践旨归. 中国高教研究，（11）：15-18.

许宁生. 2021-03-23. 科教融合 创新发展 建设新型研究型大学. http://www.moe.gov.cn/jyb_xwfb/moe_2082/2021/2021_zl22/202103/t20210323_521955.html.

薛珊. 2012. 全球化背景下耶鲁大学与哈佛大学国际化策略评析. 比较教育研究，（7）：82-86.

薛天祥. 2004. 高等教育管理学. 桂林：广西师范大学出版社.

荀渊. 2014. 治理的缘起与大学治理的历史逻辑. 全球教育展望，（5）：97-106.

杨柱. 2007. 高校战略管理：美国的经验及其对我国的启示. 河南师范大学学报（哲学社会科学版），（6）：214-217.

叶雨婷. 2017-11-20. 北京大学举办第十三次党员代表大会. https://news.cyol.com/content/2017-11/20/content_16706372.htm.

殷小琴，孔志洪. 2001. 美国研究型大学崛起的原因与作用. 浙江大学学报（人文社会科学版），（7）：95-100.

原帅，贺飞. 2018 . 哈佛大学工学院发展战略及其对新工科建设的启示. 高等工程教育研究，（2）：67-70，89.

湛毅青，彭省临. 2007. 美国高校战略规划的编制与实施研究. 现代大学教育，（4）：46-52.

张弛. 2005. 美国研究型大学战略规划工作探析. 高等教育研究，（10）：95-101.

张继鹏. 2013. 高校学生工作的信息通达执行问题实证论析——以杭州下沙高教园区为例. 中国电力教育，（16）：187-189.

张甲辰. 1986. 企业信息管理. 太原：山西人民出版社.

张婕，王保华. 2007. 高校战略管理研究述评与思考. 辽宁教育研究，（10）：26-29.

张军成，段开军. 2015. 德育理论与实践创新：以兰州理工大学为视角. 北京：中国文史出版社.

张梦晨. 2021. 中国三所高校建设世界一流大学的战略对比研究——基于 5P 理论的视角. 北京科技大学学报（社会科学版），（2）：131.

张鹏，李宁，吴吉东，等. 2010. 基于风险认知过程的综合风险分类方法研究. 安全与环境学报，（5）：221-226.

张朔. 2021. ZS 高校内部控制体系问题研究. 沈阳大学硕士学位论文.

张万明，刘献君，钟茜. 2001. 论高等学校发展战略. 湖北省卫生职工医学院学报，（3）：1-3.

张万朋，程钰琳. 2017. 探析教育领域的供给侧结构性改革. 复旦教育论坛，（5）：9-16.

张晓鹏. 2005. 大学排名与世界一流大学建设. 复旦教育论坛，（4）：5-10.

张艳敏. 2010. 宾夕法尼亚州立大学战略管理案例分析. 大学（研究版），（8）：78，79-83.

张英玉. 2015. 大学战略管理的发展及推进策略. 重庆交通大学学报（社会科学版），（3）：110-113.

张玉磊. 2014. 多元主体评估模式：重大决策社会稳定风险评估机制的发展方向. 上海大学学报（社会科学版），（6）：124-132.

张云霞. 2012. 基于战略的高校人才培养质量评价模式. 新乡学院学报（社会科学版），（5）：143-145.

张泽麟. 2003. 高等学校战略管理研究. 湖南大学硕士学位论文.

张振刚. 2003. 中国研究型大学知识创新的战略研究. 北京：高等教育出版社.

章明. 2002. 高等学校战略管理自我评估方案研究. 高教探索，（2）：47-54.

赵金楼. 1989. 企业信息管理概论. 哈尔滨：黑龙江科学技术出版社.

赵炬明. 2006. 资源、战略、组织——从资源依赖角度看高校战略与组织设计. 西安：第二届院校研究国际研讨班与学术研讨会.

赵炬明，徐海涛. 2008. 一个战略的诞生——在中国应用院校研究方法的一个案例. 高等工程教育研究，（4）：45-52.

赵沁平. 2002. 与时俱进 适应需要 逐步在我国形成一批高水平研究型大学. 中国高等教育，

（21）：3-5.

赵鑫. 2010. 研究型大学社会服务职能运行机制研究. 浙江大学硕士学位论文.

郑可春，王文帅. 2010. 我国大学战略管理研究的计量学分析. 现代教育管理，（6）：100-102.

郑志刚. 2006. 走进哈佛. 北京：东方出版社.

中国教科文组织秘书处. 2001. 发展中国家的高等教育：危机和前景——联合国教科文组织和世界银行专家组报告简述. 世界教育信息，（8）：12-13.

中国注册会计师协会. 2019. 公司战略与风险管理. 北京：中国财政经济出版社.

周济. 2003. 谋划发展 规划未来. 中国高等教育，（2）：5-11.

周巧玲. 2009. 自我评估与监控：大学战略规划的双翼. 清华大学教育研究，（1）：106-109.

周三多. 2004. 管理学——原理与方法. 上海：复旦大学出版社.

周雄. 2009. 大学战略规划实施模式研究. 华中农业大学硕士学位论文.

周雁，奚丽萍. 2009. 耶鲁大学的战略目标及启示. 教育发展研究，（21）：75-79.

朱元英. 2010. 基于ISO9000族标准视角的高校教学质量评价与提升研究. 兰州财经大学硕士学位论文.

Abel R. 2017. Book review of Engines of Anxiety：Academic Rankings，Reputation，and Accountability by Wendy Nelson Espeland and Michael Sauder. Journal of Legal Education，66（4）：961-978.

Altbach P G. 2009. Peripheries and centers：research universities in developing countries. Asia Pacific Education Review，10（1）：15-27.

Amsler S，Bolsmann C. 2012. University ranking as social exclusion. British Journal of Sociology of Education，（2）：283-301.

Chaffee E. 1985. Three modes of strategy. Academy of Management Review，（10）：89-98.

Checkoway B. 1997. Reinventing the research university for public service. Journal of Planning Literature，（3）：307-319.

Davenport H，Prusak L. 1997. Working Knowledge. Boston：Harvard Business School Press.

Dimaggio P，Powell W. 1983. The iron cage revisitited：institutional isomorphism and collective rationality. American Sociological Review，48（2）：147-160.

Dodd A H. 2004. Accreditation as a catalyst for institutional effectiveness. New Directions for Higher Education Research，（10）：123.

Doris M J，Kelley M J，Trainer J F. 2004. Strategic planning in higher education. New Directions for Institutional Research，（123）：5-11.

Faust. 2008-02-19. Statement on the report of the Harvard Greenhouse Gas Task Force. https://www.harvard.edu/president/speeches-faust/2008/statement-on-the-report-of-the-harvard-greenhouse-gas-task-force/.

Graham H D，Diamond N. 1997. The Rise of American Research Universities：Elites and

Challenges in the Postwar Era. Baltimore：John Hopkins University Press.

Harvard Graduate School of Education. 2022-08-11. About HGSE. http://www.gse.harvard.edu/about/.

Harvard University. 2022-06-01. About Harvard. http://www.harvard.edu/about.

Hazelkorn E. 2011. Questions abound as the college rankings race goes global. The Chronicle of Higher Education，（57）：28.

Kerr C. 1963. Functions of University. Boston：Harvard University Press.

Krogh G. 1998. Care in knowledge creation. California Management Review，40（3）：133-153.

Martin M. 1992-02-07. Strategic management in Western European universities. http://www.iiep.unesco.org/en/publication/strategic-management-western-european-universities.

Musselin C. 2018. New forms of competition in higher education. Socio-Economic Review，（3）：657-683.

Nonaka I. 1994. A dynamic theory of organizational knowledge creation. Organization Science，5（1）：14-37.

Pearce J A，Robinson R B. 2003. Strategic Management：Strategy Formulation and Implementation. 11th ed. Boston：Mc Graw-Hill.

Peterson M W. 1997. Using Contextual Planning to Transform Institution. San Francisco：Jossey-Bass.

Peterson M W. 1999. Ashe Reader on Planing and Institutional Research. London：Pearson.

Salmi J. 2016. Excellence initiatives to create world-class universities：do they work? Higher Education Evaluation and Development，（1）：1-29.

Salmi J，Saroyan A. 2007. League tables as policy instruments. Higher Education Management and Policy，（2）：1-38.

Schreyogg G，Steinmann H. 1987. Strategic control：a new perspective. Academy of Management Review，12（1）：91-103.

Shirley F. 1997. Competence & Organizational Change：A Handbook. Oxford：Butterworth-Heinemann.

Shulman L S. 2002. The Carnegie Classification of Institutes of Higher Education. Cambridge：MIT Press.

The Pennsylvania State University. 2022-03-31. Our commitment to impact—The Pennsylvania State University's strategic plan for 2016 to 2025. https://strategicplan.psu.edu/plan/.

The Pennsylvania State University. 2022-05-15. Penn State's strategic planning process. https://strategicplan.psu.edu/planning-resources/planning-at-psu/.

Times Higher Education. 2022-06-30. World university rankings. http://www.timeshighereducation.com.

University of Wisconsin-Madison. 2021-02-25. Strategic framework 2020-2025. https://strategicframework.wisc.edu/.

University of Wisconsin-Madison. 2022-01-17. Putting technology to work for America's future.

http://www.ibiblio.org.

Zaribaf M，Hamid B. 2010-10-11. An effective factors pattern affecting implementation of strategic plan. https://aabri.com/LV2010Manuscripts/LV10116.pdf.

后　记

本书为响应和推动我国研究型大学发展战略进程而作。在研究型大学的国际差距和全球激烈竞争环境下，我国“卡脖子”技术带来的阵痛引发了笔者对近三十年中国研究型大学建设的反思。二十余年来，笔者见证了我国研究型大学的战略管理发展，看到了其中的巨大成效，也发现了存在的一些问题，并努力揭示问题背后的深刻原因。基于此，笔者从“目标与控制”角度审视我国研究型大学战略管理，探讨研究型大学战略控制的基本理论，针对我国研究型大学战略控制现状和问题，借鉴美国研究型大学战略控制部分做法，构建了我国研究型大学战略控制体系。

具体来说，本书取得了以下几方面成绩。其一，分析了研究型大学做好战略控制的必要性和迫切性。本书分析认为，在新时代背景下，中国强国建设对研究型大学的期待，办学体制转变对研究型大学的冲击，激烈竞争环境对研究型大学的促进，社会对研究型大学战略管理的质疑，以及研究型大学对自身效益挖掘的探索，都迫切要求研究型大学持续实施战略管理，做好战略控制。其二，建立了研究型大学战略控制的基本理论体系。本书探析了研究型大学战略控制的基本要素和活动特征，剖析了研究型大学战略控制的基本类型和行为原则，解析了研究型大学战略控制的基本过程及其模型，构架了研究型大学战略控制的基本标准和评价指标，第一次较为完整地建立起研究型大学战略控制的基本理论体系。其三，调研了研究型大学实施战略控制的现状与问题。本书采用网上收集资料、图书馆查阅材料、问卷调查和现场访谈的研究方法，对北京大学、清华大学、武汉大学、华中科技大学、上海交通大学五所大学战略控制的现状做了调查，分析了存在的六方面问题及其原因。其四，研究了美国研究型大学战略控制的经验做法。本书选取美国具有代表性的四所知名世界一流研究型大学——耶鲁大学、哈佛大学、宾夕法尼亚州立大学和威斯康星-麦迪逊大学作为案例，分析了四所研究型大学战略控制的概况与背景，解析了四所研究型大学战略控制的过程与特点，提炼了四所研究型大学战略控制的经验，获取了四所研究型大学战略控制对我国研究型大学战略控制的启示。其五，构建了研究型大学战略控制体系。本书在理论探讨、现状分析、案例借鉴的基础上，依据战略控制的要素、进程及其相互作用关系，提出了研究型大学战略控制的理念系统、目标系统、组织系统、文本系统、信息系统、评估系统和纠偏系统等七个系统，构建起因序而生、彼此相连、依次开展、循环共进的研究型大学的战略控制体系。其六，提出了研究型大学战略控制体系运行的风险防范策略。本书探讨了研究型大学战略控制体系运行的主要潜在风险，提出了研究型大学战略控制体系运行的风险防范认知重构、风险防范主体建设、风险防范制度修订和风险防范多元举措。

受篇幅和时间限制，本书只是对研究型大学战略控制体系的初步探索，尚有诸多相关问题有待进一步研究。其一，研究型大学战略控制体系需要进一步完善。本书构建的研究型大学战略控制体系只是从学校层面对战略控制进行的一种宏观思考，对体系内部的各个系统还没有深入分析和建设；加上调查研究和资料获取的有限性，体系本身可能还存在不少缺点和偏颇，仍然需要进一步研究和完善。其二，研究型大学战略控制体系在实践中需要进一步发展。实践具有很多不确定因素，但它却是客观的。本书虽然对研究型大学战略控制体系运行中的潜在问题进行了分析，并提出了对策建议，但这些仍旧是一种理想化的推测，仍然需要在实践中检验和进一步发展。其三，研究型大学战略管理理论需要进一步丰富。战略控制只是战略管理的一个环节，与战略制定、战略实施等息息相关。只有不断深入地研究研究型大学战略管理的各个组成部分的相关理论和整体理论，才有可能做好研究型大学战略控制体系的理论建设。其四，研究型大学的生存环境与发展趋势需要不断研究。战略控制离不开对环境和趋势的关注。要想做好研究型大学战略控制体系的研究，必须不断地研究研究型大学所在的国内外环境，不断地研究国内外高校的发展状况、经验和问题，进行环境分析和趋势预测。其五，研究型大学及其战略控制的本质需要进一步深入揭示。何谓研究型大学？研究型大学究竟应该研究什么或者以什么研究为主？研究型大学战略控制到底控制什么目标？这些根本性问题需要我们在实践中不断反思和重构。

本书是笔者对研究型大学战略管理与控制长期思考的结晶，是笔者近三十年来一直关注和研究教育发展及高等教育发展问题的系列研究成果之一。本书的出版得到国家社会科学基金重大项目“以教育发展促进收入代际流动性的机制与政策研究”（19ZDA066）和中国学位与研究生教育学会 2020 年度重大课题“研究生教育的育人规律研究”（2020ZA1006）资助，得到我的博士研究生刘红、康诚轩和硕士研究生王庆鲁、王圆晴、郭广霞、朱晓燕、王欢慧、王昌君、汪小小、吴德景的协助，得到科学出版社徐倩编辑等的热情帮助和支持，在此一并表示诚挚谢意！

陈新忠

2022 年 9 月 5 日